BOB DYLAN
The Never Ending Star

鲍勃·迪伦
永不落幕的明星

[英]李·马歇尔 著
马 悠 译

江苏凤凰文艺出版社
JIANGSU PHOENIX LITERATURE AND ART PUBLISHING, LTD

图书在版编目（CIP）数据

鲍勃·迪伦：永不落幕的明星 /（英）李·马歇尔 (Lee Marshall)著；马悠译. -- 南京：江苏凤凰文艺出版社，2019.5
书名原文：BOB DYLAN THE NEVER ENDING STAR
ISBN 978-7-5594-3401-2
Ⅰ. ①鲍… Ⅱ. ①李… ②马… Ⅲ. ①鲍勃·迪伦 - 生平事迹
Ⅳ. ① K837.125.76

中国版本图书馆 CIP 数据核字 (2019) 第 038642 号

鲍勃·迪伦：永不落幕的明星

[英] 李·马歇尔 著　　马悠 译

责任编辑　张　黎　万馥蕾
装帧设计　王小耳
责任印制　刘　巍
出版发行　江苏凤凰文艺出版社
　　　　　南京市中央路 165 号，邮编：210009
网　　址　http://www.jswenyi.com
印　　刷　江苏扬中印刷有限公司
开　　本　880 × 1230 毫米 1/32
印　　张　9.25
字　　数　223 千字
版　　次　2019 年 5 月第 1 版　2019 年 5 月第 1 次印刷
书　　号　ISBN 978-7-5594-3401-2
定　　价　45.00 元

献给我最公正的谏言者凯瑟琳

目 录

致　谢

我想，首先需要感谢我的父亲，因为正是他那张布满划痕的密纹唱片，让我第一次听到了鲍勃·迪伦的音乐，并沉浸其中，久久不能自拔（尽管最初，我是心怀抵触的）。同时也要感谢一直大力支持我的其他家人，感谢凯瑟琳的无限包容，陪我参加了无数场鲍勃·迪伦的演出而无半点怨言。在这方面，我还得感谢所有在演唱会上陪伴着我的朋友们——迈克、伊莱恩、保利娜、莱斯、斯特普和史蒂夫等。虽然我只身前往一场演出，但心中笃定不久便能遇到熟人，这是一种非常奇妙的感觉。正是喜欢而关注迪伦的契机，我收获了一些终身的朋友，虽然（又或正因为）我们一年只见两三次面。

最初是系列编辑安东尼·艾略特提出建议，让我写一本有关鲍勃·迪伦的书。这是我原先表示决不会去做的事情，但最终我很高兴自己去做了，所以我很感激安东尼的请求。政治出版社的安德里亚·德鲁甘也给我提供了很多帮助，实际上，他也充分展现出一个出版人少有的工作热情和兴趣。此外，也要衷心感谢阅读了本书的章节初稿的几位朋友：凯瑟琳·多兹、西蒙·弗里斯、戴·格里菲斯、戴夫·赫斯蒙德霍、格雷戈尔·麦克伦南和格雷厄姆·斯蒂芬森。你们都提出了非常有益的建议，其中大部分我都虚心采纳了。我还要特别感谢基思·尼格斯，他及时对书中的诸多部分提出建设性的意见，并一直鼓励我坚持自己的想法。

引用说明

文中涉及歌曲名称和专辑名,均使用书名号。

中文版说明

本书英文版首次出版时间为 2007 年,书中所涉时间均以此为参照。

前　言

在鲍勃·迪伦的演唱会上，我度过了无数心醉神迷的时刻，但说起印象最深的，莫过于1997年10月1日在伯恩茅斯的那一场。在那场演唱会的前一周，迪伦的新专辑《*被遗忘的时光*》已经发行，对我们这帮占着前几排位置的粉丝来说，无不满心期待能在现场听到新专辑里的歌曲。可在整个主要节目单里，并没有新歌的影子。直到演唱会进入尾声，我才勉强接受与新歌无缘的事实，安慰自己道，除此之外，整场演唱会总还是无可挑剔的。但就在迪伦返场加演时，空气中突然传来新歌《思念成疾》的前奏旋律，只见迪伦走到麦克风前，声音响起。现场的气氛顿时沸腾起来。那次经历之所以会如此清晰地烙印在我心中，并不单纯因为在现场听到了新歌的首演，其实更多的，还是源于对愿望成真的切实体会。记得在这首歌快结束时，迪伦唱道：

> 我因爱成病，我希望永远不再见你
> 我因爱成病，我努力让自己忘记你

那一刻，我感觉迪伦就是在直接为他面前的听众歌唱。实际上，他在歌词里满怀轻蔑意味的“你”，不正是我们这些粉丝吗？来自全世界成千上万的粉丝的爱，已然让他不堪承受，因爱成病。但这样说又不乏讽刺——在最后几句歌词中，歌手的妥协之意清晰可见：

只是不知所措
我愿意付出一切
只要能伴你左右

不管我对《思念成疾》的解读是否正确，不可否认，一直以来，迪伦与其听众的关系都充满了矛盾色彩。大约是伯恩茅斯演出的同一时间，他在一次采访中坦言：

许多人不喜欢这条路，但于我而言，它就像是呼吸一样自然。我被驱使着去做这件事，要么选择讨厌它，要么选择喜欢它。在舞台上我感到窘迫而尴尬，但另一方面，那又是唯一让我心生快乐的地方。那是唯一一个让你能做自己想成为的人的地方。在日常生活中，你无法成为自己想成为的样子。（乔恩·帕尔勒斯采访，1997）

1962 年，迪伦作为明星出道，而这种矛盾性便开始与他的职业生涯相伴相随。从那时起，他就屡屡被卷入与粉丝和媒体的风波中，有时好似一场无休止的战争，其焦点无非是他的言行举止，应当如何与他人相处，应当如何作为，诸如此类。这种矛盾也一一映射在他的歌里：

人们总是盯着我 他们甚至无法
记住如何表现得正常点
他们的脑子里满是毫无边际的想法、图像和
支离破碎的事实

（《愚蠢的风》）

总而言之，迪伦一直都在与“鲍勃·迪伦”这个概念的解读做着斗争，本书正是关于这一斗争的。但这绝非一本事无巨细的传记，讲述一个可怜而被误解的歌手如何受各方骚扰，如何频遭媒体的错误解读。恰恰相反，本书是从社会学的角度阐释迪伦的明星身份。迪伦是一名歌手，一位词曲作者，一个现场表演者，但最重要的，他是一个明星。这一身份已成为他个人存在的代名词。好比一个透镜，可以借此理解他生活中的一切，包括他个人生活的方方面面，如他的为父之道和离婚，而非仅仅局限于他的创造性成就。身为一个明星，迪伦的生活自然而然被贴上公共性的标签。这也就意味着，“鲍勃·迪伦”所应代表的形象是面向社会意志的，而非完全受他自己掌控。

与研究迪伦的已有著作不同，本课题试图以社会性叙述的方式，来呈现迪伦的明星身份，而非简单的一本传记，或是对歌词的文本分析（尽管二者都包含部分的社会学分析）。传统的传记通常采取一种“主观主义”的方式，将注意力集中在明星的生活上，单纯挖掘其生平细节。这种刻画方式带来的结果，往往是一系列孤立分散、显而易见的关系的堆砌（比如明星和唱片公司之间的关系）。这些关系被编织在一起，企图建构出一个连贯的生命故事，但这些关系或多或少都是由明星自己精心架构的。这从多方面来看都不无弊端。其中，最重要的一点是，它赋予了明星太多权力——其事业状况被视为明星或代理人所做决定和行动的结果。这不难理解，因为我们通常也是以此种方式看待日常生活——习惯于把自己看作个体生命的“作者”。但事实上，我们并非自己生命的作者，至少不完全是。我们能否获得高水平教育，保持健康的身体状况，或是获得维持生计的收入，取决于各种各样的因素，如阶级、种族、国籍和性别等，而这些都远在我们的可控力量之外。同样，尽管明星可能是极强大的原动力，但一个特定明星所代表和所能取得的成就，还是依赖于他可控力量之外的因素，没准会有什么事“在背后”发生(包括刚才提到的那些:不妨列举十个“最伟大”的摇滚歌星,然后算一下其中有几个黑人或女性)。举一个明显的例子,某一特定明星如何被刻画和理解,取决于媒体和受众之间的关系,而这是完全独立于明星控制力的。这是显而易见的现象,但针对某些问题,其中也会夹杂一些不甚明显的因素:比如,迪伦的明星身份是如何与消费主义的兴起联系在一起的?无论我们怎么看,迪伦的成名都绝不仅仅是因为他高质量的作品。他能使自己的明星身份朝特定方向发展,而将其他可能性拒之门外,实际上是源于广泛的社会因素。单从这点来看,他与其他明星并无二致。

这让我意识到了主观主义方法的第二大缺陷:假定明星的技能或个人魅力是其成功的直接原因。事实却并非如此,以上两点都不构成明星成名的必要或充分条件;很多资质平平的人成功走上明星之路,而很多魅力出众的人却与成名无缘。对迪伦来说,他的禀赋并非成功的必然因素;他能在流行音乐领域获得持久成功,也绝非大势所趋。个人魅力不是人与生俱来的特质,而是与社会的作用相关。这样说不是要否定明星具有的魅力——有些明星显然魅力十足,这也的确很重要——但只有当一系列社会条件都切实到位时,个体的才能和个性方能得到认可,从而与娴熟和富有魅力等标签挂钩。诸如“革命性的”“开创性的”“技能”和“魅力”等概念,在不同时间和场合都受制于社会的建构、定义和价值认知。正因为此,我们才需要对身为明星的迪伦成名之初及之后的社会状况进行调查分析。

倘若要对传记式叙述方法提出总体性批判,那就是它只试图从个体的人生故事里寻找解释其明星身份的答案。然而,我认为更有效的方法,还是如皮埃尔·布尔迪厄所建议的:“我们必须……要搞清楚的,不是一个人如何成为作家……而是他或她如何建构起自己今日的地位或‘职位’——比如某一特定类型的作家。”[1] 大部分时候,传记都怠于调查重要的环境因素，或是考虑该明星与其他明星的相似之处。这同样也是粉丝们的通病。任何明星总被假定为独一无二的。但实际上，明星们的生活故事大同小异。不妨揣摩下面这句话：

> 一直以来，他的艺术的本质来源于两股力量之间的角逐，一个是他追求真实的冲动，另一个则是他隐藏的本能。[2]

对迪伦的粉丝来说，这句话听起来的确有其道理，从任何一本迪伦传记中也都可轻易得出这一结论。实际上，这句话是理查德·西克尔对马龙·白兰度的描述，但在罗宾·威廉、科特·柯本以及成百上千的其他人物传记中，我都可以找到类似的句子。尽管一再强调独一无二性，可明星们的故事事实上无甚新奇。归结起来，大部分明星的生活都基本包含以下几点：对歪曲事实的抱怨、个人隐私遭遇侵犯以及生活管理上的诸多冲突。明星身份并非仅仅是众多名人人生故事的堆砌，换句话说，我们需要将其看作一个具有自身特征和影响的体系。这样一来，我们对所研究的明星也会有更丰富的认识和理解。

迪伦的粉丝可能已经注意到，到现在我都还没怎么提到迪伦。不过这一章所谈的内容是必不可少的，因为它会勾勒出一个理论图，为后面具体论述迪伦打好框架。因而现在，对我后面将反复提到的一些概念做一个清晰阐释，还是颇有助益的。你也许会纳闷，为什么会把关于鲍勃·迪伦的书纳入"名人"系列图书中，因为你可能压根就没觉得迪伦是个名人。在当代文化语境里，"名人"通常指那些快速走红，而后又快速被遗忘的人，比如真人秀节目上的参与者。而迪伦则恰恰相反，他的事业已维持 57 年之久，据此，你可能会将其成功归因于他所付出的努力。这也就是为什么我没有过多关注他的名声，而是把注意力锁定在他的明星身份上。埃文斯认为，"明星"通常用来形容在某一特定领域有所建树的人，所以我们在表述时，多使用“电影明星”和“流行歌手”这类词，而非“电影名人”或“流行名人”。[3] 关于这点，我想补充说明，一个明星应当在其名人身份之外还有大量作品的产出（而不是像真人秀节目参与者那样）。所以从传统意义上来说，迪伦是一个明星而非名人。他在公众形象上与名人不乏共同之处，但也有着来自某一特定类型名人的独特元素——明星身份。

迪伦不只是一个明星，他还是一种特殊类型的明星——摇滚歌星。最初出现的研究著名媒体人物的学术作品多将目光投向电影明星。这主要源于电影是最早出现的具有确定的“明星机制”的大众视听媒体。但考虑到流行歌星在过去五十多年里的重要地位，研究流行歌星的作品没有随之诞生，也着实让人诧异。细数下来，大概也只有零星一两本书，是探讨流行歌星身份这一特定现象的。固然，关于明星的文学作品对我们的研究有所帮助，但流行音乐本身具有的特殊性同样不容忽视。对我来说，流行歌星似乎是界于电影明星和电视名人（如迈克・帕金森和大卫・莱特曼）之间的一种角色。与电影明星不同，荧幕上的电视名人通常被认为是在“做自己”（透纳暗示道，正因为此，电视名人成了比电影明星更具个性的现代名人[4]）。这也适用于对摇滚歌星的考量，因为人们通常认为，摇滚歌星也是在“做自己”，而不是在扮演某一特定角色——这正是下一章的主题。

关于“明星身份”和“明星形象”之间的区别，我还有最后一点需要说明。明星形象是相对直白的概念：它包含一切我们了解或自认为了解的关于某一明星的具体事情。明星形象即明星“是什么”，它并不一定非得是关于“真实发生了什么”的明星传记，而可以囊括误差、传闻、恶意谎言和形象，以及歪曲的事实等。所谓明星形象，泛指大众眼中——真实的和虚假的——关于某一明星的一切。这样看来，明星形象似乎与斯蒂芬・斯科比对鲍勃・迪伦的描述相吻合——“一个由所有进入公众流通领域的正式传记、新闻报道、网络数据和日常八卦拼接起来的文本”。[5] 因此，明星形象是一个可通过实证研究来揭示的显性现象（比如，克林顿·黑林就是通过增加我们已知的传记信息，来丰富迪伦的明星形象）。

“明星形象”关乎某一明星的实证的、可信的现实元素，而“明星身份”则不那么显而易见，因为它更多是存在于意识形态的层面。①

由于诸多理念之间的内在关系，如个人主义与精英统治、民主与个性，明星身份在当代社会意识形态重构上扮演着重要角色。人们对意识形态的忽视，以及意识形态本身难以立即显现出来的特性，增加了研究其与特定明星之间关系的难度。明星身份（在一定意义上）并不是“关于”这个明星的，而“明星形象”则完完全全以明星个人为中心。然而，倘若缺乏对明星身份意识形态的理解，想要充分理解明星本人，便是纸上谈兵。迪伦的明星身份，或更广意义上的意识形态因素，在不断建构着他的明星形象。为了理解迪伦的事业发展轨迹，我们需要对明星身份的意识形态有所了解。

为进一步地深入理解鲍勃·迪伦，我们应当充分利用现有的关于明星和名人的文献资料，以及与流行音乐相关的文献。我并不打算在此对本书做全面的概述，但我确实想要着重说明几个关键要素，因为它们为全书提供了知识框架。以下观点通常对明星和名人都适用，但它们是对整体系统的解释而非对具体个体的描述。要成为一个明星或是名人，并不需要满足以下所有要求（一些明星或许达到了这些要求，但它们并非硬性的准入门槛），不过大部分明星都满足其中的绝大多数条件，也就是名人和明星通常需具备的最重要特征。

① 意识形态的概念非常复杂，且存在诸多争议，但简而言之，我认为它是我们个别地和社会地理解这个世界的想法和理念。它可以是完全中立的，也可以是由强势的社会群体强加给弱势群体的一套理念体系，而这取决于个人的视角。

明星身份是一种现代固有的现象 尽管早在前现代时期，“名声”即已存在，但要么与贵族挂钩，要么是对逝者生前丰功伟绩的追认。现代意义上的名人是出现于十八世纪的大众社会休闲文化的产物，是根深蒂固的意识形态因素和二十世纪迅猛发展的科学技术相互作用的结果。正如西克尔所言，现代名人具有一个重要特点，就是“让人产生亲密错觉”，[6] 换言之，对于那些我们（一般来说）从未见过的名人，我们总自认为对他们“相当了解”。

明星身份发挥着意识形态的作用 作为一个现代现象，明星与现代社会的两大思想支柱存在着复杂而紧密的联系：个人主义和民主主义。明星凭借其独特“个性”（该词也在明星身份中被赋予了现代意义），成为大众眼中会成名的典范。与此同时，他们的存在也凸显出现代社会精英统治的理念，因为个人名气的获得不再以家庭出身为前提条件。只要足够努力，富有天分，或是足够幸运，每个人都有可能成为明星。

明星身份发挥着产业功能 罗杰克将现代名人比作是民主主义和资本主义的婚姻产物。[7] 明星身份存在的原因之一，是它提供了将独特个性转化为商品的渠道。在所有的传媒产业中，明星身份都在其组织结构中扮演着举足轻重的角色，对保持传媒市场的内部稳定性起着协调作用。传媒产业具有极高的破产率——公开数据显示，约有 90%的公司入不敷出——而制造明星则是整个产业创造稳定受众群的途径之一。只要我是鲍勃·迪伦的粉丝，我就一定会为他的新专辑买单，即使对新专辑的内容还一无所知。对唱片公司来说，其中心工作不是生产唱片，而是制造明星。[8]

明星具有表征功能 明星的存在恰恰是个人主义和民主主

义的象征，但明星往往也可以表征其他含义。他们可以反映一种文化定势——比如，饱受折磨的艺术家在阁楼中忍饥挨饿——并因此为进一步加强这种刻板印象而服务。但明星也可代表有形具象的事物，如黑人权利运动；或是某一特定地区，如利物浦。在所有情况中，一个明星“总是表征着一些超出他或她本人的含义”。[9]

明星的个体统一性　明星基于其代表功能，使人们联合起来——有时是字面上的（比如马丁·路德·金），但更多时候是情感上的，利用一种群体或特定受众的归属感使人们聚集起来。一些作家对此予以肯定（比如罗杰克认为辛纳特拉“清楚表达出形成集体意识基础的识别和许可原则”[10]），其他人则认为其中隐含着潜在的危机，马歇尔提出，“名人的出现关系到不同机构用以控制和威胁大众非理性的策略”。[11]

随着本书内容的推进，这些问题都将一一得到深入而详细的阐释。

当意识到明星身份的系统特性时，新的疑问又产生了——研究这一特性的最佳方法是什么呢？传记式方法或许对社会因素考虑不周，但它所关注的个人背景，是我们所不容忽视的。明星身份不单是一种结构化的存在，同时也是个体和社会群体共同作用的结果，[12]个体的行为当然不是无关紧要的。诸如精英统治和消费主义等社会结构，不仅仅会自我繁殖再生，也会在个体和群体行为的作用下得到重现。因此，我们就需要思考，明星身份是如何借助微型社会互动（比如，某一经理如何与某一杂志编辑交谈）实现再生的，同时也应牢记，明星身份的产生，是在特定的社会环境里发生的，即经纪人和杂志编辑的行为方式都会受到约束（比如，采访某一特定明星是否会引起争议，导致经济损失）。

倘若读者要指摘本书的缺漏，那就是我对微观互动的关注不足。阿尔伯特·格罗斯曼是迪伦的第一任经纪人，但本书在涉及迪伦早期明星生涯的内容时，对格罗斯曼所采取的策略却少有谈论，对迪伦自己如何操控媒体也无只言片语（罗伯特·谢尔顿的传记就以刻画此类细节而见长）。毫无疑问，没有格罗斯曼的帮助，迪伦很难有日后的赫赫名气，所以略过格罗斯曼势必会引起一些人的注意。同样，关于迪伦明星身份的策略性管理，书中也基本避而不谈，比如杰夫·罗森在《私藏录音系列》中对曲目的选择。以上这些内容，虽然我在书中很少强调，但它们并非无足轻重。相反，这些都是极其重要的内容，在研究明星身份时，存在一大问题，就是当这些管理策略得到充分的执行时，我们常常会只看到随之而来的成效，而忽略了策略实施的过程。不过，本书的重心并不在于此。这个课题的目标稍有不同，因为我想要挖掘的是，在迪伦的职业生涯中，迪伦明星形象的社会意义如何形成，又发生了哪些变化。因而我在研究上采取了相对宽泛的方式。我希望以现有的文献分析（以我的粉丝身份）和社会学家的学术性广义语境为基础，针对迪伦在职业生涯过程中如何被理解和剖析的问题，为读者提供一个全面的框架。迪伦一直都是热门的文字话题，对他的“诠释”自然数量繁多且内容各异。但这些诠释不是随意编造，而是结构化的，我希望能清晰绘制出这种结构。社会关系不只有微观社会的，还有宏观社会的。也许我的观点有时略显言过其实了，但我希望绝大多数粉丝能同意本书框架的大意。

因此，本书对迪伦的明星身份采取了更具整体性的考察视角。迪伦的明星生涯时间颇长，他明星身份的意义也随之不断变化。是什么影响着他的出现，并带来了这些变化呢？他明星身份的含义，如何获益于特定的历史环境，而又受限于其他历史环境？鲍勃·迪伦为何会于二十世纪六十年代出现在公众的视线里?他的出现,给其他人,以及他之后的明星生涯带来了何种影响?同时需要说明一点,我的写作并不是要脱离鲍勃·迪伦的故事,或是把他刻画成在一时兴起的社会力量之下诞生的无名小卒,无力抗击社会对他的误读。毋庸置疑的是,我不会像传统传记那样,过多着墨于迪伦的生活细节——这足以抵消对他的过多赋权——但迪伦本人也在积极协调自身的明星形象:在他的歌曲中、在公开场合的亮相和演出中、在采访中,以及最近推出的自传中,都有所表现。关于迪伦的经纪人,以及迪伦塑造个人形象的能力,都是本书探讨的重要话题,我以迪伦试图审慎重建自我明星形象的那段时期为例——六十年代后期和八十年代后期,做了两章的详细论述。

总体来说,我认为迪伦的明星身份与"摇滚"这一概念密不可分。如果明星总是具有超越自身的象征意义,那么"鲍勃·迪伦"的标记就象征着摇滚,象征着六十年代年轻人的躁动不安。摇滚本身如何被概念化,就会如何影响迪伦自身的明星形象。在偏理论性的介绍(前言和第一章)之后,本书会按照广义上的时间顺序展开。其中有三章围绕着六十年代摇滚乐的兴起,以及迪伦在其中扮演的角色。这三章中的第三部分(第四章)是本书的关键章节:它探讨了在迪伦试图抽身离开摇滚圈时,他的明星身份何以与摇滚概念愈加紧密地联系起来。正值摇滚评论家把迪伦奉为摇滚界最重要的人物时,迪伦选择退出舞台,这对他此后的明星身份产生了决定性的影响。本书的最后一部分(第五到第七章)聚焦于迪伦之后的职业生涯。关于迪伦六十年代后事业的发展情况,相关的报道几乎寥寥无几(比如,在霍华德·桑恩斯所写的传记中,关于六十年代的有 300 页,关于七十年代的为 107 页,而关于八十至九十年代的,就只有 98 页了)。第四章的部分内容解释了这种失衡现象,但我更希望能借此书稍稍打破这种不平衡状态。我特意查证了迪伦的明星身份在何种情况下得到建构，以至于几乎抹除了他创造的神话般的历史。这一问题在八十年代愈显尖锐，那时正值音乐产业改造之际，迪伦显得无所适从。开始“永不停止的巡演”便成了他的对策，这一非同寻常的项目使他的明星身份得以重新定义，并带来了始于 1997 年的引人瞩目的强势回归。

第一章　明星身份，作者身份与歌曲含义

1964年10月31日，鲍勃·迪伦在纽约爱乐厅举办了一场演唱会。他吹起口琴，发出尖利的声音，开始演奏歌曲《如果你要走，现在就走吧（否则你就要在此度过整夜）》，但在吉他跑调后，他突然停了下来。“希望没有吓到你们”，迪伦对底下的听众说道，“今天是万圣节。（停顿）我要戴上我的鲍勃·迪伦的面具。”又停顿了片刻，他突然呼喊道，“我摘下面具了！”然后发出咯咯的笑声，显然是对自己的双关语颇为满意。再把时间推至11年后的另一场万圣节演唱会，那是在他首次奔雷秀巡回演唱会进行的第二晚。迪伦毫无预兆地戴着一张理查德·尼克松的塑料面具，赫然出现在舞台上，唱完了第一首歌曲《在我绘制杰作之时》。两年之后，这一表演形式又在迪伦的电影《雷纳多和克拉拉》的开头再现。影片中，迪伦饰演雷纳多这一角色，而演员罗尼·霍金斯则饰演“鲍勃·迪伦”。已与迪伦分居的妻子萨拉，饰演克拉拉，而另一个女演员，罗妮·布莱克利则饰演“萨拉·迪伦”。

迪伦显然很喜欢把玩“鲍勃·迪伦”这一概念。考虑到他作为公众人物和名人的身份，这倒也不足为奇。而了解“公众”名人与“私人”个体之间的差异，是我们认识和考量名人的一种重要方法。很多名人扬言，他们对自己的名人形象持玩弄姿态，不过是在公共领域扮演一种角色——成为“基思·理查德”。同时仍然有越来越多的名人哀叹私人空间的缺失。或许我们的确应该考虑，是否名人果真毫无“私人生活”可言。在这方面，迪伦似乎对自己的公众地位有比较清晰的认

知。1986年，他提出声明，表示“只有在必要的情况下，我才是鲍勃·迪伦”，当被问及其他情况下他又是谁时，迪伦回答道，“我自己”。[1] 很多刻画迪伦的作品都采取了这一视角。比如，黑林提出，他的书旨在“建立艺术家与其本人之间的关系”，[2] 而拉里·大卫·史密斯则更进一步，指出“鲍勃·迪伦”是由创造者罗伯特·齐默尔曼控制的始终如一的人物角色。[3] 这些图书为弗里斯的观点提供了论据，即认为流行音乐类传记意在展现音乐中无从得知的“真正”个体形象。[4] 然而，弗里斯的评论又指向了一个深层次的问题——我们不仅要考虑“私人个体”和“公众人物”，还应考虑第三个外在因素：作品。诚如我在前言中谈到的，因为迪伦创作了大量看起来与他本人无关的作品，所以我们必须以明星而非纯粹名人的标尺来考量他。那么这些作品是如何与迪伦的明星身份联系在一起的，反之又如何解释呢？在讨论电影明星时，戴尔表示，一般来说，“电影在明星形象方面占有独特而优先的地位”。[5] 这通常也适用于摇滚歌星（他们的音乐占有优先地位），不过摇滚歌星多“以自己的本来面目”展现在公众面前，自然就增加了事情的复杂性。戴尔认为在分析电影明星时，我们必须区别电影的作者与明星形象的作者，[6] 但在分析摇滚歌星时，这种区分就显得较为棘手了。迪伦因其歌曲而成名，正如杰克·尼科尔森因其电影而名声大噪，但二者的含义则大相径庭：演员可能会将可取的品质融入电影中，但在绝大多数情况下，他无须亲自写剧本，尽管演员在电影中的形象不可能完全归为他所饰演的角色，他们却常常因成功地假扮他人而得到观众的喝彩。而迪伦则不同，他的成名源于他对所写歌曲的演绎，带给听众本色出演、真实表现自我的印象。因此，留给我们的是错综复杂的各种概念——私人自我、艺术家、歌手、作家、明星、作品——而它们全部汇聚到一个身高1.73米、77岁的犹太裔美国男人身上。我觉得以上这些概念永远都很难彻底理清，在本章节，我想暂且把这些概念单独抽离出来，不去试图揭示“真正的”鲍勃·迪伦，而是更好地去理解在通常情况下，我们对他、对明星，以及对艺术家都是如何认知的。

作者身份与歌曲含义

首先，我想提几个关于迪伦作为自己歌曲创作者的常见问题。不妨先思考下面几句歌词：

> 我要讲述、要思考、要琢磨、要呼吸
> 我要在山巅讲述这些，以让所有的灵魂都看得到
> （《大雨将至》）
> 在这 14 个月里，我只有过一次微笑，这并非我刻意为之
> 终将有人找寻到你的足迹，我想那一定会是我
> （《由我做主》）
> 过去我会在乎，但如今已经物是人非了
> （《物是人非》）

我们能否假定歌词中的“我”正是鲍勃·迪伦自己呢？透过这些歌词，是否能让我们一瞥鲍勃·迪伦的个性？迪伦的歌很少会明确带有某一特定人物的口吻（如在《北乡布鲁斯》中，他即化身为矿工寡妇而发声，而在《劳工布鲁斯 2》中，他又摇身一变成为无依无靠的工人）。他的大部分歌曲都以“我”（有的甚至以“我和我”）为主角，基本可解读为是歌手本人。那么，这些歌曲里的“我”又是谁呢？是词作者本人吗？

毫无疑问，按照常识，歌曲足以成为洞悉作者内在自我的索引。例如，霍华德·桑恩斯在传记中提到，迪伦“偶尔会向女朋友敞开心扉，而他完全展现真实自我，还是在音乐中”，[7] 保罗·威廉姆斯声称“与所有艺术家一样，迪伦的作品就是他最真实的自传，呈现着他有意无意透露出的内在和外在生活”。[8] 这一观点源自浪漫主义的遗风，是十八世纪后期到十九世纪时，主要由诗人发展起来的艺术理念。① M. H. 艾布拉姆斯对此做了详细的说明，解释当时诗歌的价值如何发生了根本性转变。[9] 在前浪漫主义时期，艺术被视为反映社会的一面镜子，因而一首诗歌能否成功取决于它是不是对周遭世界的反映。十八世纪后半期，出现了重大转变，诗歌不再是一面“镜子”，而成了一盏“灯”，照亮作者内心最深处、最深刻的情感。现在，最重要的不在于作品是否如实刻画世界，而在于它是否出自创作者的真情实感。这些假设常常会丰富我们对歌曲的理解。如果能推测歌曲映射了真实的鲍勃·迪伦，那据此推断鲍勃·迪伦歌曲中的“我”即为他自己，就是轻而易举的事情了。关于这种分析思路，有两张专辑就是明证：《音轨上的血迹》(1975)，被公认为是迪伦婚姻瓦解的记录；《被遗忘的时光》(1997)，通常被理解为迪伦对当年“与死亡擦肩而过”的反思。② 这种把作者作为作品解读参照系的回应，受到了很多文学评论家的非难。1954 年，W. K. 威姆萨特和门罗·比尔兹利发表了一篇题为《意图谬误》的文章，他们在文中声辩道，我们永远都无法假定一个文本的含义与作者的本意一致——文本必须保持独立。新批评主义在二十世纪二十年代的文学研究中形成，并在二十世纪五十至六十年代期间达

① 浪漫主义也是古典音乐中具有重要影响力的理念。作为最不具代表性的艺术形式，音乐常常被视为最具有私人表现力的。时至今日，在私人表现力上，我们仍习惯认为诗歌和歌曲比小说和话剧更胜一筹，而这也对摇滚乐的发展产生了不可忽视的影响。

② 迪伦并没有真正与死亡擦肩而过，这个插曲会在最后一章中讲到。

到影响力的巅峰。《意图谬误》是“新批评主义”的组成部分，其中心原则为，对作品本身的周密文本分析是理解作品含义的唯一方法。作品会自然为其本身发声，其内涵就嵌于字里行间，因此新批评派拒绝任何形式的依靠作品以外资源来解读作品的方法，并对用传记解释文本的做法甚为反感。尽管我们可以获取详细的日记条目，或是采访评论（比如，迪伦在 1977 年接受了很多采访，试着向大众解释自己在《雷纳多和克拉拉》中所做的尝试和努力），但并不能据此推断文本的深意。简而言之，只有文本能真实展示其本身的意味，而我们只能通过考据式的学术研究来做进一步的探析。

新批评派的主张与罗兰·巴特 1968 年发表的知名文章《作者已死》中的观点存在一些相似之处，该文同样指出，作者的意图不应作为确定作品意义的通道。但《意图谬误》认为，一部作品的意义蕴含在作品之中，而《作者已死》则提出文本的意义是在阅读的过程中生发出来的。与周旋于细致的文本分析相比，我们更应该去关注读者，他们如何通过关联作品与其他文化文本、观点、理念和价值观等来解析作品，从而创造出作品意义。这种方法能有效突出文化意义再生与循环的社会属性。当关注点落在读者如何创造意义上时，诸如文本使用的方式、时间和地点等问题就变得尤为重要。

要理解“阅读”如何创造意义，可以歌曲《妈妈，没事（我只是在流血）》为例，其中有这样一句歌词，“即便是美国总统，有时也会一丝不挂”。这首歌写于 1964 年，成为该年和 1965 年演唱会上的演唱曲目之一，1965 年它被收入专辑《把一切都带回家》，并公开发行。当时歌词并未受到特殊审查，听众也没有给出任何特别的回应。当迪伦 1974 年开始重新巡演时，这首歌作为常规曲目，被多次演唱。这一次，那句歌词引起了特殊的反响：由于正值水门事件，尼克松总统因涉及民主党办公室的窃听行为而被控告，因而当那句歌词唱起时，人群中自发传来一阵阵欢呼声。这次巡回演出的曲目通过现场录音，制成了演唱会专辑《洪水泛滥之前》，并公开发行。这意味着越来越多的人了解到演唱会听众的现场反应，在之后的 20 多年里，只要迪伦演唱这首歌，“自发的”欢呼便成为对那句歌词的标准反应。至少就我所知，这种欢呼声的含义在二十世纪九十年代后期又发生了变化，因总统比尔·克林顿遭到不正当性行为的指控而成了对他的讽刺。近年来，由于乔治·W·布什当选美国总统及其发动的伊拉克战争，或许又给这一欢呼声增添了新的政治意义。因此，这一句歌词终其一生被赋予了好几种不同的含义：从一般意义上的哲学评论到摇滚乐的陈词滥调，到讽刺性的笑话，到再一次的现代政治立场表态。要说所有这些意义都是原本蕴含在文字之中的，或是说那些意义是迪伦早在 1964 年创作时就已经赋予其中的，显然是无稽之谈（虽然我们可以反驳说他是有意在特定时期选择在演唱会上演唱这首歌的）。文本的意义会随着社会变迁而发生改变，身为听众的我们也会赋予其新的含义（在这里我们也可以补充说，正是因为社会变迁的作用，歌词在 1964 年的含义肯定与 2005 年的大不相同）。意识到这一事实，那么巴特所谓的只有“杀死”作者，只有否定作者在作品意义上的神圣性，才能够“解放”读者的观点，便言过其实了。

在整个二十世纪，将作者视为理解作品意义的基石的观点受到两股力量的拉扯——要么文本本身占据上风，要么解读文本的读者略胜一筹。这显然影响了学界对迪伦的研究，诸如戴、瑞克斯和斯科比等作家，他们写作时的关键原则，不仅包括不能将迪伦歌曲中的“我”当作迪伦本人，还包括要把对歌曲的传记式解读纳入具有必然局限性和次要性的方式之中：[10]

> 确定传记参考资料的目的到底是什么呢？它果真对我们批

判性的理解和欣赏歌曲有所裨益吗?[11]

迪伦自己就曾公开批评过那些对他的歌曲进行传记式解读的人:

> 有人解读说,《现在你是个大姑娘啦》这首歌写的应该是我的妻子。我希望这些东西在印出来之前,至少有人过来问我一下。我的意思是,歌里所提到的肯定不会是我妻子以外的其他人吗?这些解读者有时真的很蠢且带有误导性……傻瓜,他们把你局限在他们自己缺乏想象力的头脑中了。(卡梅伦·克罗采访,1985)
>
> 有人说《被遗忘的时光》这张专辑讨论的是死亡的问题——出于某种原因,是指我自己的死亡!其实它并不是在说我自己的死亡。它说的可能只是一般意义上的死亡……我发现这种对专辑居高临下的解读姿态,总是频频出现在媒体上。(米卡尔·吉尔莫采访,2001)①

迪伦的歌曲构思方式似乎常常有悖于以作者为中心的阅读习惯。首先,他时不时会在明显是自传性的歌曲中加入虚构的情节。[12]斯科比以歌词“他们说我枪杀了那个叫作格雷的男人,然后把他的妻子带去了意大利”(以《愚蠢的风》为例来说明)。另一个例子《西班牙牛皮靴》则更进一步,歌词中写道,歌手的爱人离开他,去了西班牙,毫无疑问,这首歌的创作契机是迪伦离开他赴意大利的女朋友。其次,迪伦“拒绝扮演全职叙述者的角色”。[13]自十八世纪浪漫主义形成以

---

① 我知道以采访的形式引用迪伦的话可能被认为与这一部分提出的方法论精神相违背。我这样做的原因在下文中将逐渐明晰。

来，艺术作品开始被赋予“异类世界”的概念，即服务于自身内部定律的自我世界。作为世界的创造者，诗人显然成了全知的神。[14]然而，迪伦却常常颠覆这一说法，他强调自己对所说的故事并非全然了解，他所提出的观点想来都是片面而不完整的。比如，他在《约翰·韦斯利·哈丁》中唱道：

约翰·韦斯利·哈丁
是穷人的朋友
他手提双枪 云游四方
在整个乡村
为许多乡邻慷慨解忧
但从没听说
他伤害过一个好人

这首歌一开始便带有一种权威性的语调——迪伦告诉我们的是事实，并非他的想法——但到最后一句，叙述者的权威性则削弱了。他不能如此绝对地声称一个亡命之徒从未伤害过任何人，只可能是他自己并不知道。这种破碎的知识架构已成为众多民谣的惯例，随着歌曲的传递，四处流转，零零碎碎的信息逐渐丢失，或遭到误传。民谣里的信息通常是不确定，而其叙述者对已知和未知又常常会做出明晰的区分。我们这里情况的不同在于，这首歌是由迪伦自己写的，并且他也一直以自作歌词而闻名。接受了这一惯例的迪伦，在作品中加入了内在的讽刺意味，对通用惯例采取把玩的姿态，并去动摇浪漫主义关于作品可以反映作者的假设。比如，在《莉莉，罗斯玛丽和心中的杰克》中，叙述者如此说道：

没有人知道实际情况 但他们说
事情就发生在一瞬之间
更衣室的门突然大开 柯尔特左轮手枪一声响起

没有人知道？别闹了，鲍勃，歌是你自己写的——你肯定能告诉我们！

我们如何听音乐：唱片，歌词和噪音

一些研究迪伦的评论家因而提出，我们不该把鲍勃·迪伦的生活作为歌曲意义的最后仲裁者。我并不想去极力反驳这一观点，但它的确忽略了明星身份对歌曲制作和解读的影响。以批判作者为中心的分析方式，基本上出现在文学批评范围内，而我所举的三个例子（戴、瑞克斯和斯科比）所涉及的评论，显然都是由文学学者所写。迪伦是一个特别精通文学的词作者，早年他一直被称为诗人。我会在后面的章节对此展开分析，但这一点对我们当下的目标提出了疑问：当讨论鲍勃·迪伦的歌曲时，我们应该如何思考，只有歌词是重要的吗？只有从歌词中才能找到歌曲的意义吗？

对包括粉丝和评论家在内的一些人来说，答案自然是肯定的。但是，这种文学方法导致了迪伦与歌曲之间某种程度的分离，我作为粉丝，在直觉上认定这是错的。下面，我将试着用类比法来做解释。威廉·华兹华斯写诗的初衷是为了让读者来阅读，根据新批评派的原则，我们可以把诗歌看作独立于作者的存在——作为纸页上的文字。当读者翻开承载着诗歌的书时，他们直接接触的是文字，而非作者。在这种情况下，文学争论中关于文字是否含有诗人的意图，是否由文字本身生成意义，或是否由阅读行为生成意义等说法，似乎都不无道理，且有迹可循。

或许对古典音乐，我们也可做类似的讨论。书面乐谱的发展，使得表演之外的音乐“作品”的观念逐渐成型。因此，乐谱便开始独立于创作者而存在。但是，流行音乐（广义上指的是民谣在录音技术发展的促进下呈现的商业化）中的“作品”概念是建立在录制演出的基础上的。《像一块滚石》就是一个明证。我敢打赌绝大多数读者刚刚脑子里闪过的是这首歌的录音版本，也许有的甚至都开始在脑中自动播放了——奏响开场乐的小鼓，快速旋转的手风琴，起伏变化的钢琴，自信的演唱声。① 这种表演带有特定的元素——大部人会将表演本身视为“作品”——而这些元素无法通过书面形式充分表现出来。在流行音乐中，演出和乐谱之间的区别是不成立的。[15] 我们无法自信满满地宣称，这类歌曲是独立于特定表演而存在的。恰恰相反，这类歌曲只有在特定表演中才能真实存在。同样地，它也不能脱离歌手而存在。

为了区分歌曲和诗歌，我不只是要指出部分歌曲为词句提供了与诗歌“不同的标点符号系统”，[16] 尽管这点可能也很重要。但更重要的是，这些词句如何通过声音（此处即指明星的声音）来调和，以及这种调和对我们解读作者身份的作用。我们不是在孤立状态下（不同于华兹华斯的诗）听到这些文字，而是通过鲍勃·迪伦。这对理解迪伦歌曲的含义至关重要，但在迪伦文学中仍有待于充分说明。有人认为迪伦的歌词是用来演奏而非阅读的，对此，格雷等作家抱着敷衍的态度，但实质上仍是以对待诗歌的方式去解读歌曲，认为歌曲的含义来自歌词本身。格雷所写的分析迪伦的 900 页长篇的索引中，[17] 显然没

① 我将在第六章中更多地探析录制唱片与现场表演的区别。

有关于歌唱、声乐、嗓音或是表演的参考文献。但正如阿兰·摩尔所言，倘若歌曲的意义可以简略地归于歌词，那又何必去费心歌唱呢？[18]①

为了弄清楚歌曲是如何创造意义的，西蒙·弗里斯提出，我们不应将歌曲视作“诗歌这种可以完全脱离音乐来分析的文学客体”，而应把歌曲当作“需要在表演中分析的言语行为”。[19]歌词对歌曲来说至关重要——出现在畅销榜上的器乐曲目几乎寥寥无几——但调查表明，歌词的内容——它们的“含义”——在影响听众的喜好方面，其实无足轻重。[20]②重要的不在于歌词的内容，而在于它们的表达和呈现方式，[21]这也是迪伦反复强调的：

> 只要是我自己在做的事情，无论何时，一旦涉及节奏和措辞，一切都会——在歌曲的节奏和措辞之中——达到平衡，并不是在歌词中。听众一般认为关键在于歌词——也许对录音唱片来说确实如此，但在现场演出中，所有的意义绝非全体现在歌词中。意义在于措辞和节奏韵律。与歌词无关。我的意思是，的确有关系……的确离不开歌词——必须要有歌词，确实如此，但是……（布鲁斯·克雷曼采访，1984）

如果歌曲的含义仅仅“存在于歌词里”，那我们肯定很快就会对其

---

① 这里并不是说目前在研究迪伦的范围内没有关于表演方面的探讨。事实上，受保罗·威廉姆斯作品的推动，这已经成为近些年关于迪伦的写作的中心主题之一，但主要还是集中在乐迷杂志而非出版图书上。要讨论迪伦的演出如何创造意义，还有待形成恰当而充足的评论词汇。

② 此处来自对普通摇滚歌星粉丝的研究，如果在对迪伦粉丝的研究中看到同样的调查结果，会是一件很有趣的事情。我猜测，歌词的含义对迪伦的粉丝来说是比较重要的，但最重要的是那些歌词确实含有特定意义（而不是毫无意义）。

生厌，而停止播放。但即使是那些歌词毫不起眼的歌曲，倘若通过歌唱或弹奏来演绎，那么重听也不失为一件愉悦身心的事情，反之，那些穿着华丽歌词外衣的歌曲，也有可能陷于挫败，不久即被人遗忘（大部分政治摇滚乐的命运）。①

让我再从另一个角度来论证这一观点。我敢肯定，有不少迪伦的粉丝跟我一样，对迪伦的一些歌曲，已经听了好多年，但却从未关注过歌词的意思。诚然，我对这些歌词熟稔于心，可以不假思索地跟着唱，但却从未想过它们究竟在表达什么，直到有一天，我突然注意到某几句歌词（我现在脑子里立马蹦出的就是《我要你》）。或许新批评派会认为，是我听歌时心不在焉，但我想要说明的是，早在我注意到这些歌词之前，就已经对歌曲的含义了然于心了。同时，我也认为这是大部分人听迪伦歌曲的方式，即使是铁杆粉丝也不例外（比如保罗·威廉姆斯就提到自己是在多年以后才认识到《自由的钟声》与歌手淋雨的经历有关）。[22]

歌词应当被看作是一种修辞艺术的形式。为了理解歌曲如何"作用于"我们，如何传情达意，我们应该在歌手与听众之间建立起具有说服力的关系，并以此作为看待歌词的依据。从这个角度来看，歌曲的存在不是为了传达歌词的含义，而歌词的存在却旨在传达歌曲的含义。[23]

在很多情况下，重要的不是整个叙述的逻辑发展，而是特定的抒情词句如何借助音乐和演奏被赋予力量。弗里斯认为，人民公敌乐队的《不要相信炒作》和斯普林斯汀的《生在美国》都给出了很好的例证。[24]在迪伦的曲目中，可以作为例证的则有《雨天女人 12—35 号》。

① 恕我冒昧，我认为人们重复播放一个唱片的概率要远远大于重读一首诗。但是，人们重读一首诗的概率又比重读一本小说的大，由此可见，诗歌在创造意义上富有一定的"音乐性"——重要的是词句的演绎方式。

它的词句并不十分复杂，但作为歌曲是恰如其分的，因为副歌部分的歌词——“但我并不觉得自己是那么孤独/人人都会喝醉！”——充满欢乐之气，完美契合了音乐家们集体的救世军乐队风格的表演。那么《我要你》这首歌，除了歌手反复唱到的“我如此……想要你”的意思之外，还有什么其他含义吗？另一个例子则是《再次与孟菲斯布鲁斯一起困在汽车里》，同样出自这张专辑，这首歌显然是关于驱逐和疏离的，但这些含义在歌词中并不清晰可见。虽然提到了一系列经历，但也只是轻描淡写地勾画，没有对内心情感的清晰解释。但歌中的疏离感则很明显，包括歌手对露西说的“别开玩笑了！”，以及在副歌部分充满力量地重复唱着的：

> 噢，妈妈，这真的是要结束了吗
> 我又一次和孟菲斯布鲁斯一道被困在了汽车里

保罗·威廉姆斯曾在他的论证中概述了这一观点，他认为，迪伦的歌曲唤起的是情感而非含义。[25]①但这并不等于说歌曲本身毫无意义可言，而是一如威廉姆斯所坚持的，有时候我们很难对歌曲暗示的含义做出解释。以《住在楼下的伤心女生》为例，尽管从主歌部分构建出的神秘影像中，我们无法明晰歌曲的含义，但这首歌显然不是空洞的文字组合。

很明显，借助音乐是增强歌词力量或传达歌曲含义的方式之一：

> 很多时候，人们会将歌词从音乐中抽离出来，仅仅把它们当

① 我想这正是迪伦所想要达到的目的，他说道“我从来没有想去搞清楚歌曲本身是关于什么的。如果你需要考虑这方面的问题，那你就找错地方了”（乔·多连的采访，1995）。

作歌词来读。这绝非明智之举，因为我一直都觉得音乐和歌词是紧密相连的。你不能简单地把二者分离开来。（托比·克雷斯韦尔采访，1986）

对于人们忽视音乐在构建意义上的角色重要性，阿兰·摩尔一直深表不满。在他看来，对歌曲进行描述解释会在无形中贬低音乐的角色，使其沦为文字的愉悦背景。他断言，“倘若未能考虑音乐建立起来的基调，那其他很多对歌词的分析不仅是不完整的，还会导致错误的结论”。[26]这同我前面提到的两个例子相近，都是在强调音乐对建构意义的高度重要性。《住在楼下的伤心女生》的音乐感性而丰富，对呈现歌曲的含义具有关键作用，如同爱人的手臂环绕着听众。如果伴奏有所不同，那就意味着歌曲有了不同的含义。在《再次与孟菲斯布鲁斯一起困在汽车里》中，副歌部分存在明显的音乐上的变化——断奏的节拍，降调的单音——肯定是为了在句中融入特定的含义。

通过使用重音来为迪伦的声音创造一种结构，能够达到让音乐透露意义的效果——“噢，妈妈，这真的是要结束了吗”——并且，尽管音乐对歌曲自身意义的创造很重要，但此时此刻，我特别感兴趣的是声音如何作用于意义的传达，因为：

在歌曲中，歌词是声音的符号。一首歌曲往往是一种表演，歌词总是发之于口，带着某人的口音而为听者所接收。歌曲更像是话剧而非诗歌，歌词的作用一如说话。人在说话时，不仅带有语义上的意义，也发挥着声音结构的作用，是情感的直接示意和人物性格的标志。[27]

这就是为什么诗歌与歌曲之间的区别具有重要意义：诗歌可以

独立存在，但把歌曲当作表演声音之外的独立存在则是毫无意义的。很显然，声音会为一个歌手打上标记。正是通过声音，你才能在听歌时识别出背后的演唱者是谁。

迪伦的声音很有特色，这也一直是大众热议的话题。菲利普·拉金将其形容为“有如乌鸦的叫声，流露着嘲讽的意味”，而罗宾·希区柯克则称迪伦的声音是“一种腐蚀性的嗓音，焦躁不安而伤心欲绝，吞噬着人性依附的种种借口”。[28]迪伦有着与众不同的声音，这个声音又是如何创造出脱离歌词的意义的呢？约翰·鲍尔迪对《我不在那儿》(1956)的描述，给了我们一些暗示。这首歌是1967年在伍德斯托克音乐节上录制的，但直到现在，仍没有获得正式发行的机会。鲍尔迪这样说道：

> 《我不在那儿》真的太棒了……迪伦即兴创作的这首歌有着朦朦胧胧的歌词，衬托着优美的旋律，久久萦绕在人心头。这首歌的伟大在于，尽管大部分歌词都不能被看作歌词，但令人感动的是歌唱的声音和演绎，满溢着深厚的情感。这是迪伦最悲伤的一首歌，也是他最精彩的声乐表演之一，因为他用语言之外的东西捕捉到了真实动人的情感。[29]

我认为迪伦是一个伟大的歌手，写这本书也迫使我努力去解释其中的缘由。在最后，我被引到了“权威”这一词上。似乎对我来说，伟大的歌手拥有着“具有权威性的声音”，换句话说，在支配和所有权方面，他们对歌曲享有绝对控制权。这不单单是一种技术掌控（虽然这很重要），更是通过声音来表现内在个性。想想那些真正精彩的演出，比如辛纳特拉演唱《自己的路》，或是约翰尼·罗顿演唱《无政府主义在英国》，你仿佛听到一个歌手在说，“这是我的歌，所以一切都将按照我的意愿来执行”。

迪伦则经常显示出这种权威：他的声音透着一股自信和确定。伟大的歌手对他们唱的歌能始终保持驾轻就熟的姿态，其人性光芒也会在歌曲中熠熠生辉，愈加鲜明。而迪伦总能成功做到这一点。这种伟大歌手的品质，这种声乐权威，正好解释了我之前所说的，把流行音乐的“文本”当作表演之外的独立存在是毫无意义的。你不能把歌手从歌曲中生生拉扯出来。①

声音，人物和个性

声音和歌曲的密不可分，又把我们带回到作者身份的问题上，但这次是关于歌手与歌曲中主角之间的关系。如果说歌曲是一种修辞形式，那其中必然包含一个展现特定态度的中心人物。那么，我们应如何将歌手与歌曲中主角的关系概念化呢？

其中一个答案就是，这取决于流派的规定。迪伦的歌词创作和表演风格受到了很多不同流派的影响，从影响摇滚乐发展的重要因素来看，民谣和蓝调的角色最为突出。尽管这种概括过于笼统，但这两大传统提供了理解歌手的不同语境和方式。按照民谣的传统，我们通常无法从歌曲所讲述的故事中看出歌手的个性特征。专辑《错乱世界》中的歌曲《猛汉老李》和《杰克阿罗》都可作为例证。在这一类歌曲中，歌手不是一个故事参与者，而完全是一个故事叙述者。因此，民谣为歌唱提供了一种“第三人”的方式，通常在歌曲结构中，歌手的叙述

---

① 即使是在歌曲可能拥有其他替代性存在方式的情况下，如翻唱版本，这一说法仍然适用。

者身份是显而易见的，或是在一开头把听众聚集在一起（迪伦运用这种方式最成功的是唱道，“都聚过来吧，朋友们，不管你在哪里流浪”），或是利用他们叙述者的地位对歌曲中的主人公进行评判（比如在《七诅咒》的最后一部分主歌里，迪伦把七诅咒投射到了邪恶法官的身上）。

相比之下，蓝调歌手不对任何人歌唱，也没有明确承认听众的存在，歌手就是歌词里所描述的人物。再以专辑《错乱世界》为例，其中的单曲《我眼中的血》和《故障发动机》即是对上述观点的印证。因为歌手的形象已经植根于歌曲的故事中（如《我眼中的血》中的“今早醒来，感到一股悲伤/看见一个漂亮女孩，我能和你谈恋爱吗？”），这也就意味着，蓝调通常被理解为一种非常具有自我表现力的类型，且蓝调歌曲理应再现歌手的真实经历。① 这种解读表明，歌曲中的“我”极有可能会与歌手本人画上等号，歌曲折射的也正是歌手的亲身经历。但即便是这种公认的自我表现型的音乐流派，也不那么简单直白，蓝调的作词本质就在于讽刺。“基于显而易见的历史原因，（蓝调）……一直都是隐喻性的，依附于双重含义，依附于暗示、迂回和双关语，还依附于象征。”[30] 如果情况属实，那我们究竟能否确定自己听到的是真实或真诚的呢？我们又能否指望蓝调提供关于歌手个性的一个可靠晴雨表呢？从理论上来说，答案应该是否定的，但随着对作者地位的进一步讨论，我更感兴趣的是，为什么我们会给出一个肯定的答案。

我认为，思考这一问题，仍要基于对声音本身如何创造意义的探究。我们在这里需要考虑两个问题：第一，声音是如何与身体联系在一起的，第二，为何声音会被预设为是对纯粹主观性的反映。虽然声

① 我知道这种说法未免太中规中矩，而且“民谣歌手”会唱蓝调歌曲，反之亦然，但对我来说，这其中仍存在类别的差异，值得我们去关注。

音多半以一种无形的方式（在唱片上）传到我们耳中，但我们会努力再将它具象化，或是心中默想一种身体化的演绎——想象迪伦弹着吉他，对着麦克风唱出这些歌词——或是去音乐厅，亲眼观看它的身体化演绎（去音乐厅见某人的主要原因之一自然是为了看他们唱歌）。尽管声音似乎容易脱离躯体，但在实际生活中，声音显然是与人的躯体紧密相连的。在评论迪伦的声音时，罗宾・希区柯克说，“他始终陪着你。当你播放迪伦的唱片，在神的指引下，你知道有人陪在你身边”。[31]罗兰・巴特推崇对两大短语——“声音的纹理”和“边写边读”——的利用，坚持声音的物质性。巴特认为，歌唱的声音有着自己的纹理结构，为表达（赋予意义）歌词之外的意义，提供了一种“物质性语言”。在巴特看来，声音的纹理存在于“音乐与……语言之间的摩擦中”[32]，“形成的暗示性表演与交流、（对情感的）呈现、表达都毫无关系；只有在音乐生产的顶端（或者是相应的深度），旋律才会真正对语言起到作用——无关乎所讲的内容，只关乎声音符号的感官享受”。[33]

对巴特来说，重要的不是声音的纹理如何清晰地解释歌词的含义，而仅仅是它向我们证实了声音的身体化演绎。蕴含在声音之中的并非歌手的“主观性”，而是灵动多姿的身体：

> 基于对语言的声音的考虑，边写边读的侧重点不在音韵，而在语音；它的目的不在于信息表达的明晰性，它是反映情感的表演艺术；它追求（从幸福的角度来看）的是不断推进的故事，充满人情味的语言，展现声音纹理的文字，散发着光泽的辅音，刺激着感官享受的元音，带动起整个身体的立体声：不是含义或语言在发声，而是身体，是舌头的清晰表达。[34]

巴特因而对歌唱声音的身体特质倍感兴趣，他的目标之一就是抛弃旧有的观点——声音表达了一种纯粹精神，一种纯粹而个人化的主观性。可是，尽管巴特已经提出了新观点，普罗大众仍秉持着旧有的声音观念。或许最普遍的理解就是，声音代表着个人的本质，是自我的直接显现。与此相关的一个重要发展节点，是二十世纪二十年代中期麦克风的发明。在此之前，为了保证剧院最后排的听众也能听到歌声，歌手需要尽可能大声地演唱，而麦克风的发明，意味着歌手可以更微妙地运用多种新的歌唱技巧。新的演唱风格(低唱)创造了一种所谓的亲密，歌手似乎在向一个信任的红颜知己，在向听众，表露内心深处的情感。① 这种预设的亲密，使我们自认为对歌手有一定了解，因为我们与她的声音“联系”起来了[35]——她的声音通常被理解为她个性的诉说。因此，人们把流行音乐中的声音解读为个人化表达(对比大部分发声更具结构性的古典音乐)。[36]似乎声音才真正反映了那个舞台背后、表演之外，饱含真情实感的现实个人的存在(虽然在现实中，情况刚好相反：从整个社会来看，我们已经热切地相信私人个体的存在，并相信声音可为此佐证)。正如眼睛是心灵的窗户，声音则被认为是其主人的倾诉，吐露出一般不为外人道的心事。声音仿佛是在明星光环之外，对真正个体的一瞥，但听众却与之存在冲突，被束缚在借由歌曲了解某一个体的可能性(通过声音)与不可能性(你拥有的只是一张唱片)之间。[37]

就迪伦而言，这种冲突——在了解与不了解之间——通常体现在歌词里，以一种文学的方式呈现。比如，布朗声称，“迪伦的歌词构建了一种基于无解之谜的作者—读者关系，而这个无解之谜既是刺激读者需求的催化剂，也是读者永恒挫败感的来源”。[38]但实际上，“产生亲密感的幻觉”[39]是迪伦明星身份的一个特性，这尤其体现在他的

---

① 这与电影特写镜头的发展有一些相似之处。二者对现代明星的诞生都至关重要。

明星身份是建立于真实自我的基础上的，而这一真实自我又借助声音得以呈现。声音对隐藏于表面之下的暗流涌动予以暗示，而这与明星身份的工作机制十分类似，所以我们又回到了本章的起点——公众人物与私人个体之间的关系。

明星身份，个性与“产生亲密感的幻觉”

我并不认为迪伦的“文字”中没有任何涉及自我的问题（即隐私和明星身份的内容），迪伦在他的作品中曾明确写到过这类问题，本书中也穿插了一些实例。但我确实认为从很多方面来看，较之评论家对迪伦本人的解读，迪伦作品中的相关内容都是第二位的，尤其是考虑到他一直被刻画成变色龙般的形象，不断变换着新身份——抗议者鲍勃、嬉皮士鲍勃、乡村鲍勃、维加斯鲍勃、重生者鲍勃……然而关于迪伦的形象重塑，一个颇为有趣的问题是，为何人们常常认定这些形象代表了“真实的”鲍勃·迪伦？人们不愿将迪伦的形象转变看作一种表演，而更倾向于视之为他本质自我的反映。举例来说，黑林将这种转变称为迪伦“不断的自我重塑”，[40]而罗则声称，“使用身份衣柜是许多流行音乐家的惯用手法……相比之下，对迪伦来说，多重化名是他的存在条件”。[41]从某种意义上来说，这多少有些奇怪，因为作为音乐粉丝，我们通常对明星角色的表演之态心知肚明（如麦当娜的粉丝就意识到了这点）。一般来说，听众对明星和名人的建构本质是有所意识的（我们知道生产出一个形象需要投入的努力，也明白这背后是由庞大队伍支撑起的宣传行业）。但与此同时，对于那些似乎未沾染诡计污泥的特定个体，我们将之鉴定为“真实的东西”。根本的矛盾在于明星形象（因为这是我们所能知道的全部）被视为比个人形象更加真实的存在。戴尔认为这是合乎情理的，因为明星身份植根于自然人中，在名人面具之后，人们总是怀有对“真实”的期望。但他同时也指出了这种逻辑的无穷回归属性——个体被明星身份鉴定之后，又会反过来去鉴定那一明星身份![42]

迪伦概念流行的一个重要缘由是他的改名。青少年时期，罗伯特·艾伦·齐默尔曼使用过各种假名，直到1962年8月，他正式改名为鲍勃·迪伦。人们对此提出了各种各样的解释，其中呼声最高的说法是，他在向威尔士诗人迪伦·托马斯致敬。毫无疑问，这一说法当然是错误的。① 关于这个名字，有很多种可能的灵感来源：迪伦暗示是继承了叔叔狄龙的名字，而在他长大的希宾镇有一条路叫作狄龙路，并且年轻的鲍勃还是电视剧《荒野大镖客》中长官马特·迪伦的粉丝。我想，迪伦不大可能会因为某一特定的相关事物而选择这一名字，最重要的原因应该在于这个名字的实际发音——记得他最初的名字是鲍勃·艾伦（据说迪伦最初把名字发成狄龙的音而不是迪伦，我猜他是在练习亲笔签名时修改了拼写，并且更倾心于这种签名的样子，但这纯属推测）。他早期的一个化名埃尔斯顿·耿，有着类似的韵律感，而他孩子的名字（杰西·拜伦·迪伦、安娜·李·迪伦、塞缪尔·亚伯拉罕和雅各布·卢克）在字形和发音上都与之相近。这其中有一个原因一直被忽视了——倘若迪伦保留了自己的姓氏齐默尔曼，他绝不会取得今天的成功。我认为这里含有文化层面（种族）的原因。简明扼要来说，就是这个名字缺乏“明星特质”，而迪伦已然意识到了这点。但是，与选择这一特定名字的原因相比，改名字这一举动

---

① 迪伦声明“直说吧，我并不是为了纪念迪伦·托马斯才改的名字，那只是人们编的故事。我为迪伦·托马斯所做的事情远多于他为我所做的”（朱尔斯·西格尔的采访，1966）。当一个朋友问他名字里的迪伦是不是与“迪伦·托马斯”的拼写相同，他回答道，“不是，是与鲍勃·迪伦的拼写相同！”（斯卡杜托，1996：69）

本身及其引起的解读所产生的意义要远远超过前者。斯科比认为接受"改名的重要性无疑是鲍勃·迪伦职业生涯中的奠基时刻。对他来说,这不仅仅是出于便利的考虑,更是出于一种自我定义的深远考量,把自己的身份和签名植根于原型魔术师的自我伪装中。"[43]这又再次突显了角色本身变化的重要性,不流于表面,而是对自我的根本定义。描述迪伦时,最常见且反复提到的,是他的这些自我变化具有很多个人意义,而非简单地装模作样:天才鲍勃·迪伦的自我表达。最后,我并不认为这种状态会一直持续下去,因为它涉及一个前提,即在明星的公共表演背后存在一个真正的自我。而我的观点是,我们完全可以不依附于这一前提。我们不应该设想在名人荧幕的背后还隐藏着任何其他东西——所见即所在,尽管我们的所见可能会暗示存在不可及的事实,即便我们愿意相信那背后的确存在着些什么,我们视野范围内的东西已经全然摆在那儿了。

下面,我会试着再用文学类比的方法来解释这一问题。按照时间惯例,在塞缪尔·克莱门斯最初写作时,他便以马可·吐温为笔名。如果克莱门斯把自己束缚在一个化名的文学作者的身份下,也许他可以一直隐姓埋名,无人打扰。可他并没有那样做,而是举行巡回宣讲,成了地位显赫的公众人物。因而,吐温与克莱门斯之间的差别也就变得愈加难以弥合。所有的演出都是以"马可·吐温"的身份参与的,而非"作为马可·吐温的塞缪尔·克莱门斯"。我们该如何区分二者呢?正如莫兰所说,"在诸如吐温之类的作者的公关建设上,推销与自我推销之间的共生关系,使一切区分'公共'作者和'私人'作者的尝试都转化成了悬而未决的严重问题"。[44]吐温本人也常常特别强调自己的双重自我,一如迪伦总时不时地提醒人们关注他的分裂人格。"我并不把自己当作鲍勃·迪伦。"他告诉卡梅隆·克罗说,"正如兰波所言,'我是另一个人'。"

苏珊·吉尔曼在研究吐温的过程中，形成了一种所谓欺骗概念来帮助理解二元性问题。她反对采取简单分离私人个体与公共作者的分析方式，认为两者是紧密相连乃至合二为一的："然而这种成对或成双分的关系只不过是数学意义上的分离，其欺骗性将导致一种逻辑上的恶性循环。由于'姿势'本身已经隐含假扮或伪装的含义，所以'冒名'是姿势的姿势，伪装的伪装——这个词暗示着绝无回归原点之路。"[45]我认为这是考量迪伦的有效之策——无法回到任何原点。斯科比也提出了类似的观点。他正确断言道，如果把"鲍勃·迪伦"理解为一个"文本"，那我们就无法认识真正的鲍勃·迪伦，而只能看到在附着于他的作品、采访、明星演出、评论和粉丝讨论上的不同含义和价值。我将更进一步提出，并不存在可供我们了解的"真正的鲍勃·迪伦"，因为承认存在私人的鲍勃·迪伦的观点实际上暗示了人的性格是独立存在于社会环境中的。但是，请思考下面这段陈述：

你知道吗？人们对名人是有所反应的……比方说，你经过一个小酒吧或是小酒馆，透过窗户，你看到所有人在不停地吃东西，不停地交谈。你站在窗外往里看，似乎他们相互间都非常真实，下一秒也将同样真实。因为当你走进房间，一切便结束了！你再也无法看到他们真实的样子了。（克里斯多夫·赛克斯采访，1986）

我想，不会有哪个重要明星能逃脱这一情境。即便当你独处时，一想到人们在你面前会"不再保持真实"，你的所思所行都会受到影响。鲍勃·迪伦根本没有时间不做"鲍勃·迪伦"。鉴于这点，形象背后又怎么会存在一个"真实的人"呢？

或许这种观点看起来颇为偏激，但它并非为明星所专属，实际上，我们所有人都具有这一特征。前社会的自我的观点，并不是一个站得住脚的命题。一方面，它没有考虑新近出现的概念，如“隐私”和“个性”。“隐私”的概念最初成型于十七世纪晚期，其中在住宅建筑的变化上表现得最为明显，卧室开始被移至楼上，公共区域也不断被划分成更小且更为私密的房间。[46]而今义为一系列个人特征或特质的“个性”，则是较为新近时段发展出的一个概念，与二十世纪最初十年的一对话题——明星身份与消费主义——密切相关。[47]所以，这两个概念的共同点在于，它们都诞生于一个特殊的社会形态中——现代性——这一形态比以往任何时候都更注重公开，并面临着持续不断的威胁。在现代世界，隐私无处可寻，而个性则成了人们试图与匿名群众相区分的武器。

我们从来都无法只保有纯粹的本质，即便我们独身一人，也总还是与社会媒介相连着。这俨然成了现代个体的生存条件。想要理解这个世界，并从中发现自我（也即意识世界），其中一个重要途径就是，坚信“永恒的自我，既不同于我们所不得不扮演的社会角色，也不同于我们呈现在他人面前的自我”。[48]但与此同时，引人忧虑的是，表现在他人面前的我们，是否可以与最终那个真实的我们画上等号。成名是这种理念得以延续的主要方式，而明星作为个人主义的范例，更是尤为强烈地面临着这种两难境地。从某种意义上来说，明星会比普通人遭遇更多的隐私侵犯。所以当迪伦在1994年说道，一旦成为一个明星，“你就不再是一个人了”（艾伦·福特曼采访，1994），他的观点并不完全正确：成为明星后，他们实际上也成了一个超个人，能比普通人更敏感更专注于自己的隐私。

明星充当了我们表达自己关于隐私和个人的观点的文化形式：作为粉丝和评论家，我们耗费大把的时间和精力去寻找“真正的”鲍勃·迪伦。但我们其实早已认识了真正的鲍勃·迪伦：就是那个我们从唱片里听到的，从舞台上看到的，从采访里读到的“鲍勃·迪伦”。

无论我们对迪伦怎么看、怎么想、怎么理解，都源于我们眼前的所见，而不是源于他的私生活。颇为讽刺是，这个理念发展最健全的机构——媒体——恰恰与隐私侵犯有着最紧密的关联，而这实际上也是该理念存在的条件："隐私"只会出现在一个比以往更公开的社会中。

明星身份，声音和歌曲的含义

在前部分的论述中，我主张作者不是文学意义的来源，似乎有点文学理论家的论调。容我稍微往前退一点，因为我想要讨论的并非"什么是真实的，什么是虚假的"，而是人们是如何与明星联系起来的。我采用的是描述而非规范的方式——因我感兴趣的是迪伦的明星身份如何发挥作用，其对错与否则无关紧要。明星可能只是一种表面形式，但明星身份却往往蕴含深意，因为明星在真实世界中确有所指——一个自然人——不同于小说或话剧中的人物。对明星的研究，远远不止于对他们如何构建形象的纯粹学术兴趣上。所以，虽然我花时间说明在名人障眼法背后并不存在一个真正的鲍勃·迪伦，但实际上这正是我们理解明星和艺术家的主要方式。我们相信在所有事物背后存在一个真实的、直接的个体，我们也相信在流行音乐中，正是作品把我们引向那个无中介的自我。对于借助歌手的声音可以了解"真人"的观点，保罗·威廉姆斯的一段话给出了自己的回应，可为本章的观点佐证：

> 它（迪伦的作品）里面的故事之所以重要，不在于故事的内容，而在于故事的讲述方式：带着愤怒、爱、真诚、激情、智慧、谦

卑、傲慢和真心，怀有正直和操守，带着热情、痛苦、好奇和怀疑。人的素质，即便他的天资令人望而生畏，也不影响我们因为他作为故事讲述者的人性而喜欢他。[49]

这又回到了本章开篇提出的问题——我们如何听出迪伦与他歌曲的关系。那些对迪伦是歌曲意义来源的观点持批判态度的人，使用的是一种文学视角。这种视角为我们了解迪伦的作品提供了宝贵的建设性意见，但它忽视了明星地位本身也是产生意义的重要方式。足以证明这点的是，在文学分析中，把迪伦的声音视作意义载体的论述，通常都是无人问津的。迪伦歌曲的含义不在歌词中，而在声音中。虽然在理解歌曲时，我们可以不费吹灰之力将创作者的形象从头脑中移除，却无法摆脱明星的形象。“流行音乐的意义就是流行歌手，即张扬着身体与个性的表演者的意义；流行音乐的核心乐趣就在声音之中，是来自身体的声音，来自个人的声音。”[50]最后，不是歌词而是明星本身在不断塑造着歌曲的意义（当然，如果一个明星成名的主要原因在于他作词特别优秀，那情况就会稍显复杂了）。因此，当威廉姆斯写下，“如果明天我们发现鲍勃·迪伦是个 64 岁的变性女人，还被证实是某政党安插的间谍，我们没准会大吃一惊，但《铃鼓先生》的歌词绝不会因此发生改变，这首歌仍然会保持原样”，[51]他其实错了。确实，歌词不会发生改变，这点他说对了，但这首歌的含义也必然会产生变化。无论何时我们听到这首歌，都会条件反射似的想到迪伦的变性等等。那则信息将不可避免地成为歌曲含义的必然组成部分，正如每当我听《愚蠢的风》时，都会下意识地想到，迪伦在创作和录制这首歌的时候，正经历着婚姻崩溃的痛苦。

为说明这一观点，我引用了约翰·伯格书中的一个例子。[52]其中牵涉到梵高的一幅画作（如下图）。

那本书的下一页有对图片的文字说明，“这是梵高自杀前画的最后一幅画”。[①] 然后，伯格解释道：“我们很难准确说明这句话如何改变了这幅画，但毫无疑问，这种改变是不可抹杀的，而现在轮到这幅画来印证这句话了。”他想说明的是，我们对艺术作品的理解会受到一系列语境因素的影响，单纯以抽象的方式是无从了解一件作品的。同理，我认为，要想理解鲍勃·迪伦的歌曲如何作用于他的粉丝，我们也必须考虑他的明星身份。迪伦的歌曲表演，不管是由他自己作词还是由别人作词，都在很多方面阐释着他的明星形象。我们不是单纯直接地在听这些歌曲，而完全是借由他的明星身份，借由我们对此的理解在倾听。迪伦明星身份的含义不是稳定而一成不变的，其明星身份随时间推移而不断变迁，歌曲的含义也随之而变，尽管唱片本身没有发生变化。与之类似，他的明星身份对不同人也有不同的含义——非常忠实的铁杆粉丝会比普通粉丝更了解迪伦的个人生活，因而相应地，会对歌曲产生不同的，或许更微妙的理解。但“鲍勃·迪伦”的含义已经为歌曲的含义奠定了一个框架。比如在《超越地平线》中，迪伦

① 后来的研究表明，实际上这并不是最后一幅画，在这之后，梵高还完成了另外两幅画，但这丝毫没有削弱伯格的观点。

唱道：

> 你认为我青春已逝，
> 认为我的黄金时期已过，
> 不妨让我看看你拥有什么，
> 我们可以度过非常愉快的时光。

这些歌词本身不见得与鲍勃·迪伦有关，但大众的接收和认知，显然是与迪伦挂钩的。每次迪伦在演唱会上演唱这首歌时，这些歌词都会引起听众的一阵欢呼，毫无疑问，听众把歌词的含义与明星演唱的含义联系在了一起（类似地，《摩登时代》上的每则评论几乎都引用了这几句歌词）。

明星身份会塑造歌曲的含义，并不意味着我们只能对歌曲做传记式的解读。我们需要意识到，传记（强调个体自我）是明星表达的重要方式，因而对歌曲如何获取意义也尤为重要。对传记的信赖是用以维持一种文化信条的“有效性”，即艺术作品表达了艺术家的内在经历。所以，我们需要考虑的不是某一特定的传记细节是否有误（尽管有时这也是有用的），而是某一特定的明星形象（传记属于它的一部分）如何发挥作用来赋予歌曲含义。比如，瑞克斯就曾直言不讳地批评一篇关于《黑夜未至》的传记式文章，堂而皇之地把歌曲与迪伦当年的“心脏病”联系在一起。[53]如今从传记的角度看来，瑞克斯的确是对的——那首歌是在迪伦生病数月前完成创作和录制的，而正式发行却是在众所周知的住院事件之后。自然而然地，那张专辑中忧郁的声音，就和他“与死神擦肩而过”的经历挂起钩来——他的明星身份影响着对歌曲的赋义。无论歌曲多么动听，无论作者的意图是什么，其意义的赋予都是与明星身份相伴而生的，而明星身份作为意义的调节剂，并不依赖于传记的准确性。迪伦无疑对此了然于心，从他尚未成名时的几部虚构传记中便可见一二。

因此，明星身份作为意义的调节剂并不取决于作者的意志——不管迪伦当初是否真的认为他的明星身份，为专辑《被遗忘的时光》中的歌曲提供了意义来源。但这并不是说迪伦忽视了明星身份对自己歌曲的影响。他曾直接处理过这方面的问题（比如在歌曲《布朗斯维尔女孩》中，详见第五章）。[①] 他也曾将这种作用和影响策略性地运用到一些不直接涉及明星身份的歌曲中。比如 1963 年，迪伦的一首歌即这样开头：

我的名字什么都不是
我的年龄没有意义

（《受上帝的庇佑》）

那个时候，他同时在做着三件事情。第一件事，也是其中最不重要的一件事，他正在模仿一首以“我的名字叫欧汉伦，我刚过 16 岁”为开头的民谣歌曲（《爱国者游戏》）。第二件事，他正在建构一个民主的、普通人形象的叙述者，这其中的重要性会在下一章中具体说明。第三件事，他颇为讽刺地承认了自己的明星身份，因为在那个时候，“鲍勃·迪伦”这个名字仅仅只代表一个名义领袖，只是一个明星的名

① 讽刺的是，迪伦可能是在电影中，对这一问题给出了最明确的解释。在电影《比利小子》中，迪伦扮演了阿利亚这一角色，而听众对此信息的获悉即成了这部电影的关键。斯科比（2003:245）提及电影《雷纳多和克拉拉》的复杂性时，将其描述为“以公开活动的形式上演迪伦的私生活”，而在 1986 年，迪伦担任电影《烈火之心》的主演，讲述一个幻想破灭的摇滚歌手的故事。最后，在迪伦自己编剧创作的电影《蒙面与匿名》（2003）中，他饰演的杰克·菲特是一个老明星，也与“永不停止的巡演”中的迪伦极为相似。

字。这首歌具有极其重要的意义，因为演唱者不是什么无名小卒，而是鲍勃·迪伦。之后，他又进一步夸大地讽刺道，自己的年龄其实更是无关紧要的——尽管当时他的明星形象象征着政治化的青年（正如他所唱的，“来吧，这大地上的父亲母亲们/不要随意批评那些你无法理解的事情”）。

这些歌词（来自《时代正在改变》），把我引到了最后一个观点。迪伦的明星形象影响着我们对他歌曲的理解，但同时他的歌曲也影响着我们对他明星形象的理解。谈到电影明星时，理查德·戴尔表示，我们应当重视电影的作用，把它看作是一个演员的“工具”，通过精心运作一部电影，演员可以构建出一个独特的明星形象。[54]虽然并非所有的电影都是工具，但一旦一个明星形象建构起来了，用这种视角来分析电影就成了有效之策，因为我们能借此看出哪些电影在建构和维护形象上有所助益，哪些又对其加以破坏。这一方法也适用于对迪伦的理解，举例来说，二十世纪六十年代，歌曲如《时代正在改变》和《像一块滚石》，在构建迪伦的明星形象上发挥着特殊作用，而专辑《自画像》则可解读为在试图推翻或颠覆之前特定的明星形象。最近的专辑《被遗忘的时光》和《“爱与窃”》，则在塑造迪伦目前的明星形象上作用显著。如果我们将明星定义为因产出大量作品而成名的人，那么，也就不难理解作品在创造、维护和修正明星的广泛意义上所起到的突出作用。不过，明星身份与作品之间存在一个双向互动的过程：歌曲和演唱会会影响我们对迪伦的解读，而我们对迪伦的解读转而又会影响我们对歌曲和演唱会的理解。歌曲永远都不是单纯的，明星身份总是冲击着音乐的含义。

简况：人民之子

鲍勃·迪伦原名罗伯特·艾伦·齐默尔曼，1941 年 5 月出生于明尼苏达州的德卢斯。在他 6 岁时，全家搬到北部 100 公里的矿区小镇希宾，在那里他度过了一个平淡无奇的童年。早在青少年时期，迪伦就痴迷于摇滚乐和电影。大约在 18 岁时，他开始对民谣产生兴趣，等到他在明尼阿波里斯上大学后，这方面的兴趣愈发浓厚。不久，他便辍学，搭便车来到纽约，一方面是为了去医院探访偶像伍迪·格思里，另一方面则是为了去格林威治村实现复兴民谣的梦想。作为一个表演者，他用了很多不同的化名，包括失明男孩格伦特和埃尔斯顿·耿。在步入大学时，名字的问题才算尘埃落定，他决定用鲍勃·迪伦这个名字。1962 年 8 月，他正式通过法律途径办了更名手续。

迪伦加入了一个蒸蒸日上的民谣团队，这里聚集着众多才华横溢的年轻音乐家。但凭着成熟的表演风格，迪伦很快就脱颖而出，一举成名。他开始自己写歌，且大多都受到了高度赞誉。1961 年 9 月，受人敬仰的《纽约时报》民谣评论家罗伯特·谢尔顿，为此写了一篇事业起步的评论文章，一个月后，迪伦经由约翰·哈蒙德签约了哥伦比亚唱片公司，成为首个签约大唱片公司的新秀民谣歌手。1961 年 11 月，他录制了自己的首张专辑，并于第二年 3 月公开发行。这张专辑中包括十首翻唱的传统民谣和两首原创歌曲。等到这张专辑发行之时，迪伦在创作上又取得了新的进展，以惊人的速度不断产出作品。1962 年初，他开始写一些带有政治意识的"抗议歌曲"，并于 4 月写出成名曲《答案在风中飘》，这首歌也成了民谣运动的圣歌。也正是这首歌引起了迪伦后来的经纪人——商人阿尔伯特·格罗斯曼的注意。在格罗斯曼的策划下，彼得、保罗和玛丽也录制了《答案在风中飘》，并荣登美国榜单首位。

1960年前后，民谣音乐在美国掀起了一股复兴浪潮。《答案在风中飘》的成功以及迪伦其他歌曲的高质量，使他很快便成了这场新复兴运动的名义领袖。他的歌曲如《暴雨将至》《时代正在改变》，被解读成反映年轻一代的不满情绪的作品，并为迪伦赢得“一代人的发言人”的美誉。但正是这一标签和角色让迪伦深感局促不安。

专辑[①]和重大事件

1961年1月　到达纽约，他在第一天去医院拜访了伍迪·格思里

1961年4月　为约翰·李·胡克的开场表演做了两周的准备工作

1961年11月　在卡内基音乐厅举办了首次个人演唱会

1962年3月　《鲍勃·迪伦》

1962年5月　阿尔伯特·格罗斯曼成为迪伦的经纪人

1963年5月　《放任自流的鲍勃·迪伦》

1963年6月　彼得、保罗和玛丽的《答案在风中飘》销量破百万

1963年7月　新港民谣音乐节

1963年8月　“向华盛顿进军”运动中，迪伦在25万人面前演唱。而那天晚些时候，马丁·路德·金发表了他的著名演讲。

1964年1月　《时代正在改变》

① 简况中的名单只包括原创专辑——精选辑和现场专辑不包括在内。

第二章　民谣明星身份：普通明星，特殊明星

不让“明星身份”这一标签模糊名人经历在文化生活不同领域之间的区别，是一件尤为重要的事情。比如说，对电影明星的期望和限制就不同于电视名人。同样，虽然流行音乐领域的明星们在明星身份上有一些共同点，但大众对不同音乐流派的预期仍存在着巨大差异。以财富问题为例，对于流行歌星如埃尔顿·约翰，在服装、游艇上进行的炫耀性消费，人们一般不会提出质疑，流行音乐需要光鲜亮丽和财富的装点。模仿美国消费主义的嘻哈文化，也是一种认可奢侈消费的流派。然而，对摇滚明星如布鲁斯·斯普林斯汀等来说，一般认为对艺术家的资质要求门槛较低，这种奢侈消费的作风于是就有待合理化，有待被大众所接受。[1]

考虑到这种差别对待的常态化，流行歌星与其他类型的名人和明星自然就存在一些显著的不同。流行歌星与他们诞生的特定社群之间的联系就是其中之一。[2] 一般来说，人们认为明星是为他们诞生的社会群体发声，代表或反映了该社群的态度：如年轻人，工人阶级，城市居民，等等。一旦联想到很多重要的流行音乐流派都产生于流离失所的社会群体，这一说法便显得更加充分有力了，比如，灵魂歌星为黑人经历而发声，乡村音乐歌唱的是南方白人经历，等等。而对那些明显不是无依无靠的乐队如基恩乐队来说，要获得文化正当性，则困难重重。

然而，特别重要的一点是，流行歌星如何才能从众多流派中脱

颖而出，被看作是某一代人经历的代表呢？在解读流行音乐时，不单单要看到它与某一特定地区或社会群体的联系，更主要地，还要认识到它是对年轻人经历的一种表达。罗杰克就此给出了一个例子：

> 在出面为自己那一代人发声方面，流行偶像与其他名人存在不同之处。他们对一代人的信仰和价值观给予了性别上的关注和平民主义的表达，使其脱离了流行娱乐的局限，被赋予了大众文化意义和政治意义。[3]

罗杰克继而又提出，二十世纪四十年代，弗兰克·辛纳特拉代表了在战争中丧生的美国青少年。尽管这可能属实，但仍与六十年代明星开始被视为青少年代言人的形式，稍有所不同。也许辛纳特拉曾是一代人的形象标杆，但他绝非那一代人的官方代表。罗杰克指出，辛纳特拉从未以平视的眼光看待他的受众，也从未声明自己究竟为哪一特定群体发声。况且他基本也称不上是以年轻人为主要受众的歌手，在他的听众中，既有成年人，也有未成年人，这也反映了二十世纪四十年代到五十年代早期的大众听歌模式。然而，摇滚乐的出现，特别是以埃尔维斯·普雷斯利为代表的歌手的出现，为青少年带来了属于他们自己的独特音乐。埃尔维斯也证实了青少年是一股新兴的市场势力（因而形成一股社会势力），[4] 这就引出了彰显流行歌星独特性的第二大形式：他们具有一定的政治意义。这里说到的政治，并非传统意义上的政治。埃尔维斯不是一个政治激进分子。但他在发挥激进潜能鼓动社会群体时，显然是透露出政治倾向的。他所代表的特定群体被打上了危险和失控的标签。因而他成了潜在变化的象征，这也解释了他及后继的那批流行歌星的社会意义。“流行音乐，不断地在新的歌曲中实现重塑……呈现出自身的变化，以及这些变化可能制造出的混乱。而流行音乐名人则常常成了变化的公众代表。”[5]

五十年代时出现了一个观点，认为流行歌星反映并代表了一代人的经历，这一经历具有重要的政治意义。然而，在六十年代，这些描述发展成了愈加明确的信条。在这十年间，新一代的群体展现出全新而激进的社会意识，而这种激进的社会意识恰恰植根于流行歌星中。最引人注目的是一种新音乐流派的出现——摇滚——以及融合了早期复兴民谣观念的主流流行音乐思想的兴起。在这些转变中，鲍勃·迪伦的明星身份是一个关键因素。在一般人眼里，迪伦凭一己之力赋予了流行音乐一种政治意识。韦恩·汉普顿认为迪伦是“美国第一个真正展现社会意识的流行艺术家”。[6] 这种夸张的说法显然是毫无根据的。不管迪伦这次取得何种成就，都离不开多种在他控制能力之外的因素，离不开构建他的音乐发展和明星角色的具体社会和音乐语境。而明星身份则与社会的或传记的事实不同。其主要功能之一，就是将复杂的社会进程个性化，从而代表和呈现出特定的历史时刻。在这种情况下，当时和之后对“迪伦”这个符号的描述，都称其象征着一个激进的青年，象征着政治化的六十年代，以及(包括披头士乐队)摇滚乐与社会经历的共生关系。“鲍勃·迪伦远远超过了美国的其他流行艺术家，他使自己深深地植根于六十年代反主流文化的本质之中。”[7] 然而，明星代表往往是一种简化形式，迪伦与那十年政治的关系，即他与民谣复兴的关系，与其说是共生，不如说是一种矛盾关系。在第四章中，我会论述迪伦的明星形象与六十年代反主流文化政治是如何完全地紧密结合起来的，尽管他本人试图淡化这种关系。在本章中，我想通过观察六十年代早期，迪伦在民谣音乐中的崭露头角，来论述他明星身份的早期发展，并对他与民谣复兴关系中的政治和音乐矛盾展开讨论。关于这些矛盾如何反映流行音乐领域内一种新的政治意识的出现，以及“民谣明星”反映了民谣复兴的商业根源这一观点的内在矛盾性，我都会在后文一一给出解释。

民谣音乐与民谣复兴运动

通常我们认为，美国的“民谣复兴运动”是以 1958 年金斯顿三重唱《汤姆·杜利》的发行为开端。这首歌的和声平滑流畅，声音制作精良，不管是歌曲还是乐队，都不能称为真正意义上的“正宗的民谣”，不过这首歌有着古老民谣的曲调，配合声学乐器，表现形式简朴而低调。它预示着人们对一种不同类型音乐的兴趣正在发酵，即那些以讲述故事为特征、摒弃主流商业音乐一般配件的歌曲。1963 年，这一复兴的商业和文化发展达到顶点，可之后不久又逐渐衰落，最终的结束时间一般认为是在 1965 年 11 月的新港民谣音乐节上，在迪伦受到一个电子乐队的支持之时。

五十年代后期至六十年代初期的民谣复兴，起源于早期的民谣运动。这些运动与有组织的工人阶级政治一直保持着明确的联系。在美国，这种历史性联系可追溯到二十世纪初，追溯到世界产业工人联盟（IWW，又名 Wobblies）。该协会的准则是，工人阶级的全体成员，无论你的职业或国籍是什么，都应该万众一心，一起加入同一协会中来。它推崇以直接的政治行动来维护工人阶级的权利，其显著特点就是在纠察线和游行中用歌曲团结成员。自 1905 年成立时起，世界国际工人协会便出版了定期更新的劳工歌曲合集——《小红歌本》。但这一歌本却被乔·希尔控制了：他是一个多产的词作者，经常滑稽地模仿圣歌，企图煽动政治意识。希尔因谋杀罪而被处死，成了为

Wobblies 事业牺牲的一名烈士。他的死刑可视为政府对世界国际工人协会的镇压行为，到二十世纪一十年代末期，协会中很多领袖都遭到杀害或是监禁。等到了二十年代中期，世界国际工人协会的全体成员已然到了穷途末路的境地，但这还远远不是民谣音乐与工人阶级政治之间联系的终结。三十年代，美国社会充斥着经济大萧条、罗斯福新政和欧洲法西斯势力抬头的阴霾，也正是在这段时期，共产主义唯一一次在主流美国政治意识上留下了印记。的确，共产主义那一次受到了支持者的推动，被称为符合美国理念的唯一体系，而民谣音乐又再次被视作左翼知识分子和民俗学研究者增强政治意识的手段。大约从 1935 年开始，民谣音乐与激进政治便完全交织在一起了。1945 年，由皮特·西格“领导”的一批歌手，成立了“人民之歌”组织，致力于传播“讲述真实生活”的民谣。1948 年，美国进步党的亨利·华莱士以其激进的政治观点——反对冷战，支持非裔美国人享有全体投票权——竞选总统，而民谣音乐在他的竞选运动中扮演了重要的角色。但华莱士最终与成功失之交臂，是由于受幻灭和麦卡锡反共审查所困，这股民谣复兴浪潮也在四十年代末期逐渐失去势头，而当时活跃的许多民谣歌手，包括皮特·西格、乔什·怀特、西奥·比凯尔和奥斯卡·布兰德，在 1960 年前后的复兴运动中仍占据着民谣音乐的一席之地。

尽管后来的民谣复兴浪潮中，有不少活跃的身影仍来自之前的民谣运动，但民谣的繁荣显然已经开始在年轻人群体中萌芽扎根了。冷战政治与“核毁灭带来的史无前例的危害”[8] 似乎已经改变了一代人的意识，这也部分解释了为何新的复兴会发生在特定的年轻群体中。这种潜在毁灭的生存体验，似乎增加了新一代人肩上尤为沉重的负担，并在一种批判的，但格外年轻化的意识出现之时，扮演着重要的角色。民谣复兴一度成为新一代人的固定表达模式，他们把这当作是自己扮演历史性角色的重要途径，并由此改善社会，加强战后社会建设，以实现社会理想和期望。在这段时期，年轻人成为批判意识的试金石，他们头脑中“形成了一种体验多于意识形态，风格多于论述，人际多于史实的概念，世界已然遭到父母一代严重的不当经营”。[9] 正是在这一特定时刻，人们提出，若要扭转局面，则必须由年轻人把他们的想法付诸实践。这种人口统计学上的巧合出现于二战结束时，由此便产生了以纠正前辈所犯错误为使命的一代年轻人。这是第一个形成独特政治性青年文化的群体，他们最初的表达渠道就是民谣音乐。被视为青年文化中最重要的形式的摇滚，出现的时间稍晚一些，但它的发展也离不开民谣复兴，离不开对青年的政治角色的相关理解。比起其他任何人，鲍勃·迪伦更能够代表、体现并定义对新一代人的理解：

> 正如复兴运动者们所知道的，他们运动的意义在琼·贝兹和鲍勃·迪伦身上得到了最为神秘而强大的彰显。他们身上散发着年轻人的荷尔蒙气息，使得与美国民主中某些理念　　纯真与自由、独立，虔诚与责任、平等，良知和反抗　　相匹配的文化形式更富生机与活力；同时，他们透露锋芒的个性美、兴趣和权威，也被这种形式赋予了近乎诗意的表达。[10]

迪伦明星身份的发展，预示着在政治上缺乏耐心的一代人意欲公开抨击社会的弊病。迪伦不仅被看作是这一特殊社会群体的标杆，“代表”这一群体的象征，而且也是群体中的代表人物，代表群体去发声。众所周知，迪伦被贴上了“这一代的代言人”的标签，这就引出了一个疑问——为什么鲍勃·迪伦会成为民谣运动的化身，成为政治化青年的代表呢？迪伦曾一再强调，他不代表任何人，他只为自己发声，为什么他会被定义为一个代言者呢？对此的一般解释是：迪伦的歌曲和人格魅力将他推到了顶峰。与其他人相比，他的歌曲更胜一筹，人格魅力也更为夺目。这是精英体制下明星身份取得成功的神话，天分与努力都会得到回报；这也是艺术的神话，其中必然闪耀着美学的锋芒。其实，这两个神话都不成立——有天赋和有魅力的人会被人忽视；艺术的品位和价值在变化——二者都没有对为什么是迪伦，为什么是在那个时候，给出一个充分的说明。我们不能依赖于纯粹个人主义的或是艺术性的解释，而是要细细研究迪伦与那个特定时段之间的关系。

法国文学社会学家吕西安·戈德曼试图发展出一种方法，为美学价值提供分析的基础。戈德曼没有假定美学价值是基于主观经历，而是尝试去解释为何一些作品和作者比其他作品和作者要优秀。他采取的方法是，关注作品与其诞生的社会环境之间的关系，因为在戈德曼看来，“任何重要的作品都不可能仅仅是个体经历的表达”。[11]恰恰相反，戈德曼提出“集体主体”的观念，即特定社会群体的集体意识。这种集体意识不与个体相分离——它只能通过每一个个体的意识而存在——但它又不仅仅局限于个体意识中，它是影响着群体行为和认知的共享心理结构。这些心理结构“同时组织着特定社会群体的经验性意识，以及作者创造的想象世界”。[12]戈德曼继而对一个群体中真实的、经验的意识（它在日常生活中真实的想法和行为，包括其中的矛盾与不一致）与潜在的集体意识（社会群体的有逻辑的、连贯的和统一的表达）进行区分。戈德曼把这种潜在的集体意识称为“群体的世界观”，他认为伟大的艺术作品就是那些精心浓缩的世界观，因此，伟大的作品不单单是关于社会群体“是什么”的经验性再生产，实际上也具有广泛的延展性。

我并不完全赞同戈德曼的方法，因为他太倾向于从社会学的角度来解读艺术作品。① 但他提出不能仅凭分析作品内在的和艺术的逻辑去解释作品的伟大，显然是有道理的。因为“解释往往指的是一个囊括且超出已有研究的结构”[13]——我们总是需要将社会因素纳入分析中来。此外，我认为他关于“世界观”的概念，对我们思考迪伦与民谣复兴之间的关系，也具有参考价值。在我看来，迪伦作品里反映出的世界观，是对最初以民谣复兴作为表达政治忧虑方式的那一代人的最好阐释。

但是，迪伦与民谣复兴的关系并不是那么直截了当，有时也难免剑拔弩张，引人忧思。原因在于，尽管从表面上看，六十年代的民谣复兴和早期的复兴运动存在连续性，但实际上它们之间有着严重的裂隙，较之老一辈的民谣歌手，新一代群体的政治敏感性展现出不同的优势。这种新旧力量之间的冲突和拉扯，也说明了为什么某一特定文化客体——这里即指歌曲——总是包含着社会的和政治的维度。

迪伦与民谣复兴运动

迪伦最初的音乐兴趣其实并不在民谣上，而是在摇滚乐上。然而，就在进入明尼苏达大学之前，他对民谣萌生兴致，尤其关注伍迪·格思里的民谣歌曲。从三十年代到四十年代，民谣音乐与激进政治间的关联，主要源于中产阶级活动——其中的知识分子、激进分子和民俗学研究者包括皮特·西格和阿兰·洛马克斯等。然而，伍迪则是个出名的局外人。他是来自俄克拉荷马州的民谣歌手，饱经家庭的

① 戈德曼否认这是他的初衷，他认为只有“特定的杰出个体”才能够创造出伟大的艺术作品，并声称“没有人会异想天开地去否认文学和哲学作品是属于其作者的成果”(1975:43)。

创伤(他的姐姐死于火灾,父亲残疾,母亲因患亨廷顿氏舞蹈病而被收容治疗)和社会的灾害(他的出生地遭到沙尘暴的严重侵袭,导致俄克拉荷马州的农业生产惨遭破坏,千万人陷入贫困)。面对家庭的破败,14 岁的格思里开始四处流浪,以唱歌写歌度日。格思里的政治立场从本质上来看是偏左派的,但他并不属于教条的党派政治路线的类型,相反,他在歌中所唱的都是些寻常百姓的经历,以及他们所经受的由政府和企业带来的磨难。然而,当他 1940 年来到纽约时,立即受到关注政治的民谣社区的欢迎,成为富有内在创造力和普通美国人高贵品行的象征。在人们眼中,格思里不是为群众发言的代表,而是"人民"的标杆,"民谣"的化身。

迪伦着了魔一般地迷上了格思里,特别是对其自传《奔向光荣》[①]里富有浪漫色彩的刻画,更是心生敬意。格思里成了民谣运动的标志,也成了迪伦心中的偶像。这个自由奔放的流浪者形象,成为迪伦早期音乐的重要主题,也可以说是贯穿了他的整个职业生涯。不久之后,迪伦便辍学,前去拜访伍迪,又搭便车来到民谣复兴潮之家——纽约格林威治村。1961 年 12 月,迪伦来到纽约,年仅 20 岁。按理说,拥有惊人潜力的迪伦,会在这里受到人们的热烈欢迎,但事实却并非如此。准确来说,他的受欢迎是矛盾的:一些人被这个有着伍迪·格思里情结的独具魅力的孩子所吸引,而其他人则认为他虚假而做作。在迪伦录制的第一首原创歌曲中,他先是对自己的到来所引起的反响做了一番讽刺,紧接着又马上以对"格林威治村"的错误发音(发成"绿巫师村"),把自己归入局外人的行列:

---

① 在 1965 年的脚本采访中,迪伦被问及格思里是不是对他影响最大的人。他回答说"我不知道自己说过这句话,但在一段时间内,他的想法对我确实产生了很多影响"(杰克·戈达德的采访)。

我继续前行 最后歇脚在

其中仍在营业的一间咖啡店里

走上吧台 我一阵弹唱

那边有人说 改天滚回家去吧

你那些玩意儿听上去就像乡巴佬

我们这儿要的是真正的民谣歌手

（《聊聊纽约》）

这种矛盾贯穿于迪伦与民谣运动的一切关系中。虽然作为这场运动的名义领袖，他的地位得到提升，但他却从未彻底融入其中。许多民谣复兴运动的参与者，都对迪伦的动机冷嘲热讽。诚然，迪伦对这场运动的诸多方面都心存怀疑，并不断试图与民谣复兴保持距离：

（当）他们不知道该如何称呼一个歌手时，就叫他民谣歌手。我唱蓝调，也唱一些乡村音乐，其中部分歌曲是我自己写的。（埃德温·米勒采访，1962年6月或7月）

汉普顿称迪伦是民谣运动中首个反英雄式的人物。[14] 这种互不信任的原因之一，正是迪伦在上述引文中所描述的折中主义，但民谣音乐的意识形态基础表明，这种风格的差异同样反映了不同的政治观点。这些差异，以及迪伦之后对直接政治行动的甚少参与，多少引起一些猜疑，人们认为他仅仅是想借民谣复兴的浪潮助推自己的成名之路。他对民谣音乐的玩世不恭和折中主义立场，因而也都成了指责他缺乏担当的口实。但是，分析迪伦对民谣音乐的态度应当置于具体语境中，包括民谣音乐的一般历史，及其在五十年代后期到六十年代早期的具体发展情况。

对包括民谣歌曲在内的民间文化怀有兴趣，是浪漫主义运动的一个特点。基于工业化的影响和日常生活的合理化，艺术家们将目光投向民间文化，寻找在黑暗的撒旦磨坊之前即已存在的，更为鲜活的人文主义。因此，“民间文化”是现代性的产物（在前现代时期，并没有“民间文化”这一标签），而且一直都是通过特定的社会视角——从一个更为崇高的社会或文化角度去向下观看——来呈现和包装的。这未必是指以轻视或批判的方式“向下观看”，实际上，恰恰相反，这是以一种十九世纪中产阶级对待未受教育者的家长作风式的态度，去看待民间文化（尽管在美国，这实为一种母性主义的态度）。[15]然而，这对如何理解“民谣音乐”也产生了一定影响。比如，1900 年左右，剑桥毕业生塞西尔·夏普在英国领导了一场民谣复兴运动，他认为从农村到城市的人口迁移将导致民间文化的消亡。为防止民谣的消失，夏普承担起了记录民谣歌曲的工作。但是，夏普没有去深究“民谣”唱的是什么，而是对这个项目中哪些歌曲可以被称为“民谣”，给出了明确定义：除去一切来自城市的歌曲，除去来自工厂工人和音乐厅的歌曲。[16]这样一来，民谣显然只包括人们实际歌唱的一小部分歌曲，更重要的是，夏普这种死板的规定，导致了对“民谣歌曲”的盲目迷恋（客观化），俨然使它成了一件人工制品。“民谣歌曲”不再富有生命力，不再是进行时动态文化的一部分，而是成了博物馆的一件展品。类似的情况在美国也有发生，一些高等文化背景的人力图将通俗文化抬至新的高度，使其足以与传统高雅文化相媲美。1938 年，在纽约的高雅文化殿堂——卡内基音乐厅，举办了约翰·哈蒙德的“从灵歌到摇摆乐”演唱会，使这一进程发展到顶峰。诸如哈蒙德与艾伦·洛马克斯等致力于宣扬民间文化的人，都是品行高尚（和政治激进）的代表，但民间进程会从“冻结”走向“文化”，只是他们付出努力后一个不幸的副产品。即使民谣复兴运动者竭尽全力“重申”民谣音乐的工人阶级血统

(如二十世纪五十年代由伯特·劳埃德和伊万·麦考领导的英国民谣复兴运动),仍难以推翻对"民谣歌曲"的死板定义。

即使透过迪伦的作品只能获得粗略的了解,我们也不难想象,鲍勃·迪伦为什么不会被上述态度所吸引,同样,我们也可以想见,那些珍视这一态度的人,自然也不会被鲍勃·迪伦所吸引(麦考对迪伦尤为不屑一顾,认为他不过是"一个资质平庸的年轻人")。迪伦从未将民谣视作弥足珍贵之物乃至敬而远之。举例来说,第一张专辑里的《可爱的佩吉欧》,就颠覆了苏格兰民谣的庄严特质,迪伦大声唱道,"我周游整个国家,但我从未找到弗奈瑞欧"[17],而在《聊聊拉丁弗奈瑞欧蓝调》中,他对民谣进行恶搞,唱着"这是我在犹他州学到的一首外文歌"。迪伦的玩世不恭与折中主义既不单纯是风格冲突的反映,也不能作为他对民谣音乐缺乏担当的证据。相反地,它们反映出意识形态上的一种迥异态度,正是这种态度,才使迪伦的作品与新一代民谣爱好者的敏感情绪相一致,尤其是在应对个体与集体之间的关系上。

对民间文化的兴趣总会包含政治批判的因素。面对工业资本主义对财富的冲击和破坏,浪漫主义者心存不满,试图找回丢失的时间,找回人类共生的环境,以及对利润、工具需求的无意识的天性。民间文化所象征的,都远在资本主义的内涵之外——诚实的,纯洁的,具有社区意识的,自然的,有机的,人性化的。即便是在今天,对民间文化的兴趣仍保留着类似的意识形态。因为民谣音乐是由"人民"所创造,为"人民"而创造,并供他们自娱自乐而非用来牟利,所以,有人认为民谣音乐具有内在的积极属性。然而,就在民谣歌曲行将就木时,又掀起了一股类似的盲目迷恋"民间"的风潮。"民间"并不指涉真实的人物个体,而是一种象征,是对特定生活方式的理想化,是从未存在过的,与自然融为一体的纯真生活方式。从这点出发,我们可以看出民谣歌曲的客观化是如何真正体现出类似的,关于"民间"的刻板观念的。正如鲍伊所说，“多亏了民谣歌曲收集者的先入之见和明智选择，我们才得以发现艺术品与生活其实是具有同一性的”。[18]民谣歌曲被理解为对寻常百姓生活的蒸馏，但带来的结果，是艺术与生活关系的破裂；民谣音乐没有成为一种流行文化形式，而是使一种特定的生活转而成为艺术：“穷人是一种艺术，因为他们直率坦诚地歌唱自己的生活，没有错误的资本主义意识，没有错误的宣传欲望”。[19]因此不难想见，农村和工人阶级中也存在着类似的客观化情况。普罗大众对那些较高阶级的人，往往会基于他们在社会结构中的地位，产生一种先入为主的观念，为他们贴上生性善良、品质高尚的标签，奉其为崇高的偶像。麦考把这种价值取向描述为，“乡村高于城市，劳工高于资本，真诚高于学识，普通的原始贵族男女高于商人和政客”，[20]被神化的(真正的)民谣歌曲因而成了被神化之人的象征。

这带来的后果之一，就是对集体主义的强调，而在民谣歌曲的概念下，个体主体性已经没有容身之地了。虽然在民谣歌曲中，不乏知名人物的身影，但他们通常扮演着有代表性的角色，意在映射某一特定社会类型(步入歧途的女儿、邪恶的法官)，而非作为独立的个体。紧接着这番评论，麦考说道：“无论这些人的言谈是真是假，他们都同属正义的盛会，而在这些盛会中，有军队和世世代代的人们，有英雄和恶棍，有噩梦和美梦，几乎看不到个体的存在”。[21]民间运动的兴起是基于特定人群的重要地位——“民间”“人民”——而非个体。如果在民间运动中，艺术被某一生命形式所取代，那么从社会结构上来说，那种生命形式随即会被视如贫穷，视如压迫。对那些陷于贫穷或种族歧视之中的人们而言，最重要的不是每一个个体的经历，而是他们当中代表人物的角色。

在迪伦的职业生涯早期，他至少对上述观念的部分内容持肯定态度，他视美国西部为善良之乡，而东部城市则为贪污之地(如在《让我在不停息的脚步中死去》中，歌词暗示，在“内华达州、新墨西哥州、亚利桑那州、爱达荷州”可以发现美国的辉煌）。然而，一般来说，由于强调个体的经历、情感和主观性，迪伦的作品与民间和民谣的代表有些格格不入。在迪伦的作品中，个人经历向来都是最重要的，他写的第一首歌不是“正义的盛会”，而是日常生活中关于阴谋的个人故事——如歌曲《站在街上的男人》《熊山野餐大屠杀说唱布鲁斯》或《唐纳德·怀特之歌》。这些关于社会公正的早期思考，是伴随着个人经历的重现而发生的。因而从迪伦身上，可以看出他对民谣复兴的感情变化轨迹，尽管直到六十年代，这种感情才在发展中愈见明显。

婴儿潮一代，民谣与个人主义

人们常常会忽视，实际上迪伦是五十年代，而非六十年代的产儿。不管他在后十年里有何影响，与同时代的音乐人相比，他都稍稍年长几岁，而他个人发展的成型期也发生在前十年里。这产生了重要的影响：

> 如果你是在 1941 年到 1948 年或 1950 年左右出生，那就意味着，你是降生在战后新中产阶级的家庭，但是处于婴儿潮发展的上升阶段，而尚未到达顶峰阶段——在你的成长环境中，现实正被新兴的大众社会和衰败的工业文化所分割……同时，你的出生时间也足以将早期生活方式的痕迹延展到你现在的想象空间里。[22]

出生在新旧时代交接处的生物学上的巧合，对民谣复兴具有一定影响，尤其是使二十世纪三十至四十年代和二十世纪五十至六十年代的民谣复兴思潮，发生了微妙而戏剧性的变化。其中，有两大重要违反者把复兴运动分裂成两段：一个是埃尔维斯·普雷斯利（猫王），另一个是参议员约瑟夫·麦卡锡。我会在下一节详述摇滚乐的兴起，本节主要论述麦卡锡反共审查，包括它对民谣复兴的影响，以及它在迪伦早期作品中的表现。

民谣音乐会与政治组织产生关联，不是简单的巧合，而是基于民谣的形式；民谣“对歌词和简单乐器的强调，与政治相适应且受其拥趸”。[23]因为乐器的使用无须电源支持，民谣音乐的演奏者可四处移动。易于重复、适宜合唱的特点，使听众得以参与其中，增加了情感的权威性，并加强了歌曲团结人心的力量。[24]民谣音乐与政治的这一历史性联合，表明民谣从业者同样有望成为政治活动家，民谣音乐中的很多领袖人物都是共产党员，包括皮特·西格和伍迪·格思里。这一意识形态立场通常被捆绑在“社会爱国主义”上，而后者则是以“一个大工会”的形式，在全体工人的团结奋进下，充分发挥国家的潜能，从而推动美国的发展。在三十年代和四十年代早期，这种政治观点是切实可行的。尽管算不上美国政治生活的主流，但它与大萧条的受害者站在了同一阵营，与罗斯福新政挂钩，致力于为普通百姓重建美国，同时，随着苏联日益被视为对抗纳粹势力的关键堡垒，其反法西斯的立场也逐渐明朗。然而二战结束后，苏联被定义为美国的主要对手，在充斥着偏执情绪的美国社会环境下，政府企图抵制“共产主义颠覆”活动。常常仅凭微弱的证据，就揪住来自各行各业的个体，给他们扣上共产主义支持者的帽子。一旦遭到指控，再想为自己开脱罪名，就是难上登天的事了，而贴上了共产主义者的标签又意味着与工作岗位绝缘。其中，娱乐行业尤其是好莱坞，可谓成了众矢之的，被斥责为大量赤色分子的聚集地，许多演员、导演和其他专业艺人都被“列入黑名单”，不得再从事娱乐业相关的工作。

民谣运动中有许多人都是麦卡锡反共审查的受害者，其中以皮特·西格受害最深。1955年，受政治迫害的西格，收到了非美活动调查委员会的传唤。他拒绝发表任何有关个人或政治关系的声明，因此被指控藐视权威，并被列入黑名单。① 但讽刺的是，西格被列入黑名单这一事件，却间接地催生了一个后果，即在五十年代末助推了民谣音乐的流行。由于被绝大多数的专业场地拒之门外，西格加入了"文化游击战"，在学校夏令营和大学校园中进行演奏。这些演出使新的一代加入民谣音乐的队伍中。但据坎特维尔描述，因为麦卡锡反共审查的经历拔除了歌曲中的意识形态根基，新的复兴运动者便在没有明确阶级思想指导的情况下，以一种不同的方式处理民谣歌曲。[25] 新一代群体没有与工人阶级运动紧密结合，而是将民谣当作一种特定生活方式的审美再现。创办于1950年的民谣杂志《大声唱吧！》，对这一变化做了相关阐述。在第一期中，该杂志对苏联及其民间文化大加赞赏，后来便逐渐从工人阶级政治中脱身，直到新复兴运动时，它才在经营宗旨中对民谣音乐的目的给出详细说明："首先，我们对民谣和传统音乐深感兴趣，这是一种现存遗产——连接着过去——是一种审美体验，也是现代音乐的一种媒介。"[26] 1959年夏天，约翰·科恩在杂志上写道，"重心已经不再是社会改革或全球改革了，应当更多地着眼于对真实和人性价值的追求"。[27] 因此，民谣音乐的目的可以看作是重建生活体验，并为听众提供理解他人生命的"第一手"资料。迪伦作品中对个人经历的强调，即可视为对这一新兴理念的反映。1963年，他给自己的老朋友托尼·格洛弗写了一封公开信，解释为什么坚持唱自己的歌，而不是唱像《红苹果汁》和《小玛吉》之类的传统歌曲。然而他又坦言，自己从民间遗产中汲取了很多灵感和力量，受益匪浅，因为

① 他在1961年被判有罪并处以12个月的监禁，不过在上诉中推翻了这些判决。

"民谣歌曲向我证明了……歌曲可以传达出人性的内容"。[28]但与此同时,迪伦开始捍卫自己演唱歌曲如《战争贩子》和《七诅咒》的权利,暗示了意识的转变并不一定会导致民谣歌曲政治色彩的去除。很多早期民谣运动的参与者都对此表示认同,可是新一代的民谣音乐爱好者,则将民间政治观从劳工的集体政治转向以个人经历为主体的政治。那些由西格以游击战方式传播的歌曲,以及从哈利·史密斯的专辑《美国民间音乐选集》上听来的歌曲,把民间的影像和声音引入到文化主流中,虽然是去历史化的,但又充满了过去的印记,虽然去除了意识形态色彩,但在根本上仍是富有政治性的。[29]①

我并不是要在民谣复兴运动中的老民谣歌唱家与新一代参与者之间做简单的二元分割。显然,很多年轻的民谣复兴成员,对政治的好坏、黑白的看法都太过简单化了(迪伦之后在《昔日的我》中对此做了批评)。真实的生活往往呈混乱状态,事情也不总是那么准确而条理分明,我们需要暂且撇开这些变化发生的准确时间。事实上,可以说,只有在六十年代摇滚取代民谣而成为学生的抗议之声时,解读民谣音乐的新旧方法之间才显露出清楚明了的政治差别。在这一时期,民谣音乐与集体政治的关系重新得到调整,但并未完全分离。的确,随着与初期公民权利运动关系的愈加紧密,五十年代和六十年代的民谣复兴被高度政治化。我想,不妨举一个实例,来解释复兴与公民权利运动的历史关联,即把美国黑色人种问题的进步原因,置于老左翼与新发展的情感框架下来解读:种族主义问题可以从社会结构层面做分析,也可以从种族暴行的个人经历层面来说明。迪伦的《海蒂·卡罗尔的寂寞之死》,"为区分写政治歌曲与政治化地写歌提供了精彩的见解",可以说是充分地阐释了两种看待同一问题的方式之间存在的矛

① 马奎斯认为迪伦的政治观点"主要来自唱片"(2003:50)

盾。[30]这首歌讲的是烟草富农之子威廉·赞琴格谋杀了一个酒吧女侍的故事。第一段歌词详细叙述了这个谋杀事件的过程，第二段则在刻画赞琴格。第三段歌词描述的是海蒂及其作为母亲和侍者身份的经历。在每一段后面都重复着同样的副歌：

啊，但你会仔细琢磨这种羞耻感
并批判所有内心的恐惧
把这块破布从你脸上拿开吧
现在还没轮到你痛哭流涕

歌词的最后一段详述了法庭上赞琴格因谋杀罪被判处六个月监禁的情景。而后面的副歌部分则变成：

啊，但你会仔细琢磨这种羞耻感
并批判所有内心的恐惧
把脸深埋进那块破布吧
现在该轮到你痛哭流涕啦

在这里，迪伦意识到真正的悲剧，并不在于法庭的审判不公，而在于一个活生生的女人的死亡。整件事情的重要性不在于海蒂所扮演的典型角色，而在于现实生活中，一些孩子失去母亲的事实。最后的副歌部分批判了那些对海蒂流着鳄鱼的眼泪，却为无关紧要的法官判决潸然落泪的人们。[31]而另一种足以讽刺这群人的方式，则是对种族话题避而不谈：从这首歌中我们无从得知海蒂·卡罗尔是黑种人，赞琴格是白种人。对那些流着鳄鱼的眼泪的人来说，这些信息至关重要，可对迪伦来说，却是无关紧要的。正如他曾经指责一名记者，“先

生，如果你认为我在写关于黑种人的歌曲时，会用黑人而不是人这个词，那就是你对我的不尊重”。（悉尼新闻发布会，1966）

通过观察民谣歌曲中人称代词的使用，也可以看出歌手们的政治立场差异。在工会兴盛时期的歌曲中，“为抗争而唱的歌手……用第一人称的复数代词（我们）来展现他乌托邦式的愿景”。[32]其中《我们终将胜利》和《我们矢志不渝》应该算是最明显的例子了。在迪伦早前的一些作品中，他遵循了这一创作模式。比如，在一首早期抗议歌曲《埃米特·提尔之死》的结尾，迪伦写道：

> 但如果我们所有人都能有同样的想法，
> 如果我们尽己所能地付出一切，
> 我们就能让属于我们的这片伟大土地
> 成为一个更美好的世界。

然而，更具代表性的是，迪伦在他的作品中对单数人称代词（“我”和“你”，尤其是“你”）的使用。以他最著名的两首抗议歌曲为例，瑞克斯认为《答案在风中飘》传达了“一种特定的政治孤独……通过歌词中复数人称代词与单数人称代词间的不断抗衡”[33]，他还指出《时代正在改变》的歌词中没有出现“我们”——“它是另一首伟大的迪伦‘你’之歌”。[34]这首歌中涉及的复数人称代词（“他们”）指代的只是时代而非人群。

汉普顿表示，五十年代后，单数人称代词的使用已成为民谣音乐的主要特征，[35]而这也暗示了对主观经验的敏感性并非迪伦的专属。的确，它模仿了早期民谣偶像伍迪·格思里的作品（而这很有可能也是迪伦崇拜格思里的原因之一）。然而，自四十年代格思里参与纽约民谣演出后，他的政治态度就变得十分激进，这或许与他同时代的集体精神更加协调，即致力于以工会驱动的社会爱国主义来捍卫劣势者的权益。[36]迪伦的作品没有做出这样的让步，也就解释了音乐形式产生的一个变化——人称代词的转变——实际上是一个政治转变，既是迪伦与民谣复兴运动者关系紧张的征兆，也是其中的缘由。

这种方法也可以用来解释迪伦在复兴运动中的突出地位。迪伦的作品，比其他任何人的作品，都更能反映出塑造了民谣复兴的政治意识的转变，从联合的集体主义转变为强调同理心的个人主义。在戈德曼看来，迪伦的作品体现了新复兴运动者的“世界观”。迪伦作品的这一特质使他与民谣复兴从根本上联系在了一起：

> 迪伦的早期歌曲出现得如此迅速而及时，似乎与公民权利运动完美衔接。二者之间不存在时间滞后的问题。他不是一个进入了既定政治状态中的词作者，而似乎是这一政治状态的一部分，他的歌曲对这一运动有所助益，正如这一运动也对他词作者的身份有所帮助。毫无疑问，这种异体受精现象，对迪伦与这一运动的关系，这一运动与迪伦的关系都至关重要。他给这一运动赋予了一种敏感性色彩。[37]

迈克·马奎斯在最近的分析中，着重强调了迪伦的歌曲与“运动”之间的这种共生关系：

> 鲍勃·迪伦在六十年代创作的音乐早已超越了它的民族血统，跨越了它所属的时代，但如果想要理解并充分利用这些音乐，则需要从时间和地点上去追根溯源。无论你如何衡量迪伦之后的成就（他取得的是丰硕的成就），它们都无法超越六十年代作品与时代的混乱之间的脐带关系。[38]

这是迪伦明星身份的基本要素。不管他如何费尽心力去摆脱这一标签，去变换角色，或是去成为一个反领导者，从迪伦四十多年前“离开民谣运动”时起，他就已经被塑造成一个政治领袖的形象。但是，民谣复兴的意识变化，特别是六十年代初，一群新的年轻复兴运动者的出现，催生了迪伦的政治观点和作品。这种变化的代际意识，正好解释了为什么会在六十年代初出现一个鲍勃·迪伦型的空间。戈德曼式论述只部分解释了为什么填塞这个空间的是鲍勃·迪伦，而不是任何其他的新兴民谣歌手。也许它能够解释在民谣复兴运动中，迪伦为什么会被认为是最伟大的词作者，但却不能充分说明，为何迪伦能应运而生成为一个明星，而伍迪·格思里却未能如此。其中一个说法是，迪伦在民谣音乐中的转变和他在摇滚乐兴起时扮演的角色决定了这些，这部分内容会在下一章详细论述。但还有很重要的一点，不同于早期的民谣音乐，民谣复兴从根本上来说是大众媒体的一部分。

明星身份，民谣音乐与大众文化

我在前文中已经提到过，正如浪漫主义者找寻未被资本主义痼疾所殖民的时间和地域，对民间文化的兴趣属于广义上的文化批判。即使是在今天，对民谣音乐的兴趣仍含有那种批判意识的元素。这在其与音乐产业的关系上体现得最为显著，因为较之由唱片公司制作的音乐，民谣音乐被认为更可信而真实。因此，民谣复兴是对其自身的文化批判形式（比如，五十年代英国民谣复兴的主流话语之一，就是反对由摇滚乐的出现所引起的英国音乐美国化）。这些假设（关于“真实的”和“大众制作的”音乐）在民谣音乐的惯例中可以得到证明：民谣俱乐部的座位安排，以及——尤其是迪伦的故事——带电扩音器的消失，而它们曾经都是为缩短歌手与听众之间的距离而服务的。在民谣音乐中，歌手与听众之间的关系应该是“自然的”，而非“中介化的”。因而在某种程度上，对民谣音乐的兴趣成了大众文化的一种批判形式。按理说，民谣音乐是完全反商业化的，不然资本主义的音乐产业就会将情感和政治从中一一消除。民谣音乐是“我们的”音乐，是属于人民的音乐，而不是属于“他们的”(资本主义者的)并强加在我们身上的音乐，为我们提供一种错误意识，满足我们本不自知的欲望。在早期的一篇大众文化评论文章中，德怀特·麦克唐纳概述了其中的分歧：

> 民间艺术萌芽于底层。它是人们自发的、本土的表达，基本不曾得到高雅文化的庇护，由人们自行塑造，以满足自身需求；大众文化是由上层强加而来的，它是由商人雇佣的技术人员制造的，其受众是被动的消费者，他们的参与权仅局限于选择买或不买。[39]

这些观点是否正确，抑或仅仅是最初决定民谣音乐的相同理念进程的一部分，在我们这里，都不重要，真正重要的是，当我们把目光放在1960年左右的民谣复兴上时，这些特征已经很难维持下去了。在一定程度上，民谣复兴是受商业所驱使，填补了摇滚乐衰落的裂缝。毋庸置疑，那些在民谣复兴时期被民谣吸引住的年轻人称不上是“民谣”的代表，他们通常是白种人，属于中产阶级，受到过良好教育，来自美国东岸。还有最重要的一点，他们是一群有着相同口味的受众。

塞尔吉·德尼索夫认为，这导致了民谣复兴中情感的重大转变，因为新一代的民谣歌手“一如四十年代的‘工人阶级知识分子’，没有把大众传媒的产品当作反启蒙主义者的伎俩而拒之门外。他们也不曾渴望出现所谓‘人民的音乐’的创作。对他们而言，民谣音乐已然是流行音乐的一部分，并依赖于这个行业在结构上的细微差别。”[40]从经验出发，我觉得这种说法不免生硬。要说新民谣歌手不再批判音乐产业，当然也不对。音乐产业所制造的产品一直广受非难，而“民谣音乐”则仍有望成为纯粹的象征，代表不被腐蚀与非商品化，与今日商业化的流行音乐形成对比。然而，倘若更多地从意识形态层面考虑，德尼索夫的说法则不无道理，因为对于年轻的民谣复兴运动者来说，主要的变化在于大众文化评论已经不再那么绝对了。并非所有的大众文化都一定是无稽之谈。或许是由于一部分新民谣歌手切实感受到了埃尔维斯和詹姆斯·迪恩与生俱来的潜能，他们显得更为乐观，相信文化产业能够生产出一些具有审美趣味和政治挑战性的作品，尽管事实上大部分都是些价值寥寥的娱乐产品。他们坚信，无论这个行业的最佳意图是什么，肯定会有好作品诞生。

所以，民谣复兴是建立在矛盾之上的，它是一种音乐形式的大众媒介化复兴，用以对抗大众媒介。它也是一种风格反叛，借鉴了城市风格、波西米亚风格和亚文化风格的一些元素。[41]但这并等于说它是伪造之物，或是说参与者不够真诚。恰恰相反，许多人其实过于真诚了，而过于认真又是民谣复兴中迪伦最厌恶的一个特征。但这也就是说，它的确不是对无中介的民谣音乐的真实呈现，而是一种中介化的展示。同时，它也表明民谣复兴中最突出的表演者——特别是迪伦——承受着来自商业和时尚方面的压力，而这是皮特·西格等人不曾经历的。[42]由于民谣复兴发生在大众媒介化的环境之中，对西格那一代人来说，迪伦成为民谣歌星的方式多少有些不可思议，而这也就引起了老一辈人的担忧。个人代表集体运动本身存有内在的矛盾：正如汉普顿指出的，英雄式的创作型歌手一直在民谣抗议运动中扮演着重要角色，其中最突出的要属乔·希尔和伍迪·格思里。[43]然而，在那些早期的例子中，个体是人民的具体体现——不是民间的象征，而是民间的代表。虽然伍迪·格思里体现了民间精神，是群众的典范和人格化，但明星身份却提供了一些截然不同的内容。它既利用了明星作为社会群体和类型的集中体现的地位，也肯定了特定明星个体的价值。

如果我们追溯迪伦职业生涯的开端，便能察觉这种矛盾。迪伦早年作为一个表演者，被各种复杂的故事缠身，通过效仿格思里，去所有格思里的旅行之地，他竭力创造一个小说式的传记。每次讲述自己的故事时，他对具体细节的描述都不尽相同，但总体的指向基本一致。迪伦曾承认自己是在希宾镇长大，但又说自己年少时曾三番五次离开家乡，游遍西南部各州。迪伦拥有的使自己的流浪历史合理化的手段，就是他曾在嘉年华工作。他会说一些嘉年华上关于民谣的故事，以及他在旅途中遇到的人，通常会以一首歌作为故事的开头，然后假想出一个教他歌曲的人，并信誓旦旦地勾勒出人物轮廓。令人惊奇的是，这一虚构的传记竟持续了很长时间，而且在他自己的部分作品中也有所体现。1963 年 4 月，迪伦在纽约市政厅举办了演唱会，其中一个节目就出自他的诗歌《被偷窃时刻里的我的人生》，他在诗里写道：

> 希宾是一个美好的老镇
>
> 在我 10 岁、12 岁、13 岁、15 岁、15½岁、17 岁和 18 岁时，我离开了这个小镇，每次我都被抓回来，只有一次除外。

吉本斯认为，迪伦的这些荒诞故事，“并不足以逃避真实的传记刻画，而成为 个替代性的、虚构的传记。重要的不是用他应该来自某地，取代他从何处来，而是他的故乡本就普通……他理应只是一个普通人。”[44]

这其中有一些价值，普通人物——像格思里那般体现人民本质的个体—— 一直是美国文化的重要组成部分，而鲍勃·迪伦的角色表演也可谓揭露了明星身份最极端的矛盾——明星作为普通人的身份与明星作为特殊人的身份之间的冲突。明星身份的出现与民主主义和精英体制的出现有着复杂的关联，“只有在普通人的时代，它才会成为一种现象”。[45]传统社会向现代社会转变的特点之一是，宗教、君主制和先赋社会地位——建立在遗传基础上而自动获得他人的尊重——的形式遭到了一种观念的侵蚀，即凭借努力和天赋，任何个体都能拥有财富和影响力。明星身份只会出现在这样的现代情境中。明星担负起了一种功能，向公众证明成功的大门是向所有人开放的。因此，很多观点都成了明星意识的重要组成部分，包括明星出身于寒门，每个人都拥有独特的人格，都有被挖掘成明星的可能性。这明显是白手起家式的好莱坞神话，兴许最终能在电视真人秀中得以实现，但在伍迪·格思里的成名之路上，平凡无奇的因子则显然发挥了重要作用。迪伦尝试扮演格思里式的角色，来延续这一传统。①

但很明显，事情并没有那么简单。格思里的经历，以及他在自传中的描绘，已经证明他不是等闲之辈，而是一个非凡卓越的人。格思里丰富的生活经验塑造了他的杰出形象，而迪伦则以欺骗的方式，试图采用类似的障眼法：他把自己表现成一个普通人，而非胸怀大志者，与此同时，又为人们提供了一本传记，字里行间清晰透露出自己的与众不同，与其他想要成为民谣歌手的人相区分。这种界于普通与独特

---

① 迪伦的大部分影响明显是发生于二十世纪五十年代，很多传记中都提到年轻的迪伦对电影很感兴趣。在电影明星的历史性描述中，理查德·西克尔表示，二十世纪三十年代到五十年代的好莱坞历史通常可以描述为一个“常态”时期，明星们鲜有丑闻或暴行，看上去很普通，除了更为富裕外，似乎与你我别无二致。表演被看作一种崇高的交易(2000:65-87)。这种观念深深植入了迪伦自己的作品理念当中，并成了他诠释永不停止的巡演的显著要素——将自己仅仅表现为一个干着本职工作、养家糊口的手艺人。

之间的矛盾，是明星身份的中心要素。正如戴尔所言：

> 尤其是在明星体制下，关于成功的神话在不断发展，试图策划出一些相互矛盾的要素：普通是明星的标签；这个体制赞赏天赋与个性；幸运、“突破”，有可能发生在任何人身上，成为明星职业生涯的标志；努力工作和专业性都是明星身份必不可少的。有些明星具备这四种要素，另一些明星则只在某些方面比较突出。作为一个整体，明星身份使得这四个要素都能成立。[46]

虽然这些内容是相互矛盾的，但最强大的明星则能自如应对、把握平衡：“（迪伦与贝兹）‘绝对是与之相一致的’，但是他们身上也混杂了各种各样异质的、不可调和的元素，他们都广为人所熟知，形象能迅速被大众所辨认，多少带着不可思议的个人色彩。被很多人模仿，使他们自己俨然成了一种仿造品，仅仅属于一种类型。在复兴运动和广阔的人文景观中，他们成了家喻户晓的人物，但仍保留着完全的独特性和原创性。”[47]明星身份对个人的强调表明，通过特定的明星角色以及明星的行为，一场运动的政治观点会实现媒介化（但我想仅仅在这一情况下，贝兹才有着与迪伦同等重要的地位）。明星身份发挥作用的方式意味着，只能透过某一明星的行为棱镜来审视其政治观点：

> 对新闻界来说，通过任何其他渠道都很难了解明星的政治立场。明星的作为，只能以特定的措辞进行阐述，包括明星做某事，以及他/她从中取得的成绩或遇到的困难，而不会把其中牵涉的政治事件公然表述出来。[48]

最重要的是，它表明民谣复兴的势力依赖于一个个体形象。对于那些视民谣复兴为促进政治变革的一种方式的人来说，这一观点根本经不起推敲。

当然，最终保守者站在了他们这一边：迪伦从民谣复兴运动中抽身出来，加速了运动的终结，不论是在民谣复兴运动中，还是在民谣向摇滚的转变中，个性化政治都不足以解放工人阶级。然而，他们错误地认为这会带来其他转机。民谣复兴不是一场群众运动，而是一场大众媒介运动。正因如此，它始终无法提出一个切实的替代方案，而只能通过自身，通过帮助维持不平等的媒介物，来假设可能会出现的变化，它永远无法超越自我生产的条件。复兴运动在文化产业中的起源，也解释了由个人主义支配的政治敏感性的出现。虽然人们相信，只有培养个人的自我意识，才能够改变社会，但是这种转变只能借助于商业范围内的消费实现（这在摇滚的发展演变中达到了顶点）。正如罗伯特·坎特维尔所说：

> 鲍勃·迪伦的首张专辑不是商业的胜利，而是民谣复兴的胜利……现在它得到了商业机构的认可。演奏可以成为重塑现实的手段，因而也能成为获取社会和历史主动权的工具。这是民谣复兴运动对六十年代反主流文化做出的贡献。[49]

即使是像民谣复兴那样植根于政治语境中，流行音乐的大众媒介形式，也只能“体现被压迫的情状，它难以对压迫做出解释或是挣脱压迫”。[50]与之类似，尽管一个明星可以表达或体现特定时期、意识形态或群体的矛盾，但他却无法对其进行调和，抑或使其消除。明星身份是主观性与集体性、普通个体与独特个体的矛盾混合，也是民主主义与商业主义的结合[51]——这种现象只会出现在一种商业化的文化之中，它因此也就永远无法成为超越商业现实的工具。

然而，迪伦以明星身份出现时，情况可能还并非如此。他已经远远超过了其他所有人，成为新一代人政治躁动的象征，而正是这一代人，从一开始便利用民谣音乐的真诚与简朴来表达他们内心的沮丧。迪伦是否真的相信有可能发生政治变革，还有待商榷，但这与我们对迪伦明星身份的讨论并不相关。真正重要的有两点：第一，作为政治激进青年象征的迪伦的明星形象；第二，作为一种政治形式，群体主观性和个人自我发展的地位。随着六十年代中期摇滚乐的出现，二者的重要性都得到进一步加强，而从根本上来说，这依赖于人们对民谣复兴的理解力提升。这样看来，迪伦便成了摇滚文化中出现的关键人物。

简况:变色龙诗人

迪伦对自己在民谣复兴中的角色越发感到不适,他经常对“一代人的代言人”这一标签予以否认。1964 年,他发行了专辑《鲍勃 · 迪伦的另一面》,这里面有很多爱情歌曲,还有一首代表他“抗议时代”弃权书的歌曲,《昔日的我》。值得注意的是,其中并不包含《时代正在改变》这类风格的、易于理解的抗议歌曲。因此,对于迪伦在发展方向上的表面变化,他的许多粉丝变得越来越忐忑不安。

在 1964 年和 1965 年初,迪伦的形象开始发生转变。他渐渐变得时尚起来,不再是一身民谣歌手的牛仔制服和工作靴,而是换上了时髦的衣服。当迪伦在 1965 年 3 月发行专辑《全数带回家》时,他与听众之间的冲突开始愈加突出。该唱片的第一面歌曲由迪伦与一个电子伴奏乐队共同录制,这激怒了很多民谣爱好者。5 月时,迪伦以独唱者的身份在英国巡回演出,既演唱了新作品如《铃鼓先生》和《妈妈,没事(我只是在流血)》,也唱了之前创作的一些抗议歌曲。

从英国回来后,迪伦便写了一首新歌《像一块滚石》,并完成了录制。这首歌采用全频带录制,乐曲连绵曲折,成为迪伦职业生涯的一部标志性作品。凭借这首歌,迪伦迎来了自己在音乐榜单上的最高名次(第二),这首歌也被公认为是所有录制唱片中最重要的歌曲之一。在 7 月的新港民谣音乐节上,迪伦演唱了这首歌,以及之后一张专辑《重访 61 号公路》中的两首歌曲。在这一最为神圣的民谣活动中,迪伦故意要打破民谣复兴的不成文规定,与一个电子乐队进行合作表演。他的行为激怒了许多组织者,很多听众也纷纷喝倒彩,由此酿成了摇滚乐史上最戏剧化的一场演出。

在这之后,包括 1965 年以及 1966 年的世界巡回演唱会中,迪伦与他的听众之间的冲突一直都在持续发酵。第一组独唱歌曲是由迪伦与一个原声吉他手共同演奏的，其表演受到了听众的好评。中场休息后，迪伦在乐队的陪同下返回舞台，演奏了一组电子乐歌曲，最终以《像一块滚石》收尾。每次迪伦进行这些令人震惊的表演时，听众都嘘声一片，继而便是迪伦与质问者的争吵。很快，这些演出就披上了神秘色彩，被非法制造成光盘出售很多年，直到 1998 年，“皇家阿尔伯特音乐厅”演唱会的录制唱片才获得正式发行。

专辑和重大事件

1963 年 11 月　《新闻周刊》发表文章，揭露迪伦在希宾镇接受的传统教育

1964 年 2 月　从纽约到旧金山的三周徒步旅行，在此期间，迪伦第一次听到披头士的音乐

1964 年 5 月　第一次公开表演《铃鼓先生》

1964 年 7 月　新港民谣音乐节

1964 年 8 月　《鲍勃·迪伦的另一面》

1965 年 3 月　《全数带回家》

1965 年 5 月　英国巡演（记录在电影《不要回头》中）

1965 年 6 月　从纽约搬到伍德斯托克

1965 年 7 月　参加新港民谣音乐节

1965 年 8 月　《重访 61 号公路》

1965 年 11 月　与萨拉·郎兹结婚

1966 年 4 月—5 月　世界巡演（记录在《私藏录音第四辑》中）

1966 年 5 月　《无数金发美女》

第三章　摇滚明星身份：调和文化与商业

六十年代早期的民谣复兴运动，在 1963 年 7 月的新港民谣音乐节上发展到顶峰。音乐节的最后一晚，迪伦、琼·贝兹、皮特·西格以及彼得、保罗和玛丽同台携手，为听众演绎了《我们终将胜利》和《答案在风中飘》。两年后，还是在这个音乐节上，由于迪伦与一个电子伴奏乐队合作表演，组织者被激怒，听众也纷纷喝倒彩。在那场演出之后，“原先被视作一种文化动力的民谣音乐几乎就不复存在了”。[1]

在迪伦的流行音乐演出历史中，最受热议的应该就是 1965 年新港音乐节上的那场了。从传记角度来说，这次演出可看作是一段进程——至少始于 1964 年 2 月，迪伦开始创作《铃鼓先生》，一直持续到 1966 年 5 月，迪伦在 1966 年的世界巡演中遭英国听众喝倒彩——的一个插曲。然而，根据史料编纂，不论是从迪伦个人的职业生涯角度出发，还是从整个流行音乐的角度出发，这一举动——参加新港民谣音乐节——都象征着一个时期的结束和另一时期的开始。在流行音乐史上，迪伦“走向电音”就是一个奠基性的时刻。

通常，关于迪伦从原声转向电音的描述都聚焦于迪伦对流行音乐的影响上——使其具有文学性，并赋予其社会良知。尽管迪伦可能早已成为一个民谣歌星，但民谣复兴仍然只是流行音乐的一小部分，随着事情的发展，直到迪伦转变音乐类型时，他对流行音乐的真正作用，才始为人知。这些叙述都是迪伦明星形象的重要组成部分。例如，彼得·威克认为，“（走向电音）意味着迪伦向前迈出一步，这不仅得到许多昔日民谣歌手的追随，而且将摇滚乐置于时代语境下，促使摇滚乐在愈加遵循政治标准的前提下不断发展”[2]，而迈克·马奎斯则声称，“迪伦为一系列本无关联的文字、参考资料、经历、情绪和风格开创了一种固定的形式”。[3]

我并不打算现在就对这一观点提出反驳，准确地说，我想以一种稍有不同的（虽然不完全是原创的）方法来分析这一问题。上述引文表明，迪伦从“民谣”转向先已存在的“摇滚”音乐，为摇滚风格打开了新局面。但我认为，在迪伦转向电音之前，摇滚乐其实并不存在。就我所见的，所有关于迪伦转向电音乐队的同时代媒体报道中，使用的字眼不是“摇滚（rock）”，而是“摇滚乐（rock and roll）”。摇滚乐这一叫法，用来形容一种只适宜用来跳舞的青少年音乐。关于“摇滚民谣”这一新类型，我们可以找到一些出处，但对“摇滚音乐”却无从查证。在漫长的流行音乐历史中，摇滚一直被当作动词（如《昼夜摇滚》《摇啊摇，宝贝》），可这一次，它却成为一个划分音乐类型的名词。我们见证了迪伦如何成为一个摇滚乐（或是遭到不满粉丝的贬低，把他划为流行乐歌手）表演者，直到后来（起码是在 1967 年，甚至再晚一些），相关的说法才变成从“民谣”向“摇滚”的转型。所以，当我把迪伦走向电音称作是一个奠基性的时刻，确实没有夸大其词。迪伦是一种流行音乐新类型形成的催化剂，而这种新类型在之后的至少十年里都一直占据着主流地位。迪伦六十年代中期的专辑“激发了一种全新的词作形式，即摇滚批判，同时也催生了一批新的流行粉丝——意义追求者而非偶像追求者”。[4]

这种表述是对“摇滚”的非传统认知，因为它着眼于意识形态而非音乐结构。显然，早在 1965 年之前，电子乐器的身影便已经出现在流行音乐中了，所以，尽管迪伦六十年代中期的专辑在音乐造诣上具有独创性，但它并不一定就是一大音乐流派成型的标志性作品。这样说或许有悖常理，但“摇滚”最初并非真的与音乐有关。正如劳伦斯·格罗斯伯格所解释的，“尽管我们在描述摇滚时，不能忽视它的音乐情感性，但同时也得承认，摇滚乐是无法用音乐术语来加以定义的。实际上，能否成为摇滚，并不存在什么音乐上的限制”。[5]这就是为什么一些风格迥异的专辑，如《纳什维尔地平线》和《街头示威》，都可以被称为“摇滚”。与其为满足我们的需要，把摇滚看作一种特殊流派，不如跟随凯特利，把它视为一种音乐文化。[6]摇滚文化的鲜明特征，就在于它诞生于主流群体之中：

> 不同于爵士乐和民谣……摇滚乐的历史不能按照转型过程去理解。打从一开始，摇滚的孕育之所就只可能是主流群体，“外部”或其他地方，都无法解释摇滚取自何处又在何处被“主流化”的问题。不管是摇滚乐对非裔美国人或农民或工人阶级的音乐文化的占用、修改，或是完全抄袭，还是就其本身而言，它都不是一种混合类型，不是并入主导文化之中的亚文化，也不是一种反主流文化（二十世纪六十年代与摇滚政治联系最紧密的术语）。摇滚也许会穿上亚文化的外衣，等同于边缘化的少数派，推动反主流文化的政治立场，并推翻上流社会的礼仪观念，但从摇滚形成之初，它便已然成了一个在社会核心中运作的大规模的、有行业组织的、大众媒介化的主流现象。[7]

摇滚在六十年代中期的出现，促使了主流音乐消费的分层，也在流行音乐中形成高低层次。流行音乐中的一些特定元素，本身就足以引起人们的重视，而这正是摇滚的基础。不同于单纯地假设严肃/古典音乐与轻/流行音乐之间的区别，摇滚的功能就在于区分严肃的、有价值的流行音乐（摇滚）与琐碎的、轻浮的流行音乐（流行乐）。正因如此，确定是否将某人划入“摇滚”，不应从音乐的角度，而应从意识形态的角度去考量（否则，《约翰·韦斯利·哈丁》又怎么能算是摇滚呢?）。这尤其彰显了真实性的重要。真实性的概念复杂而矛盾，其表面形式也随时间而不断变化，但支撑着它的是始终如一的意识形态根基：摇滚往往受到两大基础的保护。第一，“民谣意识形态”为摇滚产生于特定社会群体，因而摇滚明星代表该群体的观点提供支撑。第二，“艺术意识形态”表明摇滚明星是富有创造力的个体，他们通过自己的作品表达独特的个人眼光。[8]

摇滚试图对主流进行分层的真实性，在意识形态范围内居于中心地位，这也就解释了迪伦何以能成为摇滚文化中的奠基人。迪伦向电子音乐的转型，把他的政治权威，以及与他过去的民谣经历共有的关联都一一融入主流之中，而他的词作技巧也为这种新形式所能达到的艺术造诣提供了典范。伯纳德·金德伦在新近出版的一本书中，对摇滚音乐如何被接受为一种合法的艺术形式，给出了一番论述。他声称披头士乐队是这一进程中的关键人物，认为他们后期专辑获得的高度评价是摇滚得到批判性认可的重要推动力。[9]而对于迪伦在这个过程中扮演的角色，金德伦只是轻描淡写，他认为“迪伦被奉为经典及其摇滚地位的确立，这两者之间的因果关系并不十分契合，而后者与披头士乐队之间的关系则更为相符”[10]，因为第一，迪伦在转向摇滚音乐之前便已具备了文化正统地位；第二迪伦没有参与 1967 年的摇滚文化高潮。第二点我会在下一章讨论——实际上，迪伦在 1967 年的摇滚舞台上发挥着不容忽视的作用——但金德伦关于迪伦先前文化权威性的观点都是正确的，而且在我看来，那也是金德伦所研究的披头士正当地位之崛起的主要原因时的观点。金德伦指出，在 1965 年披头士的第一场美国巡演中，他们只被当作是一帮幼稚的青少年，故而惨遭忽视，直到 1965 年夏天，他们才开始被当作艺术家，获得了人们的认真对待。在我看来，迪伦早期的明星身份，以及1965年他在电音作品上的产出，推动了青少年音乐正统地位的形成，这一地位也成了摇滚文化的标志。我并不是说迪伦单凭一己之力“发明”了摇滚——迪伦所取得的成就，离不开一系列其他合适的音乐因素和社会因素，包括1964年披头士的出现——但他的明星身份无疑加速了各种社会和文化观念在摇滚文化范围内的融合。这也解释了为什么格雷尔·马库斯会声称，在1965年，“与其说迪伦占据了文化空间和时间上的转折点，不如说他本身就是一个转折点”。[11]

迪伦，摇滚与转型

1965年，鲍勃·迪伦成了这个星球上最酷的人。不仅仅是广受欢迎（不过他确实很受欢迎：那年9月份时，他有48首歌被其他艺术家翻唱录制，8首歌进入前40名榜单，其中有4首歌由他本人演唱），而且很酷。他穿着整洁，看上去毫不做作，他的头发似乎越来越不加打理，但看上去也无可挑剔；在接见粉丝时，他气定神闲，尤为冷静，透露着冷幽默和智慧的锋芒；他用心理战来击溃琐碎的新闻事件。即使在室内，他也戴着太阳镜，正如一个记者在1966年写道的，即便当“他对摄影师大发福利，摘了墨镜，但（他）看上去还是跟戴着墨镜毫无差别”。1965年，迪伦总是比其他人超前两步知晓将要发生的事情，俨然成了一个洞若观火者。如果要比较披头士、滚石乐队和迪伦在1965年的电视采访，其中的差别显而易见：虽然在应对采访时，披头士和滚石乐队似乎有玩弄文字游戏之嫌，但实质上，他们都是规规矩矩的男孩，努力想给听众留下一个良好印象。迪伦则把记者当作是浮游生物，当他第二次参加国家频道节目时，他一直叫错采访者的名字，把 Les Crane(莱斯·克兰)叫作"Less"。这其中似乎透露出一种特殊气息:超脱尘世,特立独行。无怪乎每次见到迪伦,披头士和滚石乐队都心怀敬畏。

我个人认为,迪伦是第一个真正的摇滚明星。他在 1965 年极其锐利的时尚打扮,以及在 1966 年公开承认曾大量吸毒,都为塑造一个全新的社会角色提供了雏形。迪伦的新明星形象,部分植根于作为民谣歌星时形成的公共形象,而他在 1965 到 1966 年的明星形象,显然与之前截然不同。因此,这又引得我们发出疑问,是什么让他的形象具有了新的内涵?我们不能把迪伦的明星身份完全归因于他的艺术作品或人格魅力。明星形象制约着一个明星的行为(比如,西克尔论述了当英格丽·褒曼有外遇时,她会成为一个丑闻话题,是因为这种行为与她的明星形象不相符)。[12]它规定了可接受行为与不可接受行为的内涵,规定了什么音乐能发行,什么音乐不能发行。1963 年早期,迪伦与一个电子伴奏乐队一起录制了多首歌曲,计划把专辑《放任自流的鲍勃·迪伦》上的一面曲目都留给"电子音乐"。可在最终决定发行的唱片上,几乎全都是原声作品的独唱曲。尽管我们可以假设这是迪伦的个人决定,但这事实上是由多方共同构成的决策,不仅有来自他的经纪人阿尔伯特·格罗斯曼和唱片公司的影响,还有广大受众的预期所带来的潜在影响,以及他特定明星形象的影响。身为民谣歌星,这一完全固定的形象约束着迪伦的行为。

不过,迪伦最终在 1965 年如愿以偿,发行了一张带有一整面电子音乐的专辑——《全数带回家》。因而,我们需要查证背后的变化因素是什么。依我看来,最重要莫过于 1963 年 11 月 4 日,《新闻周刊》杂志上一篇文章的发表。文章一发出来,迪伦的宣传团队和唱片公司立马去搜索,最终竟发现是极为负面的内容,指控迪伦是一个虚伪的人:

他嘴上说讨厌民谣音乐的商业面，却有两个经纪人围着他转，为他的言论护驾，为他的合同谋取肥缺。他嘲笑新闻媒体对他的兴趣，却又想知道关于自己的故事有多长，是否配有照片。[13]

这篇文章甚至散播谣言（即使在今天也实属罕见），称《答案在风中飘》这首歌并不是迪伦创作的，是他花钱买来的。然而，到目前为止，这个故事最重要的元素在于，它是对迪伦出身背景资料的首次公开披露：

他经历了很多事情。曾焦虑不安，食不果腹，没有可相依的恋人，扭曲的线条在他内心生长着。他的听众分担着他的痛苦，也对他生出几分嫉妒，因为他们成长于传统的家庭和传统的学校。讽刺的是，迪伦其实也是在传统家庭中长大，去传统学校上学。[14]

文章公开了他的本名，指出他的父母将在纽约观看他的下一次演出，甚至还采访了他的弟弟。

这篇文章激怒了迪伦，标志着他与媒体开始结下终身的敌对关系。颇为讽刺的是，尽管迪伦对这一曝光十分恼火，但从长远来看，它却帮了迪伦，因为这篇文章推翻了迪伦明星形象的固定程式。[15]倘若没有这篇文章，迪伦就很难摆脱曾经那些反抗歌曲的影响，很难抹去"鲍勃·迪伦"明星形象的全部含义。如果"鲍勃·迪伦"只有一层含义，那么拿掉这层含义，势必会削弱迪伦作为明星的重要性，实际上也就预示着他会退出公共领域，即退隐。① 然而，通过曝光他的"真实身

① 事实上，迪伦的确在 1965 年 5 月做出了退隐的决定，就在电影《不要回头》记录的英国巡演结束之后。这一决定自然是源于迪伦的明星形象——依然是英国一个极度放任自流的民谣歌手——与他对自己在音乐上向前发展的渴望之间的冲突。

份”,《新闻周刊》的这篇文章为迪伦的明星身份创造了新的可能性。正如在第一章谈到的,明星身份中私人/公共含义的分离,这种揭露赋予了迪伦的明星形象新的深度。在很大程度上,它似乎使迪伦“这一人物”显得更为深邃和复杂,这也符合向上的流动性理念,表明人能凭意志力改变所处的环境。实际上,这篇文章让迪伦得以更轻松地应对这场公众身份的游戏,因为如今这场游戏的本质是公开,是“在听众完全知情的状况下进行。他可以在公众场合戴上面具,也可以公然展示这一面具”。[16]突然之间,“鲍勃·迪伦”的概念变得格外复杂,令人捉摸不透,但也更为有趣了。

迪伦的这次形象“开放”,对他六十年代中期明星身份的迅速转变尤为重要,但它同时也成了此后迪伦明星形象的支柱。至关重要的是,随着迪伦明星地位的发展,“‘鲍勃·迪伦’不再代表强制性的角色,而是代表对强制性角色的反抗。”[17]因此,媒体对迪伦的形象塑造主要围绕着无从定义,以及他对被定义的抵触。比如,在马尔科姆·琼斯发表于1955年《新闻周刊》的文章中,他开头便写道,“关于鲍勃·迪伦,唯一可以确定的就是没有什么是确定的”,而在这篇文章发表后,乔恩·帕尔勒斯形容《被遗忘的时光》是“一张典型的迪伦专辑,只因为它打破了人们的预期”。

对抗约束是迪伦作品中经常出现的主题。如在《我真正想做的事》中,迪伦对他的情人唱道,他“不希望……将你简化,将你分类……分析你,将你分类……或是定义你,或是限制你”,清楚暗示出他期望得到同等的对待。值得注意的是,迪伦命名的两首歌,《我将会自由》和《我将会自由#10》,都是极其荒诞的歌曲,超出了常人理性预期的限制。1950年代后期,限制成了一个政治问题,如在《妈妈,没事(我只是在流血)》中:

你突然全身惊悚地冒出一个疑问
但你知道无法找到合适的答案
为了让你满意，确保你不会放弃
让它一直铭记于你心中，永远不忘
它不属于任何其他人而是
只属于你。

与反抗限定相关的概念是转型，是“继续前进”。这在歌曲如《别再多想，这没什么》和《再来一杯咖啡》中，体现得最为明显，这更是贯穿迪伦职业生涯的一贯主题。在这一时期，迪伦最著名的歌曲——《像一块滚石》——为他致力于转型的努力提供了最佳例证。这首歌的主题是，只有当日常的舒适感与特权被剥夺了，你才会明白自己真正是谁。正如瑞克斯所言，尽管表面看来，这首歌带有报复情绪，但在其深处，却有一股渴望之情在暗暗涌动。[18]副歌部分不断上扬的歌声，暗示着一个歌手永远无法完全与世隔绝，那种由做自己和彻底默默无闻带来的自由，是歌手永远都无法企及的。洗心革面的唯一途径便是继续前进，重新开始。故步自封意味着被定义、被限制。迪伦在应对这种情况时，总是选择继续前进。这是迪伦明星形象的主要特征，是迪伦永不停止的巡演的象征，具体内容会在第七章论述，而歌曲《心乱如麻》的结尾是对此的最佳总结：

当底层的人民最终爆发
我也变得离群索居
我唯一知道能做的
就是不断地、不断地
像鸟儿一样飞翔

这种短暂性——不愿被束缚在某一个地方或位置——是摇滚文化的主要特点。摇滚诞生于主流之中，是在独特的一代人的情感经历中逐渐形成的，而这一代人依靠的，是一个消费者受管制的社会所提供的舒适与特权，但同时他们又被这种管制所束缚。在格罗斯伯格看来，摇滚文化是对管制型社会提供的可能性进行超越的尝试，其手段是接纳那些日常财富与特权之外的符号：

> 摇滚把日常生活之外、建构其他音乐和声音的场所纷纷据为己有。这些声音及其所标志的地点彰显了摇滚文化中日常生活的真实性，但这些声音却是由丧失日常生活的人们发出的，他们生存在那个形成摇滚、日日重复的世俗社会的特权空间之外。然后，通过占据日常生活构成之外，乃至日常生活所缺失的真实形象与声音，摇滚开始攻击，或至少试图去超越它自身所在的日常生活，以及它自身的可能性条件。[19]

从这个角度出发，《像一块滚石》——强调丢弃上等学校的虚饰，被迫"流浪街头"来换取自由——会被认为是典型的摇滚歌曲，绝非巧合（在2004年《滚石》杂志的民调中，这首歌被评为有史以来最伟大的歌曲）。为了破坏主流社会的日常生活，摇滚文化给其圈内成员设定了一种局外人的身份。然而，与民谣复兴一样，这种计划注定会走向失败，因为它没有考虑身在其中的环境因素："它理所当然地把日常生活的奢侈与特权当作可能性条件，去对抗日常生活的庸俗；它也未能阐明毁灭日常生活的可能性条件。"[20]

由于没能建立一个真正的足以取代自身特权场所的政治替代品，摇滚文化只是通过对不稳定性、短暂性和不安全性的宣扬，来破坏它日常的生存节奏。"流动性优先于稳定性……空间优先于场所。"[21]

因而,摇滚本身成了一种过渡文化,一种永恒的不稳定形式,它保全了战后社会的舒适空间,但却仍是一种不同的,居中的,通过放弃福利制度提供的控制权来获取对个人生活的掌控的形式。这也就意味着,在摇滚的意识形态中,不论对个体还是对整个摇滚文化来说,坚持前进都是一个重要主题:

> 不同于其他音乐形式,摇滚的存在依赖于某种不稳定性,或者更准确地说,是服务于稳定性的某种流动性。摇滚必须不断变化才能生存下去;它必须寻求新的形式、新的地点、新的联合,来重现其真实性。为了持续地彰显真实性,它必须不断地从一个中心移至另一个中心,不断地将已有的真实转变为不真实。[22]

那么,对摇滚来说是如此,对鲍勃·迪伦也不例外。

艺术意识形态:自我与超越

摇滚文化试图超越其日常存在的主要方式有,对摇滚文化自身的情感投资(因而成为摇滚社区事务的一部分),以及对个体自我意识与自我发展的强调。第一种方式与摇滚植根于民谣运动有关,将在后文论述。在本节,我想谈一谈迪伦作品对自我意识的日益重视,并详述它与新形成的摇滚文化之间的关系。

在关于迪伦个人发展的叙述中,发生于 1964 年 2 月的三周公路之旅受到了格外重视。当时,迪伦即将在旧金山举办演唱会,他决定从纽约开车过去,同行的还有皮特·卡曼、保罗·克莱顿和维克多·迈蒙尼德斯。虽然这次受凯鲁亚克启发的旅途,没能按预期那样发展（迪伦不断地回避那些认出他的人们），但其地位仍不容忽视，正是由于这次旅程，迪伦开始致力于创作一首重要的新歌：《铃鼓先生》。这首歌广受赞誉，被称为迪伦作品中的突破性歌曲——黑林说道，“它把一切都改变了”[23]——因为它摒弃了传统抗议歌曲的所有特征，代之以一种超越歌手意识的方式。“且让我忘记今日，直到明天来临”，迪伦这样唱道，并呼吁铃鼓先生“赐予我那舞蹈的魔咒”。

在1964年新港民谣音乐节上，迪伦演唱了《铃鼓先生》和另一首新歌《自由的钟声》。后者是迪伦对在《妈妈，没事（我只是在流血）》中游刃有余的技巧的早期尝试——试图对整个社会秩序进行全面批判，而非提供一个关于不公正的特定实例。然而，这种批判是与大自然威严的泛神论经验联系在一起的。与《自由的钟声》中的奇妙经历相一致的是，当这位歌手与他的同伴遇上暴风雨而感到全身不适时，他们见证了自由钟声为许许多多的局外人、边缘人而闪耀，比如饱受欺凌的单亲妈妈，比如行为不端的逃犯。但这首歌在最后总结道，疏远和孤立是我们所有人都需要承受的，因为钟声闪耀：

> 为无数困惑的，受刑的，受虐的，染毒的人而鸣
> 也为大千世界的疾苦众生而鸣。

迪伦的新歌似乎很受1964年新港听众的欢迎，但它们并没有令民谣复兴中的很多重要角色满意。比如，欧文·西尔伯在杂志《大声唱吧！》上写了一封公开信，声称“我看到你在新港上不知怎地，与人们失联了……一些名利之物正在阻碍它们。”但在民谣杂志《抨击》上，保罗·沃尔夫写道，这次演出“摒弃了先知类的主题音乐”，新歌“退化为混乱与无害之态。”

面对迪伦新方向引起的批评之声，迪伦给出的回应标志着摇滚

文化诞生以来的重大发展。在1964年的一次采访中，当纳特·亨托夫问及新专辑《鲍勃·迪伦的另一面》所受到的非议与商业上的失败时，迪伦解释道：

> 这些歌里没有什么指责抨击的意味。对于那些我制作的唱片，我永远都抱着支持的态度，但是……我不想再为人们写歌了。你知道，就是不想做一个代言人……从现在开始，我想写自己内心的歌。

从一定程度上来说，这样的回应只是持续了迪伦拒绝代言人角色的过程，然而，它的确透露了一个细微而意义重大的转变。在迪伦抛弃代言人标签之初，他争论的主要基调为，他只写、只唱那些与自己相关的事情（比如，在《放任自流的鲍勃·迪伦》的专辑封面上，他写道，“我所做的就是以我所知道的最佳方式，唱出我心中所想”）。从1964年开始，他的论调稍有转变，声称要写出“自己的内心”，要表达出自我。这一细微变化反映了迪伦作品中全新的自我意识。1964年，迪伦赋予了他的艺术家身份更多的自我意识，并从法国诗人阿蒂尔·兰波那里获取灵感，告诉朋友，“兰波就是我的目标。那才是具有某种深意的东西”。[24]

摇滚文化的一个关键特征在于，摇滚音乐是流行文化的形式之一，而非仅仅是一种娱乐。摇滚歌星不仅应打破世俗陈规的束缚，[25]而且应表达出个人的远见。正如评论家乔恩·兰多所写，“摇滚的艺术标准就在于，音乐家创作个人的，乃至隐私的自我世界并将其充分表达的能力”。[26]在谈及迪伦时，我们总是反复听到这一说法。比如在杂志《大声唱吧！》1966年2月刊的一篇文章中，保罗·纳尔逊对鲍勃·迪伦的新风格给出如下说明：

> 一种高度个人化风格的视角：迪伦坚定而诗意的观点象征了一种全面的承诺，强调主观重于客观，微观重于宏观，着眼于个人而非整个人类，着眼于具体的实际问题而非空洞的大问题。用最简单直白的话来说就是，迪伦所代表的传统正是所有伟大艺术家所共有的：怀着最大程度的真诚与最精湛的技艺，去呈现一个独特的个人视角。[27]

把摇滚歌星看作是艺术家，就意味着优先将艺术家的内在自我，视为富有表现力作品的来源。然而，以老蓝调歌手为例，一般认为他们在歌中表达的是关于自身经历的情感，与之相对的，摇滚的艺术性中增添了更深一层的世故和复杂意味。对自我的歌唱并不足以彰显艺术家的身份：正如纳尔逊在文章后部分所阐明的，接纳高水平的技巧与世故的态度同样有其必要。凯特利认为在这种情境下，衡量艺术家的尺度应为“能矢志不渝地坚持现代主义关于实验、创新、发展与变化的信条”。[28]因此，“自我意识成为衡量一张唱片艺术地位的尺度；坦诚、音乐智慧、对反讽与悖论的运用都是音乐家的徽章”。[29]

随着原创性的备受关注，乃至成为摇滚真实性的先决条件，艺术家的自我意识愈来愈受重视。然而在早期流行音乐中，写歌的人与演唱的人之间通常是存在一种劳动分离的，如今，摇滚音乐家为表达自己的个性，往往会去唱自己所写的歌。创作型歌手因而成了体现真实性的重要内容。在不断涌现的文章中，人们称摇滚歌星实际上就是“诗人”，彰显出原创的重要性，而迪伦正是其中的主要人物。迪伦娴熟的文字驾驭能力，使他在职业生涯之初便获得诗人之名。他对自我意识的愈加重视，更是加快了这一趋势。比如，在一个早期的电视节目中，主持人介绍迪伦时说，“他主要的身份是诗人。现在他也是一位非常受欢迎的艺人，但我认为他之所以会受欢迎，原因之一就在于他有一颗诗人的心”，而在 Billboard（《公告牌》）上，巴里· 基特尔斯顿对一场重大的个人演唱会评论道，“迪伦的诗歌源于对现代人类悲剧性处境的痛苦认识”。这个诗人标签便开始在迪伦之后的职业生涯中一直与他相伴，如在 1991 年，保罗·佐罗写道，“他写出了一些世界上最美的诗歌，关于爱和愤怒，关于抽象与清晰，关于永恒与相对”。

声称摇滚歌星是诗人，充其量只是一种误导性的说法，显示出人们如何运用特定意识形态，来为自诩为一种高级文化形式的摇滚正名。无论提出何种关于早期诗歌被用来歌唱的论据，现代社会中的“诗歌”都不是用来唱的。诗歌作为一种富有意义的类型，指的是一种具备特定规则、要求、创作形式和使用对象的特殊文化生产形式。它并没有被贴上特殊的、卓越的标签——存在糟糕的诗歌，正如存在优秀的歌曲。鲍勃·迪伦是一个才华出众的文字驾驭者，但他不是一个诗人，他也疲于用陈词滥调去争辩说自己与济慈“一样优秀”，或称自己试图以一种高雅文化的陌生概念，为流行文化申辩，而非借助流行文化的力量。正如斯科比所断言的：“这是一种错误的恭维，基于知识界的市侩主义，假定‘高雅文化’在大众媒介中具有天生的优越性。”[30] 这会在第六章中详细论述。

这些关于诗歌与原创的高雅文化的论述，已经渗透到我们对六十年代流行音乐的理解中，而这正凸显了摇滚的出现如何对主流消费进行分层，如何在商业音乐范围内区分严肃音乐与通俗音乐。摇滚文化的“严肃性”还表现在，专辑作为主要的摇滚载体，其地位得到了显著提升。不论是每分钟 33⅓转的密纹唱片，还是每分钟 45 转的单曲唱片，都在战后几年内出现，而这些不同形式是基于对唱片市场年龄层次的划分。单曲唱片针对的是青少年市场，产品具有不稳定和周转快的特征。与之相反，专辑以成人消费者为目标市场。由于专辑的持续时间长，具有稳定性且价格较高，在市场上占据着基础地位，到五十年代末，人们在唱片上的总消费，有80％来自专辑销售。[31]根据经济重要性和年龄区划，人们通常认为专辑比单曲唱片具有更高的声望，专辑是与“优质的”和“严肃的”音乐（古典音乐、爵士乐、百老汇音乐剧）联系在一起的，而与单曲唱片挂钩的，则是一次性的时尚风潮和欠成熟的消费者。[32]专辑为一个作品腾出发展时间，可以仔细斟酌不同的“乐章”，创造出不同的风格。单曲唱片追求的是快速的刺激感，专门用于跳舞，一般只有三分钟，在听众厌烦之前便结束。摇滚出现的一大特征在于，专辑而非单曲唱片成为它的主要载体：到1967年，当“青少年密纹唱片”变成“摇滚密纹唱片”时，青少年专辑首次在销售上赶超成人专辑。[33]这是摇滚文化合法性的发展进程中的关键时刻（没有什么能比稳定而持久的销售更能证明一种音乐形式的合法性），因为与声望挂钩的形式发生了重大转移，从五十年代的成人专辑转移到了六十年代的青少年专辑。专辑成为摇滚的重要载体，使摇滚得以对其进行长期的投资（从艺术上和经济上）。摇滚专辑被冠之以“价值经受时间考验的复杂而有条理的艺术作品”的概念，而摇滚歌星则被看作具有拓展性职业的表演者，因为每张专辑都是他个人艺术发展史上的闪亮篇章（相关例子见P159的脚注引文）。[34]

因此，大约是在1965年到1968年之间，摇滚文化得以出现，而这与一系列观点息息相关，包括摇滚音乐为什么是流行文化的形式之一，以及摇滚歌星为什么被称为流行艺术家。迪伦是关于摇滚文化出现的论述中的一个焦点，他作为一种“更加成熟”的民谣流派中的成员，早已把专辑作为一种主要载体，并因此利用电音专辑将其文化合法性融入青少年市场。在1965年和1966年，迪伦用行动表明，一个艺术家应当坚持个人的独特观点，不论这种观点会将他引向何处（私人地和专业地）。迪伦开始成为艺术自身变化的象征。从《时代正在改变》(1964年1月),到《鲍勃·迪伦的另一面》(1964年8月),到《全数带回家》(1965年3月),到《重访61号公路》(1965年8月),到《无数金发美女》(1966年5月),变化速度之快,令人惊叹。从1965年英国演出到1966年的原声演唱会,其演出风格的变化令听众费解。迪伦在1965年和1966年的电音演出,引发了他与听众间的冲突,而这正是一个艺术家坚持自己的艺术眼光而非迎合听众需求的明证。正如保罗·纳尔逊在杂志《大声唱吧!》上评论1965年新港演出时所说的:"在整个音乐节中,唯一一个对我们的地位发出质疑的,就是鲍勃·迪伦。也许他采取的方式不是最得当的,他可能稍显粗鲁,但他确实震动了我们。也正因为此,我们才有了诗人和艺术家。"[35]

民间意识形态:摇滚社区与自我政治

摇滚是流行艺术的一种表现形式,但这仅反映了新摇滚文化的一个侧面。同样重要的,摇滚还是民谣音乐的一种新形式,这里又需要重申:"迪伦作为其中的重要人物,既为流行艺术家提供了新的'明星'模式,也启发了一系列全新的歌曲主题。而在创造这些可能性的同时,迪伦也带来了一些民谣精神"。[36]可当他从原声音乐转向电子音乐时,"迪伦"并不是纯净如一张白纸——他的明星身份表明,从他身上可以看到不少民谣复兴的特征,当他转变音乐风格,他的明星身份又被赋予了一层新的含义,而昔日的"旧"元素仍影响着新的鲍勃·迪伦所代表的含义。

凯特利严谨地指出:"由于摇滚产生于多种音乐文化交叠的环境中,它并不只是大规模地吸收民谣意识形态。相反,因为摇滚与民谣各自的受众存在重要的年龄结构差异,且对成功与流行的态度不尽相同，所以对民谣意识形态中的重要方面，摇滚做了相应调整，以适应自身的发展。”[37]凯特利担心人们把民谣的意识形态简单移植入摇滚中，因为显然摇滚是与青年挂钩的，而民谣复兴却是跨越代际的。从很大程度上来说，这种观点有其道理——很多曾参加三十年代民谣复兴的人的确是这场运动的一部分——但又失之偏颇，因为它没有对民谣复兴的内容做详尽充实的考量。正如前文所说，民谣复兴本身在不同代际之间就存在分歧，年轻的音乐家如迪伦，反映的是民间对政治、个人主义和商业主义的认知的不断变化。所以，在前几章中谈到的作为民谣复兴支柱的新一代意识，也被格罗斯伯格用来解释摇滚文化的出现：

> 将青年从成年人中分离出来，并非事关意识形态或意义解读。它其实是介于影响与意义之间的危机，是无法投入被赋予的意义和价值的危机……一种情感上的不确定性……逐渐成为对青年的普遍描述。并不是青年丢失了父母的价值观，相反，他们发现透过那些说法、置身于那些价值观中，根本无法表达他们的情绪，无法表达他们自己与世界的“情感”关系。[38]

随着摇滚的出现，这种对情感的感受力愈加得到推崇和传播，其拥护者也远远超出了民谣复兴的圈子。由此可见，与民谣这一蓝本相比，新生的摇滚文化与青年联系得更为紧密。这种紧密关系也证明了，摇滚实为民谣音乐的一种形式。根据民谣的意识形态，音乐产生于特定的群体，因而反映的是集体的共同体验。在摇滚文化中，所谓群体，即拥有共同的经历、价值观和信仰的新一代，而摇滚音乐则是由群体中的人所创作，是这代人的真实表达。如前文所说，这种观念显然是植根于民谣音乐复兴中的。

摇滚在民谣复兴中的根深蒂固，使它得以保留一种明确的政治维度。人们认为摇滚歌曲的内容与抗议歌曲一样，涉及不公正和批判的问题，只不过是以一种与众不同的方式来呈现。斯特里特争论说，与民谣音乐相比："摇滚中的政治观点……表现在它对公共生活里私有状态的理解，因此，其政治观点的关注点和风格都将显得别具一格。它们关心的，是个体如何面对这个世界；它们感兴趣的，是对个体的理解和同情，而非对个体进行训斥或说教。"[39]这种说法又有点非黑即白的味道，因为从对民谣复兴的详细阐释中，可以得知个人经历在摇滚中占据主导地位，其实这一趋势早在民谣复兴中就已显露出了。对个体如何应对不公正问题的关注，也能从民谣复兴时迪伦的早期作品中有明显的感知。然而，在迪伦的后民谣作品中，这些倾向得到增强，因为"意识成了迪伦现在设立标准的主战场……政治观点已被注入意识的战场，而意识则已成为解放的战场"。[40]在摇滚文化范围内，真正的个体自我与自我解放的概念成了政治关注的中心，这是因为个体经历已经被卷入诸如超越和短暂等更为广泛的主题："政治的客观需求制造出一种错觉，即个人对社会投入时间、精力和金钱，最终却一无所得，形如蝼蚁：认可是通向真正自由和真实性的唯一起点，也是逃离社会控制、重获自我的唯一途径。"[41]要解放个体的真实性，彻底拒绝传统政治则是一个必不可少的环节。抗议歌曲能以传统政治的论调呈现社会问题，而摇滚对个体意识的强调则表明，摇滚通常可以脱离传统政治分析而独立存在。[42]威克对摇滚的这种趋势持批判态度，认为"摇滚音乐形态中所谓的反抗特征，使其免于在歌词中清楚表明政治立场"。[43]这突出了摇滚意识形态中连接政治与群体的一个关键问题——从本质上来说，摇滚文化本身的存在形式，就是政治性的。摇滚在社会结构中的位置赋予了摇滚歌曲政治性，无论其歌曲的内容是什么。这也就解释了，为什么加入摇滚是一种具有政治意义的社会声明，为什么民谣意识形态可以用来推动“摇滚群体”的概念，正是通过这一表达共同意识的音乐形式，一个社会群体才团结聚集起来。① 即便如此，最终，摇滚更多还是区分年轻者与年老者的情感经历的产物，而算不上是重大的意识形态转变，当然，重大的意识形态转变看起来似乎正在发生，并且年老者与年轻者之间也确实存在巨大的价值冲突。因此，为了真正融入摇滚文化，将摇滚视作一种超越当下的方式，本身便是一种政治行为。

鲍勃·迪伦，最佳摇滚歌星

迪伦1965年的新港演出通常被看作与民谣音乐的革命性决裂。这种说法以及将特定演出具体化，为摇滚音乐的革命性这一更为宽泛的说法提供了佐证。同时，它们也模糊了民谣复兴与摇滚文化的逻辑关联。在这些逻辑关联中，最重要的，就是摇滚文化吸收了民谣话语中固有的大众文化批评。对大众文化传播的广泛关注，以及这种关注对听众造成的所谓惊人影响，掀起了民谣音乐的再发现之旅。上述观点也为民谣歌手对迪伦电音演出的回应提供了支撑。当罗伯特·谢尔顿对迪伦的新音乐表示支持时，音乐节的技术总监乔治·维恩反驳道：“你已经被唱片业洗脑了”！[44]

然而，迪伦的转变不是简单转变对摇滚乐的立场，而是促使摇滚乐主流中形成同样的观点。迪伦利用了“流行音乐发展进程中的一些

① 摇滚被赋予政治意义，最初不是受摇滚文化的内部推动，而是受外界引发的冲击，“包括公共话语和机构话语……以及塑造摇滚受众的家庭关系中”（格罗斯伯格，1992:147）。直到接下来的十年里，随着青年的激进态度变得更为自觉，摇滚文化才更为政治化（弗里斯，1983:51）。这对迪伦的明星地位产生了重大影响，会在下一章进行讨论。

特征，即五十年代民谣世界对自身的颠覆性定义——不只是扩音仪器的使用，还有对明星身份的装饰、包装与宣传”[45]，从而展示出流行音乐提供的可能性。因而，摇滚意识形态的出现使流行音乐产生了层次划分，一种是代表个人情感和集体经验的严肃音乐（摇滚），另一种则是与之相对的，层次稍低、被民谣歌手鄙视的所有受商业操纵、缺乏意义的音乐（流行乐）。摇滚没有选择与流行音乐针锋相对，一较高下，而是在流行音乐范围内为自己争得一席之地。[46]无论是摇滚的艺术理念，还是摇滚的民谣意识形态，都是对摇滚音乐和商业主流进行比较衡量的标尺，都是对大众传媒中的严肃音乐表达认可的方式。正如凯尔·凯特利所指出的，实际上，正是这种摇滚音乐的严肃性，而非所谓的轻率与反理性，赋予了它一种对抗属性。[47]

意识形态不单单被用来形容我们生活的世界，它是处理我们生活经验里各种冲突的方式，也是消除现代世界中的矛盾、弥合破裂的方式。它能够遮掩冲突，并在摇滚意识形态的两方面都有所体现，一如民谣复兴以民谣作为摇滚音乐的基础的共同主张是在异想天开。正如弗里斯指出的，[48]这一说法的问题在于它的循环性：摇滚音乐是一种民谣音乐，因为它是特定群体的真实表达，但只有在使用摇滚音乐时，该群体才得以存在。真正存在的不是一个群体，而是听众：大众市场试图拒绝的正是构成它的事物。如威克所言，摇滚音乐是“群体的表达，而这一群体正是在摇滚音乐取得商业成功时首次形成的”。[49]

在证明摇滚属于严肃音乐时，本质上也存在类似的矛盾。其中有两个问题值得注意。第一个是表达自我与被倾听之间的矛盾。这不同于传统的自我推销，相反，我们应该意识到，在商业媒介下，无论一个歌手的信息如何具有自我表现力，只有取得商业上的成功，才会被大众所聆听。所以，一张唱片倘若要取得艺术成功（能深入人心，产生交流），就需要同时实现商业成功。迪伦对此了然于心，他说：“你必须善于沟通。当然，你可以创作各种各样的抗议歌曲，组成一张民俗风格的唱片。可谁会听这些歌呢？但不管怎样，那些确实会去听的人自然会为你的观点买账"(保罗·罗宾斯采访，1965)。艺术意识形态的第二个固有矛盾在于，摇滚是一种大众媒介化形式。正因如此，它是由集体共同制作的——技术人员、唱片艺术家、制片人、唱片公司，都为一首歌的生产做出了贡献。威克争辩道，"在这种语境下，音乐是一个杰出人格的个性表达的说法，实际上是无法成立的。摇滚是一种集体表达方式"。[50]对个人自我表达的强调是摇滚音乐的重要特征，掩饰了它的集体生产过程，因而削弱了其商业本质(这是摇滚与所有文化生产的共通之处)。[51]

因此，至少可以从三个方面得出摇滚意识形态的矛盾性。第一，民谣群体与普罗大众之间的矛盾——摇滚受众将自身定义为一个民谣群体，即便这一群体是通过普罗大众的角色建构而成的。第二，艺术意识形态与实际参与歌曲制作的集体、商业企业之间存在着矛盾。最后，艺术意识形态与民谣意识形态之间也存在矛盾，用音乐家的个性及其人格的创新意识来支撑一种音乐类型，并以此来代表集体，实为悖论。[52]然而，有趣的并非只是揭示这些"错误的"核心特点，而是引人思考，即这些矛盾如何在摇滚文化中实现相对成功的融合。其中一个实现方式，便是通过明星身份。弗里斯指出，摇滚争论的强烈程度取决于少数的明星个体，他们是艺术家，或者说是一个不分行业的社群的代表。[53]这种说法是正确的，但并未完全揭示明星身份的全部意义。随着个体开始代表并体现出特定的观念、信仰、集体以及对情感的感受力，明星身份通过减少"大事件、事故和人们心理状态的文化含义"，缓解了其中的矛盾倾向。[54]社会结构中的固有矛盾本身就可以分解为一个个体人格的矛盾。因而在分析一个明星时，需要对这一个体的明星身份所扮演的社会角色进行发问：

> 就明星在电影(或音乐)生产/消费的对立统一中的地位而言,无论我们的着眼点是什么,这种地位仍然只能在意识形态上得到充分的理解。“为什么是明星身份?”以及“为什么是某某明星?”的问题,需要从意识形态方面给出解答——可以说,意识形态是阐明生产/消费对立统一关系的根据。[55]

正是透过这种方式,我们可以看出迪伦之于摇滚音乐的重要性。迪伦是1965年和1966年的超级摇滚明星,因为他在摇滚意识形态的所有矛盾中成功地找到了平衡。在一个绝佳时刻,迪伦作为明星所保持的“绝对一致性”,把自我、群体和商业的矛盾元素联合在一起:一个虽排斥政治、支持内在意识,但仍能保有政治倾向的个体;一个坚持个人独特视角而不顾结果的艺术家,却收获了新的听众,取得了商业成功;一个具有自我意识、只为自己发声的艺术家,却被推崇为青年运动的领袖。在16个月左右的时间里,迪伦以前所未有的方式,体现出新兴的摇滚文化的价值观。从下文这个记者在1965年对迪伦的描述中,我们可以看出所有这些矛盾方面的融合:

> 他富有远见的吉他弹唱歌词,使他成为整个躁动不安而叛逆的一代的代言人……对粉丝来说,迪伦代表着与众不同、无法企及、正直与决不妥协的极致——他识破了形象塑造者、大众市场和鼓吹大卖的把戏……迪伦令人浮想联翩的形象使他成为1960年代的一把钥匙,重启了过去浪漫诗人的风采。[56]

这种思想意识上的完美一致性实属罕见,一般也难以持续很长时间——被明星身份所掩盖的结构冲突是真实存在的，不可避免将会在明星职业生涯的某个阶段浮出水面。对那些能在矛盾中取得一时平衡的明星来说，名气一落千丈的时刻或许会引来万众目光，以及对辜负或未能坚持理想的谴责。这就是发生在迪伦身上的事情。在六十年代中期，迪伦被奉为体现摇滚真实性的终极范例。“六十年代”和“鲍勃·迪伦”，以及他“稀薄、狂野、如水银般纯粹的声音”，象征着一个遥不可及的目标。事实证明，后来的摇滚歌星很难达到这些真实性的模范标准（包括几个被贴上“新鲍勃·迪伦”标签的歌手）。这也成了鲍勃·迪伦之后明星身份的建构原则。

简况:退隐的音乐教父

1966 年的巡演压力,以及摇滚式的生活方式,显然使迪伦受了不小的打击。1966 年 7 月,他在伍德斯托克的家附近发生了一起小型摩托车事故。这次意外受伤使所有需要他露面的活动都被迫取消,其他许多行程也因此延期或取消了。之后,他便与家人待在一起,静心休养。然而在公众看来,迪伦这一次就是从流行音乐的舞台上消失了。在这十二个月的大部分时间里,几乎没有人知道迪伦在做什么,不知道他是否要在轮椅上度过下半生,是否会再出唱片。

就在 1967 年底,迪伦发行了《约翰·韦斯利·哈丁》。不管是与他之前的专辑相比,还是与这一时期主流的迷幻摇滚相比,这首歌中原声元素的削减都是一个戏剧性的变化。随后,在 1969 年,迪伦推出一张乡村歌曲专辑《纳什维尔地平线》。1970 年,他又推出一张以翻唱为主的专辑《自画像》,引来了一阵激烈批评。不久,迪伦发行了《新的早晨》,人们这才多少有所释然,认为这才是一张"像样的"迪伦专辑。

六十年代后期,迪伦试图减轻由明星身份带来的负担。当一个新的十年拉开序幕,迪伦仍保持着相对低调的状态。直到 1974 年,他才回到舞台中央,推出专辑《行星波》,并开始与曾在 1966 年那次声名狼藉的巡演中支持他的 The Band 合作,着手一场重大的巡回演出。听众的反应非常热烈,门票顷刻间便售罄。七十年代中期是迪伦在商业发展上的巅峰期,《行星波》《音轨上的血迹》——常被称为他最好的作品——和《渴望》跻身榜单前列。但在私人生活上,迪伦却麻烦缠身,陷入困境。1975 年和 1976 年的两次"奔雷秀"巡演,以及发行于七十年代中期的专辑上的内容,都展现出一个饱受困扰的表演者,一个忧心忡忡的词作者。历经了几年的精神创伤,迪伦终于在 1977 年与妻子离婚。而这一年的绝大部分时间,他都忙于《雷纳多和克拉拉》的剪辑。这是一部长达四个小时的电影，里面的镜头是在1975年"奔雷秀"巡演期间录制的，从影片涉及的敏感话题，便不难看出这部作品对迪伦的重要意义：他参与了一系列的重要采访，来解释自己制作这部电影的目的。尽管如此，这部电影还是引起了激烈的抨击。

专辑和重大事件

1966年7月　摩托车事故

1967年5月—8月　在伍德斯托克花了大量时间与 The Band 进行音乐录制。这期间的录制就组成了后来有名的《地下室磁带》

1967年12月　《约翰·韦斯利·哈丁》

1968年1月　在伍迪·格思里纪念音乐会举办演唱会

1969年4月　《纳什维尔地平线》

1969年8月　怀特岛音乐节

1970年6月　《自画像》

1970年10月　《新的早晨》

1973年5月　《比利小子》(电影)

1973年7月　《比利小子》(电影原声带)

1974年1月　《行星波》

1974年1月—2月　美国巡演(记录在《洪水来临之前》中)

1975年1月　《音轨上的血迹》

1975年10月—12月　"奔雷秀"巡演(记录在《私藏录音第五辑》中)

1976年1月　《渴望》

1976年4月—5月　"奔雷秀"巡演(记录在《暴雨》中)

1977年6月　鲍勃与萨拉·迪伦离婚

1978年1月　《雷纳多和克拉拉》

第四章　明星身份之外：摇滚历史与塑造圣人

一直以来，明星和名人都是种社会现象。你不可能是唯一一个知道自己只在家中是明星和名人的人。也就是说，身为一个明星，其公共属性，会不断影响着个体的自我意识，即使是处在私人空间。试想其他的存在状态，比如身为一个黑人或身为一个女人。如果你是一个女人，那么你的女性身份即是一个公共事实，它影响着人们对你的看法，影响着你在场时行为得体的标准，还影响着你的穿着，以及你所从事的活动。可以说，蕴含在你个性中的，是一整套社会规范和期许，它们影响着你的想法、你的行为，以及别人对你的看法。即便当女性处于一种“私人生活”的状态下，她的女性身份仍摆脱不了固有的社会属性。对名人来说，也同样如此。即使他们拥有“私人生活”——我在第一章中提出过质疑——这种私人生活也总是公开的，总是建构于公共意义的框架中。

由于明星身份固有一种社会属性，因此很重要的一点是，我们或多或少可以把它当作带有具体特征的连贯体系，从而进行系统的考量。正如我在前言中所说的，传统的明星传记常常会忽视一个问题，即建构某一明星的生活与建构其他明星的生活，在方式上其实是非常相似的。这也不足为奇：明星身份的一个重要特征就是对个体的强调，因此，传记作为明星体制一部分，也同样为强化个体至上服务。具体而言，它们往往过分强调明星的内在魅力或天赋，称其为明星身份的基础，并夸大明星的经纪人（掌权者）（或是斯文加利式人物的掌权者，有时如埃尔维斯·普雷斯利这种情况）在创造明星形象上的力量。这里所说的明星意识形态，与19世纪融合的作者身份和波西米亚主义话语有着许多共同之处：一方面，艺术家的内在天赋，象征着我们每个人都有着与生俱来的独特个性，但另一方面，又把特定个体单独拎出来，区别看待，称之为超特殊的现代英雄。这也同样适用于明星身份——明星一方面代表着具有特殊天分或个人魅力的独特个体，但同时也是平民的代言人，证明了在一个民主社会，每个人都有望取得成功。

后来的文学理论削弱了很多天才浪漫神话中的自负因子，然而，不仅是对"纯粹"原创可能性的否定（所有新的创造都是已有事物的重组），而且还否定了作者控制其创作物的可能性。当我们结合对明星身份的系统理解时，这种后现代文学理论就能为思考特定明星形象的意义提供有益的思路。等待着一个新出现的明星的，绝不会是一张供他纵情挥洒的空白画布，一般来说，一个明星形象总会受到特定的社会和文化因素的塑造，也总会有来自明星身份的结构性限制。即便是像迪伦这样"独特的"或"开创性的"明星，也同样受制于此。尽管我宣称迪伦是第一个摇滚歌星，但是从他的形象中，我们可以清楚看到一系列不同的明星类型的影子，以及那些明星对他产生的影响。其中最明显的有伍迪·格思里、詹姆斯·迪恩、巴迪·霍利和其他摇滚歌手，汉克·威廉姆斯以及垮掉派诗人。不仅有音乐上的影响，也有对大众明星/艺术家行为方面的影响。

与此同时，某一明星形象一旦出现（超出狭窄的社交圈，如当地音乐领域），便不再受控于这个明星了。明星身上包含的意义不是由明星或经纪人编造出来的，而是由听众建立起来的。明星也可以努力自我塑造形象，去拍"严肃的"电影，发行民谣专辑，接受特定杂志的采访，但最终，决定明星形象含义的仍然是大众。"严格来说，名人塑造的公共面孔并不属于他们自己，因为只有当得到大众的肯定时，这些面孔才具有可信性。明星与尊严的关系也同样依附于此。”[1]试想，很少有明星会在声名鼎盛之时选择“退隐”，卸下明星身份的光环。有太多的明星都极力维系自己的明星身份，再度发行专辑，企图东山再起。但决定一个明星何时止步于明星之路的，不是作为个体的明星，而是公众。① 这个例子印证了特纳所说的“来自底层的名人”；[2]维持名气的权力，建构某一名人所代表的意义的权力，都掌握在公众手里。这又让我们回到了明星身份与传记的棘手关系问题上——个人传记是明星身份的重要组成部分，但明星所预示的含义并不依赖于传记的准确性。以迪伦为例——即使在抽身抗议运动四十年后，一定程度上，迪伦的明星身份依然代表着和平主义与反战抗议：

> 我的很多歌曲肯定都被那些不经事的人们误读了，而且一直持续到今天……比如《战争贩子》。每次我唱这首歌，就有人写道，说这是一首反战歌曲。但其实这首歌里并没有什么反战情绪。我不是一个和平主义者。我也不认为自己曾经有过这样一个身份。如果你仔细观察这首歌，就会发现它是关于艾森豪威尔所说的军工复合体的危害。（罗伯特·希尔伯恩采访，2004）

然而，迪伦是否曾是一个和平主义者并不重要——如果迪伦的明星身份代表着反战情绪，那它就是代表反战情绪，迪伦可以争辩，但

---

① 我特别理解这里涉及的特定媒体行业在“制造”明星时所扮演的角色。这对于系统地考量明星身份非常重要（比如，音乐产业如何生产出一系列明星来供我们选择），但当我们在考量个体明星时，其重要性就有所降低了。倘若公众不愿意对一个明星产生兴趣，那么这个世界上所有的金钱和宣传手段都是无力回天的。正如后文将会概述的，在迪伦的例子中，互补型产业（尤其是新兴的摇滚新闻业）对迪伦明星地位的影响要远大于那些与他直接相关的产业，比如他的唱片公司。

就算他争得面红耳赤，也无法改变这一事实。粉丝也可以突出“歪曲”之意，表明某一首歌实际上并不是宣扬反战的，但这其实也无关紧要。①

具体明星形象“所有权的公共性”，并非流行音乐界的专属，但由于在大众的观念里，歌星是为特定群体发声的，所以二者的确存在着较强的关联。依据摇滚音乐中的民谣意识形态，明星所代表的，正是他诞生并脱颖而出的社会群体。如果明星开始疏远这个群体，便会很快引来千夫所指，或是惨遭冷落。流行歌星属于他们的粉丝，在1963年新港民谣音乐节上，迪伦被这样介绍给听众，“他就在这儿，把他带走吧，你们认识他的，他是你们的……鲍勃·迪伦”。

这并不是说明星毫无权力，只不过要比传统意义上来得少。在构建明星形象的含义方面，一个明星的权力显然是大于一个粉丝个体的权力；支柱性产业（如经纪人和唱片公司），以及如广播和新闻界之类的辅助性产业，同样在创造特定含义上，握有举足轻重的权力。人们对个体明星传记的兴趣，大多停留在对明星意义的争论上，要么是明星在形象管理方面，与经纪人/唱片公司/电影制片厂之间的纠纷，要么就是在明星的公共意义上所起的冲突。某些情况下，这种冲突会在明星含义中起到核心作用（如嘉宝的台词“我想独自一人”），迪伦就是个活生生的例子。迪伦在文化上的意义如此之大，以至于较之影响力稍弱的明星，迪伦的明星意义总是更易引发争议。出现于强调集体主义的文化运动中的事实，只是为鲍勃·迪伦的共有属性增加了潜在的佐证。颇为有趣的是，关于迪伦明星形象含义的种种斗争，已成

① 我有一个理论，明星身份与传记之间的差距是由粉丝挖掘出来的，在此我不会对这个理论进行详细阐述。这些粉丝找到了真实的传记细节，并分析歌曲/电影的“真实”含义。这些误读的“优越的”知识和说法，是“铁杆”粉丝区别于“普通”粉丝的主要凭证。我还要冒昧地提出，明星被误读是很多明星的身份的一个关键方面。在迪伦的例子中，绝对是如此。

为他明星形象的核心部分。对大多数名人来说，通常是与经纪人和宣传人员在形象问题上发生争端，而对于迪伦，争端的对象则主要是他的听众。迪伦与听众之间的矛盾关系，已然成为他职业生涯的一个重要主题，最明显的一个例子，就是1965—1966年，迪伦的电子音乐遭听众喝倒彩。但从1979年听众对迪伦演唱圣诞歌曲喝倒彩，以及1961年民谣机构对迪伦折中主义的矛盾情绪中，同样不难看出这一主题。甚至在迪伦正进行的“永不停止的巡演”项目中，也有所体现。通常情况下，这种紧张关系会被用来证明迪伦在艺术上的勇敢，是真实性的标志，因为他不屑于迎合市场需求，而是为自己的艺术冲动所驱使。不过，关于迪伦含义的斗争，有时也会被人拿来反击迪伦，作为他艺术衰退的证据。具体的例子包括1967—1970年的重要时期（我将在本章讨论），以及对“永不停止的巡演”的一些回应。事实上，这其中明显存在分歧：那些趁事后诸葛亮之便而记载的冲突事件，都被用来证明迪伦的勇敢（当初的听众怎么会没有听出电子音乐的美妙呢?），而那些及时且如实记载的事件（《自画像》的发行，他皈依基督教，永不停止的巡演），则往往被用来证明迪伦的软肋（我们是对的，他就是错的）。这是一个重要的分歧，后面我还会再做讨论。

关于“鲍勃·迪伦”明星形象含义的斗争，本身就是这个形象的重要组成部分。回到第一章讨论的问题，我们可以看出，迪伦的明星含义如何影响着我们对他歌曲的解读。许多歌曲都被解读为，至少是被部分解读为对听众的反驳（比如我在前言中提到的《思念成疾》，其他受到此类解读的歌曲包括《宝贝，那个人不是我》《我真正想做的事》《在花园中》和《你想要什么?》）。保罗·威廉姆斯写道：“迪伦经常意识到并证明，任何含有男人/女人、‘我’/‘你’的歌曲，也可以是关于……一个歌手/表演者与一个听众之间的关系。”[3] 威廉姆斯又一次过分强调迪伦对明星含义的控制权了，当然，这里的关键问题在于，迪伦的明星身份建构了歌曲的含义，从而使它们能以某种特定方式为人所聆听。《宝贝，那个不是我》的歌词里没有半点暗示，说这不单纯是一首关于男女关系的歌曲，只有基于我们对鲍勃·迪伦的了解，才会促成这种双重解读。类似地，威廉姆斯讲述了自己在倾听《终于看见真的你》时，如何把这首歌部分理解为是关于迪伦的听众的。这个观点看似合理，但实际上，它取决于威廉姆斯个人对迪伦与听众之间关系的认知，而非来自对歌曲“本身”的解读。但同样，这并非暗示迪伦对明星含义毫无管控权。显然，歌词使一些含义得以成立，同时也否决了其他含义——《婚礼赞歌》是关于男女的歌曲，而绝不是关于听众的。而且，正如我之前论述的，迪伦意识到了自己的明星身份，但并没有天真地肆意利用（在 1964 年的新港音乐节上演唱《我真正想做的事》，很可能是他的精心策划，但我不太相信，在新港 1965 年的电音演出之后，迪伦演唱《一切都已结束，忧郁的孩子》也同样是他的蓄意之举，即便之后的解读是如此）。经过八年的沉寂，当迪伦于 1974 年重回巡演时，他所演唱的第一首歌，是 1963 年未发行的《英雄布鲁斯》。

是的，我得到了那个女孩
我打赌她最后会发出尖叫
她希望我成为一个英雄
这样她就可以告诉她所有的朋友

从表面上看，这是一首关于男女关系的歌。迪伦故意颠覆歌曲的含义，以维护对自己明星形象的所有权。[①] 迪伦与听众之间的这一冲

① 然而，在这个例子中，他抗议得太过火了：1974 年的巡演是迎合听众的最优秀歌曲合集。迪伦事后悲痛地解释说，他“不得不为那场巡演扮演鲍勃·迪伦的角色”（托比·克雷斯韦尔采访，1986）。

突，成为持续贯穿他职业生涯的一个主题，以至于到 1997 年，迪伦还发出声明：

> 在某些日子里，当我一觉醒来，会对自己正在做的事情感到深深的厌恶。因为基本上，你只不过比一个皮条客技高一筹罢了。每一个表演者都是如此。（大卫·盖茨采访）

现在，我想讲述这场斗争中的一段具体经历，这或许是建构迪伦整个明星形象最为重要的时期。讽刺的是，它也是迪伦在职业生涯中产出作品最少的时期，即 1967—1970 年。

保持沉默

在《英雄布鲁斯》中，歌手哀叹自己永远无法满足爱人对他的期望。他斥责道

> 你需要的是另一种男人，可以抓住你的心
> 把你捧在手心
> 你需要的是另一种男人，你需要拿破仑·波拿巴。

歌词中提及拿破仑，提及浪漫主义的典范拜伦勋爵，这都反映了歌手的预见性，因为在 1963—1966 年期间，迪伦被冠之以一种相似的英雄领袖的称誉。当他在民谣运动中崭露头角时，便被贴上了一代人的发言人的标签，尽管他本人多次予以否认；当他转向电子音乐，又被誉为新青年运动的主要领袖，是唯一一个足够时髦、引领潮流的人。

这两种对领袖的期望给迪伦带来了巨大的负担，尤其表现在他与媒体周旋，被问及关乎政治、青年、他的音乐、他的领袖地位等各种荒诞不经的问题(你在乎自己唱的内容是什么吗？你觉得年轻人能理解你所说的每句话吗？一共有多少个民谣歌手？)时。在民谣歌手阶段，迪伦否认这些领袖地位和角色时，一般表现得颇为礼貌，有时也免不了会开开玩笑。然而十年之后，迪伦的回应就变成了冷嘲热讽和强硬对抗：

问：你能告诉我你的出生时间和地点吗？

迪伦：不能，你可以自己去查。有那么多传记可以供你去查阅。你不要问我是什么时候出生的，住在什么地方。不要问我这些问题。你可以从其他的资料中找到答案。

……

问：当然，你的歌曲中有着很强大的内容……

迪伦：你听过我的歌吗？

问：我听过。《战争贩子》《答案在风中飘》。

迪伦：那《西班牙牛皮靴》呢？你听过吗？你为什么不去听这首歌呢？听着，我一点都不在乎你会在纸上怎么写我。你可以写任何东西，难道你没有意识到这点吗？那些听我的歌的人不会去读你写的东西，而是会直接去听我的歌。从你的一纸文章中，根本无法了解我。

问：你已经很有名了。为什么要这么充满敌意呢？

迪伦：因为你对我怀有敌意。你在利用我。我对你来说只是个工具。我之前在美国就已经经历过这些了。这里面没什么私人情绪。我绝对没有针对你。我只是不想被你们的报纸所烦扰，就这么简单。我只是不想成为被你们所消费的一部分。为什么我要去附和而取悦其他人呢？你为什么不干脆说我的名字是Kissenovitch呢？然后说，我来自墨西哥的阿卡普尔科。我的父亲是从南非逃出来的小偷。好了，你可以说任何你想说的了。

（劳里·亨肖采访，1965）

他发明了一种“反采访”的方法，向记者回抛问题，这样记者就不得不给出他们自以为正确的答案。另外，还有他出名的“真相攻击”，是“垮掉一代”哲学的爆发，意在削弱采访者的自我意识：

我的意思是，你会死去，你会离开地球，你会成为一个死人。兄弟，你知道吗，这可能发生在二十年后，也可能就在明天：任何时间。我也是一样……好吧：现在面对这样的事实，你再继续做你的工作——那你想要多认真地对待自己，决定权掌握在你自己手里。

（致《时代杂志》的一名记者，1965）

然而，在拒绝各种标签、否认一切关于领袖的说法时，迪伦的领袖地位反而变相加固。他的反英雄之举，本身就彰显出他的英雄色彩，打破常规，突出世界现存的诸多问题。同理，迪伦反领袖地位的行为（包括在《地下乡愁蓝调》中，他给出“不要追随领袖”的指示），本身就是一种领袖姿态。迪伦没有粉丝，但他有追随者：

这就像是在埃德加·爱伦·坡的一部小说里。你并不是所有人眼中的那个角色，虽然他们总是那样称呼你：“你是先知，你是救世主。”我从没想过要成为一个先知或是救世主。也许埃尔维斯是。我自己很可能会成为他。但先知？绝不是。（艾德·布

莱德利采访,2004)

在1965—1966年期间,成为“鲍勃·迪伦”意味着承担巨大的压力,而这显然造成了一定危害——对比1965年与1966年的照片,即可看出其中的区别。1965年时,迪伦看上去眼神犀利、目光如炬,而1966年的他,则常常露出筋疲力尽、精神恍惚之态,明显在靠吸食毒品获得支撑。迪伦后来坦言,在1966年,有一种“可能会在演出之后死亡的感觉”(克雷格·麦格雷戈采访,1978)。饱受压力折磨的迪伦,不得不选择逃离纽约。1965年,他搬到距纽约两三个小时车程的偏北城市伍德斯托克,住在一个被茂盛草木所环绕的房子里。1966年7月,迪伦在伍德斯托克发生了一起小型摩托车事故。这次事故标志着迪伦开始退出公众的视线,尽管在当时看来,似乎不尽如此。从这次意外的发生到1970年,他的公开露面被迫受限。撞车事故发生后,直到1967年5月,迪伦的首次公开声明才出现在纽约《每日新闻》的一篇采访稿上。考虑到六十年代的唱片行业背景(迪伦在15个月内发行了《全数带回家》《重访61号公路》和《无数金发美女》),这11个月的沉寂绝对是非同凡响的。1967年的最后一周,在没有做任何宣传的情况下,迪伦发行了一张新专辑(《约翰·韦斯利·哈丁》);1968年,在伍迪·格思里纪念音乐会上,他进行了唯一一次公开表演,且没有刻录专辑;1969年,他发行了26分钟的专辑《纳什维尔地平线》,在约翰尼·卡什的电视节目中演唱了三首歌曲,并在英国怀特岛音乐节上参与演奏;1970年,他发行了专辑《自画像》。这些就是四年的工作成果,从专辑《放任自流的鲍勃·迪伦》到《无数金发美女》的制作,也都花了同样长的时间。就官方的作品产出来说,这是迪伦产出量最少的一段时期,但从明星形象的角度来看,这或许是迪伦职业生涯当中最重要的一段时期。

迪伦会选择在一段时间内躲避公众的视线，自有其个人原因。很显然，他需要时间来休养康复，而且那个时候他结婚了，组建了一个新家庭。另一点也同样很明显，迪伦渴望能暂时远离聚光灯，缓解身上来自明星责任的压力。然而，明星身份固有的公共属性，意味着迪伦脱离公众生活的尝试只能以失败告终。

明星是商品。明星得以存在的唯一理由，就在于个体可以变成产品。虽说明星不同于手提包之类的商品，但他们也促成了商品的形成，“他们既是劳动力，又是劳动的产物”。[4]认识到了这一点，那么明星总是参与到明星身份的创造和维持中，也就不言自明了——明星是其自身宣传的一部分。明星在创造其明星地位中所扮演的角色，部分解释了为何对明星来说，公共生活与私人生活之间，不可能存在任何有意义的区别。然而，这也表明，所有企图逃离名声的尝试，注定会归于无果的循环，而逃离名声的欲望，则会成为名声本身的一个中心元素。正如我们都知道的，葛丽泰·嘉宝渴望能独身而居。

鉴于明星身份的不可逃避性，似乎唯一的选择便是保持沉默。但迪伦并不是唯一一个采取“沉默艺术”的明星，塞林格就是另一个例子。如果某人的明星身份受到质疑，并且他的声明不断遭到误读，那也许保持沉默就是唯一具有说服力的解决办法了。不过，尽管沉默可能会导致明星身份的完全消融——大众会厌烦而转向下一件事情——决定权还是掌握在大众的手中，而非明星。如果大众的兴趣不减，那这个明星的身份也依旧不变。即便避世隐居达三十年之久，嘉宝仍然摆脱不了狗仔队的打扰。并且，倘若明星身份受到大众的维护，那么即使保持沉默，也有其听众，因为沉默本身便是一种有力的声明。

发生在迪伦身上的正是如此。在 1967 年，迪伦几乎完全脱离了公共生活，但他的明星身份依然在摇滚文化中占据着主流位置。而这源于一个历史巧合——迪伦的撞车事故和脱离公共生活，恰好与摇滚文化的全面繁荣，尤其是与一种具体形式的摇滚批评——界定了摇滚的主要特点，并概述了摇滚的历史——的出现时间相吻合。任何重要的文化形式或运动都必须获得文化"认证"，以使其重要地位得到价值认可。它的发生既得益于外部之力，因为已有的文化机构承认了新形式的价值，也得益于内部之力，因为新形式发展出自己的一套批评话语，形成了为自己发声的报刊，"提出并评估自己的理念，同时由评论家们进行宣传和推动"。[5]金德伦认为，就摇滚而言，上述情况的发生始于1966年。美国大报上的第一篇摇滚唱片评论，出现在1966年1月的《纽约时报》上（罗伯特·谢尔顿评论了十张专辑，其中一张来自迪伦），1966年6月，杂志《乡村之音》上开设了一个摇滚专栏。而就在这两个时间点之间，18岁的粉丝保罗·威廉姆斯创办了第一本摇滚杂志《龙虾王》，并顺利发行了第一期（保罗·威廉姆斯后来撰写了关于迪伦的系列图书《表演艺术家》）。在接下来的18个月里，摇滚不仅被权威的知识分子所接受（主要是由于披头士发行《佩伯军士》时标榜的高雅内涵得到认可），而且随着专业"摇滚评论家"的涌现，他们开始出现在普通报纸的专栏上，出现在新兴的专业摇滚报纸上，也出现在像《融合》和《摇滚乐》等杂志上。其中，最重要的新摇滚杂志《滚石》，于1967年11月9日首次出版。

我们在这里需要明确认识到，重要的不是摇滚在当时为人所接受，成为一种有价值的文化形式，也不是它成为具有优势的主流音乐，而是通过这一认可过程，关于摇滚自身的界定开始变得明朗。如果它是一种重要的文化形式，那其主要特征是什么？它所代表的是什么？谁又是主要的表演者？前一章中概述的摇滚意识形态——自我表达与社会反映的矛盾混合——直到这一时期，才得到明确清晰的阐释。相比那些专注于名人海报和行业宣传的青春粉丝杂志，新音乐杂志明显与它们划清了界限。新音乐杂志不是只介绍那些在商业大放异彩的明星，而是把艺术成就作为最重要的考量标准。① 它们旨在对严肃音乐做严肃评论——第一期《龙虾王》刊登了一篇题为《摇滚美学》的文章。通过新摇滚报刊，摇滚文化自身的主要特征、主要表演者和作品都得到了清晰的界定，而且在这一过程中还形成了一个历史故事，它对摇滚如何出现给出了具体的叙述。要弄明白 1963—1966 年这段时期是如何逐渐为人所刻画和理解的，则有待挖掘另一个重要时间段：大致是 1967—1969 年。

所有的历史都是于事后写成，因而事件的"建构"是以历史写作者的世界观为标准。摇滚的新"学者们"是先去了解摇滚乐的出现，或是 1963—1966 年这段时期，保持中立的态度，然后再推断出摇滚的主要特征，还是他们事先已在脑中形成"摇滚"的定义，之后再借助那个特定的镜头去一一解读历史事件？答案无疑是后者。这不是一个关乎偏见的问题，它关乎一切事件如何被社会赋予内涵——绝对客观是不可能的。书写历史是一个社会团体定义自身意识形态，以及自身社会身份的重要途径，它为我们明确人事更替提供了一个窗口，摇滚的历史化也不例外（例如，第一部完整研究迪伦作品的著作于 1972 年出版，但在绝大部分的摇滚自定义中，都宣称"乡村音乐并非那么有价值"[6]）。在 1967 年之前，其他非主流音乐类型的建构，都受制于 1967 年摇滚及其支持者的概念框架。

摇滚评论家在书写摇滚音乐历史时，基本就是按照这种思路。1956 年之前，人们的生活沉闷乏味，而音乐消费则是一种家庭乐事——艺术家如辛纳特拉深受成年人和孩子们的喜爱。然后，到了 1956 年——砰！——埃尔维斯·普雷斯利出现，摇滚乐诞生了。这

① 对它们来说，值得庆幸的是，作为一种主流文化形式，艺术上的成功就等于是商业上的成功——《滚石》对摇滚超级明星的报道中讨论了这一问题。

种全新的音乐把黑人音乐与白人音乐融合在了一起(节奏布鲁斯与山地音乐的混合)。青少年拥有了他们自己的音乐,获得精神的解放,但却冒犯了成年人,并被独裁机构妖魔化。等到了1959年,主要表演者由于征兵、丑闻、监禁和死亡等而遭到排挤,摇滚乐便逐渐式微。1960—1962年的流行音乐可谓淡而无味,叮砰巷音乐成为主流,到处都是俗套的"月亮/六月"押韵式曲调,以及《橱窗里的小狗多少钱?》之类的儿歌。突然——砰!——民谣复兴爆发,它向人们表明,流行音乐可以传达社会道德,且不受主题的限制。迪伦作为复兴的组成部分,向人们淋漓尽致地展现出语言在流行歌曲创作中的广度。接着,1964年——砰!——英伦入侵,真正振奋人心和适于舞蹈的音乐诞生了,于是流行音乐得以再度复兴。怀着对摇滚乐和节奏布鲁斯的崇敬之情,披头士和滚石乐队向世人表明,美国曾经拥有过伟大的音乐,但由于音乐排行榜上存在的种族隔离,人们便与那些音乐绝缘了。最后,在1965年——砰!砰!——迪伦富有诗意的歌词与英伦入侵带来的节拍乐融合在了一起,摇滚音乐便由此诞生。尽管摇滚乐和轰鸣的节拍乐令人兴奋,但它们也稍显幼稚;摇滚音乐涉及的是成人主题,但它也延续了早期音乐动情的、发自肺腑的力量。

每一个曾对流行音乐感兴趣的人,都不会对这段历史感到陌生。它是一段极度简化而具有误导性的历史,但在这里,我并不是要做一个史实纠正者。[7]实际上,正如我在论及明星身份时反复提到的,就这方面来说,虚构故事的重要性要远在事实之上——关于摇滚,或是关于迪伦,尤为重要的是人们所信以为真的内容。我对这段历史的兴趣点在于,它突出了激进主义,特别是在叙述音乐历史时,它不是按照逐渐发展的连续性,而是以一系列的革命性时刻来展现历史。这种对激进主义的重视,在建构迪伦的明星身份上发挥了关键作用。虽然在整个职业生涯中,迪伦的作品和明星形象都具有明显的连续性,但其重心却在不断变化——迪伦的变色龙天性,频发冲突——1965年新港和 1966 年世界巡演时听众喝倒彩事件。

正是在迪伦的沉寂期，摇滚文化发展出自身的意识形态，书写了自己的历史，并创立了它自己的一套标准。迪伦被推到了最顶端，甚至居于披头士之上。[①] 即便离开了舞台，迪伦发现自己的文化威望仍在与日俱增，因为“对日益壮大的年轻人来说，不论当下引起他们关注的是谁，迪伦都曾确确实实地存在过，而这一情绪仍在不断地蔓延和扩散”。[8]在之后的采访中，迪伦对这一进程做出如下评论：

> 当我重新回归到公共生活之中，已经无法与那个世界衔接起来，因为我在痊愈之后和车祸之前所做的事情，是大相径庭的。在此之前，并没有这种盲目的奉承和强烈的崇拜，我真的只是另一个歌手。（克雷格·麦格雷戈采访，1978）
>
> 不是我要自诩为一个传奇人物。是媒体中的编辑想要玩弄我，或是意图向他们的读者传递某种信息，而把这个称号抛给我。但它并没有起作用。（罗伯特·希尔伯恩采访，1992）

迪伦的保持沉默，使他的商业股票也在一直上涨——在那十年间，《约翰·韦斯利·哈丁》和《纳什维尔地平线》成为他最畅销的两张专辑。《约翰·韦斯利·哈丁》的发行，被称为是对 1967 年迷幻时期过剩电子音乐的突破，而迪伦也再度成为人们眼中重大突破的实现者，打开了“回归根源”的复兴之门。然而，这一切都无益于迪伦对隐私的向往，在伍德斯托克，迪伦的隐私经常遭到侵犯，有时他早上醒

---

① 考虑到 1967 年发行的《佩伯军士》，如今基本被推崇为摇滚的巅峰作品，这也许有些令人吃惊。然而，根据金德伦的历史性叙述，尽管这张专辑受到了知识分子评论家的欢迎，并被称赞为群体中的先锋，但摇滚评论家却普遍对其不屑一顾，认为披头士已经失去了摇滚音乐的精神。当迪伦在 1967 年底发行《约翰·韦斯利·哈丁》时，摇滚评论家纷纷对这张专辑高度赞扬，因为它朴素的声音非常契合摇滚的真实性。

来，发现有人潜入他的卧室，一直盯着熟睡的他和妻子。据说，迪伦因此在正门口放了一把步枪，以驱赶粉丝。1969 年，当 100 公里之外的伯特利举行大型音乐节时，他甚至不得不搬出去住了两三周，而这个音乐节竟乘机利用迪伦住宅的反主流文化声誉，取名为“伍德斯托克”。保持沉默并没有成功降低迪伦明星形象的热度，因而，他采取了一个新策略：一语不发。

无可奉告

在前两章中，我已经论述了在民谣复兴中摇滚是如何逐渐与政治建立起关联的。摇滚本身并没有提出明确而另类的政治宣言，相反，摇滚的政治观点多少有些难以捉摸，大概也正因为如此，才比传统政治更为有效。一般认为，摇滚反映并增强了人们对某种情感的感受力，这是形成批判意识的一种思考和感受方式，具有内在的政治性，但当它尚未与任何政治组织捆绑在一起时，其政治性并不十分明显。然而，到六十年代末，摇滚文化和激进政治便已明确交织在一起。随着人们反对越南战争情绪的加剧，哥伦比亚大学暴乱、芝加哥民主会议、人民公园以及肯特州立大学，似乎都推动着大规模的青年运动走向暴力行动。[1] 与此同时，世界上其他地区也在发生青年起义，其中最显眼的，莫过于 1968 年 5 月的巴黎。随着黑豹党运动的兴起，美国的

[1] 1968 年 4 月，超过 1000 名学生强制占领了哥伦比亚大学的五栋校园建筑，历时五天，最终被警察强制驱逐；由于反战抗议引发的暴力冲突，1968 年在芝加哥召开了民主党派会议；1969 年 5 月罗纳德·里根总统称伯克利人民公园进行隔离和破坏事件，是“共产主义的同情者和抗议者的安全天堂”，激起了防暴警察与企图夺回公园的抗议者之间的暴力冲突；1970 年 5 月，肯特州立大学的四名学生因在校园内抗议越南战争，而遭俄亥俄州国民警卫队的杀害。

民权运动也愈加猛烈。由于一些摇滚音乐家清楚表明了自己的政治角色，地下报刊也宣称摇滚歌星是革命游击队战士，于是很多人便认为摇滚音乐是青年文化革命本质的一个核心要素。

在一定程度上，青年文化中日益明显的激进主义及其与摇滚音乐的关系，影响着迪伦的明星形象，即便当他身在聚光灯之外。人们把迪伦的作品作为衡量摇滚政治性的基准，特别是他的专辑《全数带回家》和《重访61号公路》，其中的特色歌曲如《妈妈，没事（我只是在流血）》和《荒凉的街道》。马奎斯将前者形容为“对压迫的批判……社会统治的全面畸形（以至于人类自由）……受到了来自方方面面的威胁”。[9]迪伦过去的歌曲表明，从六十年代后期开始，他的明星形象开始被附上激进色彩。正如马奎斯所说：

> 美国的青年激进主义已经被明确视为全球暴动的一部分。无论迪伦喜欢与否，在世界上很多地区，他都被当作是与美国政见不同的声音……在美国，不管迪伦如何坚决地否认自己具有任何代表功能，他都前所未有地被当作社会危机的发声器，而时至今日，每个人都意识到这些危机与国家命脉的息息相关。[10]

最明显的一个例子是1969年形成的恐怖组织，他们从迪伦的歌词中选取了“气象员”，作为自己的名字。

由于刻意尝试破坏他的明星形象，并从那些将迪伦置于激进政治先锋之位的人手中，夺回对“鲍勃·迪伦”含义的控制权，迪伦的公众形象越来越非政治化。他曾在早期尝试摆脱“一代人的发言人”的标签，结果遭公众抵制而以失败告终。当他说自己只不过是把心中所想诉诸笔端，他就已经被公认为那一代人个体意识的代表。因此在六十年代后期，他创作了不能归为反主流文化的音乐。1969年4月，他发行了专辑《纳什维尔地平线》，里面全是简单的乡村音乐。当传言青年革命即将肆掠他附近的街道时，迪伦作为这一代的代言人，只是唱道：

佩吉·戴偷走了我可怜的心
天啊，我还能再说什么呢？
喜欢与佩吉·戴度过的夜晚

而在这张专辑的其他歌曲中，他告诉我们：

蓝莓，苹果，樱桃，南瓜和李子，
亲爱的，晚饭时记得叫我，我会待在那里
……
哦，天啊，我喜爱乡村派！

迪伦选择乡村音乐并非无心之举，这一流派其实与美国南部有关，且在宗教和道德问题上持保守态度。[①] 与先前一贯的粗犷歌声相比，迪伦在这张专辑里的声音也稍有不同，听起来更为平缓。即使这感觉很微弱，《纳什维尔地平线》确实是一张温柔的专辑。有人会认为，考虑到当时的历史状况，"温柔"的风格势必会招来抨击。然而这张专辑却受到了普遍好评，其整体魅力和歌词的精良制作都颇受赞誉。我认为其中的主要原因在于，美国摇滚"回归根源"的复兴主义运动仍在如火如荼地进行，而这张专辑则被视为对此的一种善意崇敬。

① 这一选择也不是被迫使然。我们现在知道迪伦十分珍视乡村音乐，虽然这要是发生在 1969 年，势必会让人大吃一惊。近年来，《纳什维尔地平线》和《自画像》都得到了重新评估，成为 1997 年以来迪伦明星形象转变的组成部分。

在非迪伦粉丝的听众中,《纳什维尔地平线》是最受欢迎的专辑之一,然而随着迪伦的事业地图逐渐展开,这张专辑却常常被描述为走向长期衰败的开端。

单凭一张略带乡村曲调的专辑,并不足以改变迪伦的明星形象,而且他蓄意破坏的策略贯穿了整个 1969 年和 1970 年。无论是何种关于表明政治立场的请求,几乎可以说是任何形式的表态,都无一例外,被迪伦礼貌拒绝了。1969 年 11 月,《滚石》杂志发表了一篇对迪伦的大型采访文章。对像他这样一个向来以三缄其口闻名的艺术家来说,可想而知,这也不过是一次平淡无奇的采访,不会对他的职业生涯有多少揭示性的爆炸信息。当被问及他的社会地位时,他自称对此一无所知:

问:许多人……都觉得被你的音乐和你所写的歌词所深深影响。

迪伦:真的吗?

问:当然。他们觉得那与他们的生活存在某种特殊的关联……我想,你肯定知道人们如何深深地被你所吸引。

迪伦:并不完全知道。你为什么不向我解释一下呢?

……

问:你在音乐领域里举足轻重,在当下人们的成长过程中也扮演着重要的角色……我很好奇你对此怎么看。

迪伦:我能怎么看?我能做什么呢?兄弟,我是演奏音乐的。我是写歌的……我也相信,有些人是经过专业训练才从事你所说的工作——比如“青年领袖”之类的。我是说,肯定会有人是专门来做这种工作的。而我只不过是简单做着我所做的事情。努力去做……不去烦别人,仅此而已。

(简·温纳采访,1969)

1969年8月，迪伦在英国怀特岛音乐节演奏。在匆忙召开的新闻发布会上，迪伦继续奉行他的“无可奉告”方针。

> 问：能告诉我，您对目前青少年吸毒的基本观点吗？
>
> 迪伦：我对此没有任何观点……我希望我有，那样我会很乐意跟你分享……

不过，迪伦还是证明了他对演唱会票房的号召力，据估计，有20万人涌进了这座小岛。虽然迪伦的演出因时间太短而受到批评，他的新表演风格也反响平平，但他把最好的留到了最后，1970年，他发行了专辑《自画像》。

《自画像》是一张里程碑式的专辑。它包含24首歌曲，2首不甚出彩的原创歌曲，4首迪伦在怀特岛的演出曲目，还有16首是翻唱歌曲，包括现代歌曲、五十年代的流行曲调、传统乡村与民谣歌曲。据说，因为新近出现了他早期唱片的盗版，迪伦才以这张毫无连贯性（比如，现场录音分散在整张专辑里）的专辑作为回应。然而更重要的是，这张专辑在弦乐编写上过于浪漫感伤，让人不觉想起那些本该被摇滚取代的音乐。这是一张臭名昭著的专辑，或许也是摇滚史上骂声最高的专辑。对此最有名的一篇评论出自格雷尔·马库斯之手，刊登在了《滚石》杂志上，文章第一句话就是“这是一坨什么？”。其他评论也是类似的尖刻批评之声。之所以说这张专辑是一个里程碑，是因为自那时起，迪伦不再被看作是绝对正确的，他的一举一动也不再受到人们的必然追随。从那以后，乐评人也不再对迪伦做善意的揣测。的确，如下文将要论述的，在此之后事情便发生了180度大转弯，无论迪伦制作的专辑多么优秀，几乎总被认为“还可以做得更好”。

至于《自画像》，虽然有可能只是迪伦制作的一张劣质专辑，但它似乎更像是迪伦有意为之，他企图改变自己明星身份的意义。这当然也表现在迪伦之后发行的唱片上：

> 那张专辑发行了……（因为）那个时候……我很反感自己得到的那种关注。我从来都不是一个想博得关注的人。而且那时候，我得到的是一种错误的关注，就因为我做了自己此前从未做过的事情。所以我们发行了那张专辑，希望能摆脱人们对我的纠缠。他们不会再喜欢我。那就是……发行那张专辑的原因，这样人们当时就不会再买我的唱片，他们也的确这么做了。[11]

这有可能只是迪伦为掩饰自己的失误，在事后所找的借口——或许就这件事情来说，当相信迪伦确实只是发行了一张糟糕的专辑时，才能更好地用听众冲突对迪伦明星形象的影响去解释，这样一来，上述对《自画像》的解读也会显得合乎情理。然而，又有很多因素足以支撑迪伦的说法，证明这的确是一次蓄意的破坏行为。第一，专辑的名称似乎就是一种刻意的声明。毫无疑问，一张自画像，意在揭示艺术家自身的内在感受。继《纳什维尔地平线》发行之后，曾出现过回归“真正的迪伦”的呼声，把专辑命名为《自画像》，似乎是有意对这种呼声做出回应。“这些陈旧的歌曲，这些随意的表演”，专辑上说道，“就是真正的我。”然后是专辑封面，上面没有任何文字，甚至不见名字和标题，只有一张略显笨拙的面部画像。而且迪伦之前的所有专辑上都有他自己的照片，所以似乎又再次暗示，这就是对迪伦的准确展示。第三，作为同时代最有名的词曲作者，迪伦把大量翻唱歌曲纳入这张专辑，可见迪伦认为他人的歌曲也可以成为他自画像的一部分。第四，这张专辑的第一首歌是《疲倦的马》。这是该专辑中仅有的两首迪伦原创歌曲中的一首，但歌里并没有迪伦自己的声音，而是以女歌手的声音代之。考虑到声音与明星身份之间的关系，尤其是以迪伦为例，这又成了一个重要的(我们可以认为是蓄意的)暗示。最后，专辑收入了怀特岛上表演的曲目《像一块滚石》。那是一场糟糕的演出，迪伦不仅忘词，而且演唱时完全不带感情。这是迪伦最有名的一首歌，甚至可以说是有史以来最好的一首歌。没有哪首歌能像这首歌那样，完美地诠释新旧迪伦的不同，这也就着重表明，《自画像》中翻唱歌曲的词作者，也包括当初写那首歌的迪伦。[12]

车祸之后：六十年代后期迪伦的明星身份

迪伦曾唱道，“没有像失败那样的成功”，而《自画像》就意味着某种成功。它既没有完全消除迪伦作为文化领袖的地位(当迪伦在1970年搬回纽约时，以A. J. 韦博曼为首的“迪伦解放阵线”在他的住宅外抗议，呼吁他重拾政治歌曲的创作)，也没有完全抹去他的市场价值(1974年他与The Band合作开展复出巡演，创造了摇滚史上演出门票超额订购的最高纪录)。然而，它确实成功打破了迪伦一贯正确的神话，而发生在1967—1970年的关于鲍勃·迪伦的意义之战，则使他的明星形象发生了显著的分离和破裂，1966年摩托车事故开始成为迪伦明星形象的中心。① 这里很重要的一点是，人们的视线聚焦在了摩托车事故上，认为它是一个转变时刻，由此影响了他们对迪伦整个职业生涯的解读——不仅仅是他后期的职业生涯，还包括对撞车事故之前他的明星身份的解读。直到这件事发生之后，人们才开始重

① 一幅形象生动的漫画恰如其分地刻画出，那次事故何以成为迪伦明星之路上的一个前后节点。漫画中，迪伦从他的自行车车把飞出，两眼睁得很大，旁边画有一个内心独白框，写着“乡村摇滚！”

新审视和定位迪伦 1966 年之前的作品。这并不是说在撞车事故之前，他的作品不受欢迎，或是否认他在民谣复兴中天赋异禀的名声，而是意在表明，直到 1966 年后，他的作品才开始在摇滚文化中扮演这样一个神圣经典的角色。我们必须记住，不仅迪伦在民谣复兴时的早期作品只为小众所感兴趣，他的后民谣作品也饱受争议——很多人都不喜欢。直到后来，争议本身才成了为作品价值辩护的一部分。

这一经典化的部分原因已经在摇滚史料中讨论过了，但摇滚评论家在编纂整理摇滚的意识形态时，吸收了更为广泛的文化理念。特别是，迪伦的明星身份在 1966 年锋芒愈显，一个重要原因就是年轻、天赋与生命有限性之间的意识形态关联。这种意识形态的酝酿，对明星身份有着显著的影响，一个老生常谈的说法就是，死亡可以促成明星事业的良性转变。死亡把人的肉体从明星形象中移除——我们不会去观看现实人体的腐烂，而是会陶醉于理想化的明星形象中（沃霍尔在他的丝网版画中认识到这个问题）。不妨想一下我们对六十年代好莱坞两大美女的看法，玛丽莲·梦露和伊丽莎白·泰勒：前者理想化的美人形象可谓永驻我们心中，后者则因身形逐渐浮肿而形象有所玷污。即使当我们看见《埃及艳后》中那个完美的泰勒，她的形象仍不免会被她后来的面目蒙上一层阴影。梦露身上则没有这种阴影——她永远都只有那样一个美好的形象。死亡还会创造出某种倾向，既抹去了该明星的人性弱点（除非是一个很难相处又饱受折磨的艺术家），也形成了一种特殊的明星目的论——创造出自身逻辑并引出富有逻辑性的结论，从而使整个事业得到合理化的解释。1986 年，在山姆·夏普德的采访及其所写的剧本中，迪伦意识到了这一点。采访中，迪伦提及早期对自己有着重大影响的詹姆斯·迪恩：

你知道我当时在哪儿吗？帕索罗布尔斯。你知道詹姆斯·迪恩丧生的那条公路吗？我当时就在那儿。就在那个地方。那儿风有点大。他就是在那个转弯处发生了意外。我的意思是，他丧生的那个地方与他生活的地方具有同样巨大的影响力。是在如此辽阔宽广的一片土地上。似乎正是那个地方造就了詹姆斯·迪恩。如果他没有死在那里，他就不会成为詹姆斯·迪恩。①

迪伦说得没错——早年的戏剧性死亡是詹姆斯·迪恩明星身份的重要组成部分，它造就了迪恩，为迪恩可能遭遇变故的明星身份创造出一个有限的结构（在表述时使用一般现在时也是对的——“詹姆斯·迪恩是谁”——因为死亡使当下这一明星形象得以长存不朽）。迪恩的形象是躁动不安的，是心怀不满的，以及——很重要的——是青春而英俊的。你无法想象迪恩变成一个自足安逸的中年形象？他“不可避免地”会以现在这种方式死去。那场车祸证实了迪恩的明星形象。

因而，死亡与明星身份之间有一种密切的关系。尽管其中存在一定的限制条件。它需要的是一种特殊的死亡——一种“英雄式的”死亡——而且它需要发生在早年。二者都源于浪漫主义的意识形态。浪漫主义者限定，青年时期的人们在政治和美学上都具有激进性，“在那黎明时分活着是至福”，华兹华斯写道，“但年轻就是非常美妙的事情”。在青年时期，科学的清醒意识和理性主义尚未凌驾于自我之上，因而可通过崭新的双眸去观看这个世界。这是一个打破前人既定规

---

① 《真实的迪伦》是由山姆·夏普德所写的一个剧本，据推测，该剧本是以对迪伦的采访为基础创作的。然而，剧本的主题是为向公众证明明星身份的真实性，官方给明星提供了一套说辞。在“采访”过程中，录音机（为确保真实性）坏了，迪伦让夏普德去随意编造（见维南茨，2000）。这次采访中所称的引自迪伦的话，应当予以谨慎对待。夏普特本人对明星身份感兴趣，并与迪伦合作创作了同一主题的歌曲，具体内容会在下章叙述。

则的时期，是一个无节制的时期，可以沉溺于世界提供的所有丰富的滋味——毒品、酒、性、自由。当然，这些无节制是为了达到更高的目的，为了迎接新的意识形态，通过“知觉之门”到达“智慧的殿堂”（这两个短语都来自布莱克，但在六十年代它们仍在流传），但它们同时也会让人付出代价——有可能会感到精疲力竭，甚至走向死亡。许多浪漫主义代表人物的英年早逝（尤其是济慈、拜伦和雪莱），都为天才在年轻时大放光彩、随即便消失不见的文化理想增添了分量。对那些文化英雄来说，死于青年时期似乎是更好的结局，因为这样的话，留给世人的便只有关于他们巅峰时期的记忆。我们只知道神采奕奕的青年济慈，而对 25 岁之后的济慈，则永远只会在无尽揣测和幻想中沉迷不已。① 而我们也知道，华兹华斯后来成了一个执拗的老托利党人。

随着浪漫主义意识形态最后一次大繁荣的爆发，其中的许多文化神话都涌入 60 年代的摇滚文化中，并占据了重要地位。在摇滚中，也存在着类似的状况，宣扬青春之美好、青年之价值，推崇英雄主义（谁人乐队唱道，“希望我在衰老之前就死去”；尼尔·杨反复说道，“精力耗尽也好过逐渐消失”，后来科特·柯本在他的自杀遗书上还引用了这句话）。摇滚神话即放纵生活、英年早逝，而我们通常会对那些“死于摇滚乐”的人给予文化上的赞誉（有趣的是，死亡极大地助推了唱片的销售，然而出版业中并没有类似的效应）。[13] 我们可以永远揣测，假使吉米·亨德里克斯的寿命长于 27 岁，他将会创造出怎样的音乐呢？但我们知道的是，埃里克·克拉普顿后来成了一个执拗的老托利党人。

如果迪伦在 1966 年便撒手人寰，那他就会像后来的亨德里克斯那样，受到同等甚至更强烈的美化和赞誉。他会被推崇为一个完美的摇滚歌星，继承了兰波“感官的理性无序”；1966 年那场受毒品刺激的

① 值得注意的是，济慈是在死后才名声大振。

演出，则会被举为该流派可达到的最高水准。他内心涌动着"也许会在演出之后才会死去"的想法，只不过证明了他是划时代的天才，证明了他愿意忠于自己的想法和远见。

当然，迪伦并没有在1966年离开人世。但我认为，这是一个戏剧性的断裂时期——一个摇滚文化自行书写历史、制定标准的时期——其所产生的影响与设想他已经去世的状况十分相似。从1966年的迪伦，到1967—1977年的迪伦，这之间发生了戏剧性的变化，似乎正在发生一种伪死亡，仿佛1966年一个鲍勃·迪伦的死去，是为了另一个崭新的鲍勃·迪伦的诞生。这是一个理想化和"洁净除尘"的过程，现实生活中的形象会被取代，而通常情况下，这只会在人死之后发生。发挥重要作用的正是那场摩托车事故，因为它具有一种潜在的魅力色彩(并且与迪恩的车祸产生共鸣)。即使到了今天，"险些夺走他生命的摩托车事故"，仍然是迪伦神话的一个重要组成部分(例如，2005年纪录片《迷途之家》的诸多评论中，这一事件就被反复提起)。[①] 不妨改写迪伦对詹姆斯·迪恩的评论：倘若没有那场车祸，他就不可能成为鲍勃·迪伦。

虽然那场车祸是转变过程中的关键时刻，但它其实只是迪伦的沉寂期，只是车祸之后的意义之战。在1967—1970年这段时期，"鲍勃·迪伦"在摇滚语境中被理想化和合理化。似乎创造出了两个鲍勃·迪伦的明星形象。第一个是"死去的"迪伦，只存在于摩托车事故之前，这个迪伦是完美的化身，但却是一种理想化的形象，在现实生活中是不可能存在的。迪伦被描述成一个无可比拟的天才，他有着准确无误的敏锐直觉，且从未做过错误的决定：

---

① 讽刺的是，这次车祸为他提供了一个退出摇滚舞台的理由，可想而知，这的确是救了他一命。

当(1966年)我被撞倒、失去知觉后,我猜测人们会以为我消失了,不会再回来了,这样他们就会开始抬高我的地位。(格雷尔·马库斯采访,1978)

我之前说过,回顾六十年代的伊丽莎白·泰勒,她当时的形象已经被后来的样子蒙上了一层阴影。但我认为这并不适用于六十年代的迪伦。一场伪死亡导致了如此戏剧化的断裂,以至于我们无法从六十年代的形象中预见在一个未来的迪伦,正如我们无法预见一个未来的亨德里克斯。然而,由于从七十年代开始,六十年代形象的阴影持续笼罩在鲍勃·迪伦身上,一个有趣的逆转便发生了。这主要表现在视觉上——透过老照片里他的形象,似乎只能时不时地,让我们一瞥他男孩子气的咧嘴微笑,或是一副冷酷的表情,似乎他的脸不是在折射光线,而是在折射时间——但对迪伦之后的事业来说,更为重要的是,这种逆转也反映在"艺术上"。六十年代后的迪伦,被塑造成一个徒有虚名、从未实现自己潜能的明星形象。通常情况下,艺术家早期的作品会被拿来与当下的作品比较,所以单从这方面来看,迪伦与其他艺术家并无二致,但他的作品又确实别有几分不同的优势。迪伦理想化的明星形象所代表的,不仅仅是一位个体音乐家,更是一个完整的时代。迪伦代表了摇滚文化,代表了六十年代,也代表了那些寄予希望但最终未能完全实现的承诺。之后六十年代和摇滚文化的"失败",给迪伦后来的明星身份带来了不利的影响。其明星意义似乎发生转变,出现了根据旧形象衡量得出的,一个新的迪伦的明星形象。在接下来三十年的职业生涯里,人们都在对比当下的迪伦与先前那个理想化的迪伦:

把我和自己做比较真的像是……我的意思是,你仿佛在跟一个

始终游走在庞贝废墟周围的人交谈。(米卡尔·吉尔莫采访,2001)

自1966年起,至少到1997年,人们脑中关于迪伦的抽象概念,是一个依然有能力创作出一流作品,超过流行音乐史上其他所有人,但却从未真正取得成功的人。在评论家看来,迪伦的名声与其说是为了赢得敬仰,不如说是为了制造破坏力。例如1978年,当他的最后三张专辑,《音轨上的血迹》《渴望》和《街头示威》创作完成之后,一位英国评论员说道,"很多人断言他的才华正在迅速衰退……近年来,优秀曲目匮乏的现象已经尤为严重"。像迪伦这样备受崇敬的明星,他从未收到过特别热情的评论(在他出车祸之前,基本很少见到什么摇滚评论)。我敢打赌,在1966年到1996年之间,迪伦只有两张专辑收到了广泛而热情洋溢的评论(1975年的《音轨上的血迹》和1989年的《哦,仁慈》)。专辑《渴望》《街头示威》《慢车开来》《异教徒》和《错乱世界》发行后,其质量虽然没有受到严厉的批评诋毁,但却遭到冷遇。正如一名记者所说,"由于他自身超越现实的形象,他似乎被推到了一个更高的标准上"。这并不是觉得迪伦被高估而成心冷落他,更多的还是一种失望的流露,因为迪伦从未真正达到理想状态。这就好像是耶稣返回地球,充当急救人员,通常的回应是:"好吧,这些都是可以的,但坦白说,如果你不打算创造任何奇迹,又何必劳神呢?"如果1966年后的迪伦无法与1966年前所达到的高度相匹敌(并且无论他创作出什么,他永远都达不到之前那样的高度,因为那些作品已经被理想化了),那么即便他的作品很好,也总是不够好的。[①]

---

① 虽然拿耶稣做类比,不免有些牵强,但这却是为迪伦所利用的。在《暴雨中的避风港》中,他提到已经摘除了自己的荆棘王冠,并且在我看来最能体现他明星身份自我意识的作品中,他唱的(《在花园中》)似乎既关乎耶稣,也关乎他自己:"大众想称他为王,把王冠戴到他头上/为什么他却逃到一个僻静之所?"

简况:摇滚传奇

1978年间,迪伦着手进行世界巡演,这无疑是迄今为止他的职业生涯中最大的一次巡演。在美国之外的国家和地区的演出,普遍受到人们的好评(迪伦已经十二年未在北美以外的地区巡演了),但在美国国内,他的演出却饱受批评;人们称之为"赡养费巡演",并指责迪伦将其演变成了一种"拉斯维加斯行为"。1978年底,他经历了一次个人顿悟,成了一名重生的基督教徒。在1979年前半阶段,他每周会花四天去圣塔莫尼卡的葡萄园团契上课。迪伦发行了两张专辑——1979年的《慢车开来》和1980年的《被拯救者》——全都是基督教歌曲。这些年来,迪伦在现场表演时,只演奏宗教类歌曲,并且会在演奏歌曲的间歇给听众布道。这也是迪伦在职业生涯里第二次被听众喝倒彩。

1981年,他发行了专辑《来一针爱》,其福音色彩不再那么明显。与此同时,他开始着手欧洲和北美的巡演,一些老歌也被纳入演出曲目中。然而,这次巡演得到的评论比1978年的更不友好。迪伦在1982年没有创作任何公开作品,而他的下一张专辑《异教徒》,作为他首部后福音派作品,也只是反响平平。在1984年和1985年开展的短期欧洲巡演中,开始出现专辑《帝国滑稽剧》里的歌曲了。然而,那年最引人注目、最糟糕透顶的,还是迪伦在"拯救生命"演唱会闭幕时的表演。醉醺醺的罗恩·伍德和基思·理查德在舞台上漫不经心地伴唱演奏,迪伦把3首歌都唱得一塌糊涂。当他暗示一部分募捐的钱本可以用来支付美国农民的住房按揭贷款时,许多人显然都被惹恼了。

迪伦的言论促进了"农业援助"活动,在汤姆·佩蒂与伤心人乐队的合作支持下,迪伦的震撼演出为他赢回了一些颜面。1986年,迪伦再次与该乐队合作,在日本、新西兰、澳大利亚和美国举办巡演。由于有这支出色乐队的相伴，演出受到了普遍欢迎。事实上，迪伦没有演唱任何新专辑中的歌曲。不过，《烂醉如泥》或许透露出他正开始努力写歌的迹象。这一年的其余时间，迪伦都在拍摄一部糟糕的电影，《烈火之心》。

专辑和重大事件

1978 年 4 月—12 月　世界巡演（记录在《在武道馆》）

1978 年 6 月　《街头示威》

1979 年 1 月—3 月　在加利福尼亚的门徒学校上课

1979 年 8 月　《慢车开来》

1979 年 11 月—1980 年 5 月　北美巡演

1980 年 6 月　《拯救者》

1980 年 11 月—12 月　美国巡演

1981 年 6 月—7 月　欧洲巡演

1981 年 8 月　《来一针爱》

1981 年 10 月—11 月　北美巡演

1983 年 11 月　《异教徒》

1984 年 5 月—7 月　欧洲巡演（记录在《现实生活》）

1985 年 6 月　《帝国滑稽剧》

1985 年 7 月　“拯救生命”演唱会

1985 年 10 月　《传记》

1986 年 2 月—3 月　太平洋巡演

1986 年 6 月—8 月　北美巡演

1986 年 8 月　《烂醉如泥》

第五章 衰落的明星身份：怀旧与“摇滚已死”

珍妮·梅克拉曾提出，“摇滚明星身份可能只庆祝当下的某一瞬间，但过去其实是当下的组成部分”，[1]无论这种说法正确与否，它都绝对适用于迪伦。至少从1970年开始，迪伦神话般的过去就已成为他明星形象的一个主要部分。七十年代，迪伦着实费尽心力，以免当下的自己在与昔日对比时黯然失色（在这方面，1975年《音轨上的血迹》的发行起到了尤为关键的作用，迪伦向评论家和粉丝充分证明了自己仍富有创造力）。然而，当时代的车轮驶进八十年代，社会发生了广泛而深刻的变化，诸如“摇滚”和“六十年代”等概念都受到重新解构，这表明迪伦在与自己的历史的斗争中，开始逐渐败下阵来。就在这一时期，迪伦近乎完全理解了怀旧之意，也清楚认识到，自己的现场演出和公众露面都是在延续过去的辉煌。迪伦的这段职业生涯——大致从1981年到1987年——常被描述为陷入中年危机，是1981年步入40岁的恐慌，或1977年离婚引发的抑郁。这些因素无疑对迪伦的创造力有一定影响，但把它们归为迪伦十年“误入歧途”的主要原因，则好比仅对一首歌做传记式解读，自然有失全面。为了解事情的缘由，我们需要再次从更宽广的角度来思考迪伦的明星身份，这关乎音乐产业本身的变化，也关乎广义上的社会发展。当我们注意到，迪伦这些年的创造力并未出现大幅衰退，上述观点也就更具有说服力了：虽然他可能不及六七十年代时多产，但在这十年中，他依然成功创作出了一些极好的歌曲——尽管许多歌曲未能进入公众的视线。八十年代迪伦的公共角色，以及他作为明星的定位，都有待我们去研究。似乎对我而言，问题不在于“迪伦的创作灵感出什么问题了”，而是“迪伦的明星身份发生了何种变化，以至于使他与音乐发生疏离?”，成为鲍勃·迪伦的重负又如何压制着他，使他原本擅长的事情也变得难以为继?

在我看来，大致可以把这段历史分为两个阶段。第一阶段大约从1981年到1983年，迪伦的明星身份以模棱两可和不确定性为特征。与其他许多六十年代的摇滚歌星一样，“鲍勃·迪伦”代表着什么，并不是可以轻易回答的问题。纵观迪伦这一时期的作品产出，寥寥无几的公开露面，以及他对专辑歌曲的编选决策，都不难看出这种不确定性。第二阶段——大致从1984年到1987年——则标志着迪伦的“鲍勃·迪伦”含义的相对清晰。在这一时期，由于迪伦的过去主导了他的明星含义，他获得了一种“现世传奇人物”的特殊地位。该阶段的主要特征表现在迪伦脱离了他的现代作品(他的作品通常都很优秀，但不乏敷衍了事的成分)，明显怠于挑战媒体对他的形象塑造。

明星身份的特点之一体现在，当一个明星(或流行音乐)与昨日大不相同时，其明星身份就会格外强调该明星生平事迹中的特定时刻。在迪伦的职业生涯中，皈依基督教正是这样一个时刻。在1979年和1980年上半年的演唱会上，他只演唱了一些宗教歌曲。在演唱歌曲的间隙，他向群众布道，引起了台下听众的阵阵起哄。在迪伦的生命里，这一戏剧化的时刻仿佛一个恰当的标点符号，定格在鲍勃·迪伦的故事中：在皈依宗教之前，他充满创造力，自信满满而受人尊敬；当他从传道者的角色中抽身出来，他陷入困惑，灵感尽失，一切都乱了套。这种描述掩盖了长期的趋势。正如前一章中所论述的，甚至早在迪伦皈依宗教之前，他的形象就已经与艺术能力衰退相挂钩了(《雷纳多和克拉拉》《街头示威》和1978年的巡演在美国都遭到激烈批评)，我想，即使迪伦没有皈依宗教，他也依旧会遇到类似的问题。不过，皈依宗教的确对迪伦的明星身份造成了重大的影响。不管迪伦在七十年代的明星含义是什么——作为一个成熟的艺术家,作为一个变色龙般的人物——无疑都被他皈依基督教的行为严重削弱了,尤其是考虑到迪伦形象的一个重要含义,正是对预设角色的抵制。迪伦曾向听众发出恳求,“不要追随领袖”,偶像破坏者也由此成为他最有名的一个形象。所以,当他在舞台上向听众布道,告诉听众“你们应该服务于某人”时,恰恰与他占主导地位的明星形象发生了根本的矛盾。

当明星们的作为背离了公众所理解的明星含义,公众通常会采取敌对态度(例如 1943 年,一场受人瞩目的生父确认诉讼案,使查理·卓别林遭到公众的敌视,其中至少部分是出于对他拥护左翼观点的厌倦[2])。对迪伦来说,单从他的唱片销售数字中,就可以清楚看出公众的抵制情绪。实际上,《慢车开来》成为他最畅销的专辑之一,且霸占美国排行榜长达 26 周,而《拯救者》却是 16 年以来,迪伦首张未进入排行榜前 20 名的专辑。[3]这也影响了“鲍勃·迪伦”在八十年代的含义。恰逢西方面临社会结构的重组,其信仰体系也在发生戏剧性的转变,这也就意味着,理解鲍勃·迪伦的某些特定方式变得顺理成章,而其他一些方式则归于破灭。

因此,1981—1983 年表征了一个“鲍勃·迪伦”意义不清的时期。我想,倘若把迪伦当时的产出情况归因为受不确定性的影响,其实也不无道理。但绝不能就此对迪伦的心态或艺术意识妄下结论,尤其是考虑到,无论迪伦创造出何种作品,都很有可能塑造出一个举步维艰的形象。但在八十年代早期,从迪伦对一系列报道所做的取舍中,我们不难看出,迪伦并不确定自己到底应该做什么,或应该扮演什么角色。因此要理解迪伦这一时期的事业,我们只能从迪伦明星身份的角度出发,而非逐渐衰退的灵感。这一时期,迪伦仍在创作高水准的作品。从 1980 年到 1984 年,在词曲创作上,他产出了大量作品,如《加勒比海的风》《安吉莉娜》《新郎仍旧在圣坛上等待》《每一粒微沙》《小丑》《我和我》《脚的骄傲》《盲威利·麦克泰尔》和《新丹维尔女孩》，但这些作品大多都未得到正式发行。类似地，尽管演唱会上不乏一些美妙的瞬间，但总体来说，从 1981 年秋天到 1987 年夏天的巡演，他不过是展现出纯熟的技艺，至于在创意和灵感方面，则乏善可陈。

尽管从很多演播室和巡演彩排的报道和录音中，我们看到的是一个沉浸于自己的音乐世界、水准高超的表演者形象，但却恰恰是这个“鲍勃·迪伦”的公共面，给他带来诸多困扰和麻烦。其中一个明证就是，从 1981 年 11 月到 1986 年 2 月，迪伦第二次——也是迄今为止最后一次——暂停巡演，去休了一个漫长的假期，其间也只在 1984 年举办了一场短期欧洲巡演。[4] 事实上，在 1982 年，迪伦的确只举行过一次公共演出。

摇滚，后现代主义与权威

明星的存在总是有着超出他们本身的含义，他们代表的绝不仅仅是一个个体。但这也就是说，明星身份与明星含义会不断被明星控制力之外的因素所建构。相比那些无名小卒，明星更容易成为不断变化的社会因素的牺牲品。在上一章中，我论述了迪伦如何被解读为摇滚音乐的“领袖”（尽管他极力拒绝这一头衔）。由于对“摇滚”的解读和价值评估，将影响人们对迪伦的解读和价值评估，因而迪伦与摇滚音乐的这种关联，也势必会给迪伦带来冲击。本章所要论述的，是发生于八十年代，影响了摇滚的社会定位（以及对“六十年代”广泛的重新认识）的一系列不同过程，不仅包括音乐行业，也波及一些其他行业，由此解释它们对迪伦明星身份的影响。总体来说，我认为这一时期，摇滚在流行音乐的层级结构中有所衰减（“摇滚已死”的观点），尽管摇滚已死的说法可能有些夸大其词，但它带来的一个结果是，迪伦明星含义的模糊和不确定，他越来越被刻画成一个无足轻重的角色。在很多层面上，迪伦的明星身份都象征着“摇滚”——他变色龙的天性，他持续向前的发展，他的政治良知，他的坚持称呼女人为“宝贝”——因此随着摇滚权威的下降，迪伦的明星身份也被不断削弱。

我把与此相关的第一个因素称为“后幸存主义”。在整个七十年代，“幸存者”的概念得到广泛流传，[5]这一概念的出现很可能源于赖希的精神分析理论，强调压抑的情绪和欲望是开启快乐的钥匙。[6]在《自恋文化》和《极简自我》中，克里斯托弗·拉什论述了幸存的概念如何植入流行文化和政治辩论中，比如保卫婚姻的自助指南，或是离婚指南，或是其他任何你可能在日常生活中面对的事情。[7]这一幸存主义的概念成为七十年代摇滚文化的核心话语，而当时的美国，能“在六十年代存活下来”就是幸存主义的中心思想，这既包括在反主流文化运动的政治“斗争”，也包括六十年代的消费浪潮下，消费者肉体所付出的代价，其中表现最明显的，莫过于几个名义领袖的死亡，如乔普林、亨德里克斯和莫里森。对那些出现于六十年代，一直持续到七十年代的著名摇滚歌星来说，幸存主义无疑是一个重要议题。例如，珍妮·梅克拉论述了列侬在七十年代的采访中如何对此加以利用。[8]梅克拉得出结论：“自六十年代起，所谓的摇滚乐生活方式造成的明显伤害，事实上在七十年代，又赋予了‘摇滚幸存者’以特殊地位，验证了他们的时效性。”

七十年代末，迪伦也利用这一议题，在歌曲中把自己描述成一个幸存者。在《我能为你做什么？》中，他声称“这不是我应得的，但我确实渡过了难关”，而他的最后一张前福音派专辑《街头示威》，结尾处则唱道：

黎明到来，又是新的一天，我终于到达
如果我早晨在这里，宝贝，你将知道我得以幸存
我无法相信，我无法相信自己活下来了
但不能没有你
哦，你今晚在哪里？

（《你今晚在哪里？》）

迪伦显然在七十年代饱受创伤，即便是他私人化的艰难经历，也被置于公共领域。那十年里的主要作品——专辑《音轨上的血迹》《渴望》和《街头示威》，以及电影《雷纳多和克拉拉》，都展现了一个缺乏经验、脆弱不堪的迪伦，以及他最终如何攻克难关。在一篇名叫《迪伦——发生了什么？》的长文中，保罗·威廉姆斯提出，迪伦会选择皈依基督教，其实是在回应七十年代后期他个人所承受的痛苦。[9]据此推测七十年代末，幸存主义在迪伦的明星身份中扮演着一定的角色，似乎也不无道理。

但我之所以提及幸存主义，并不是要讨论迪伦七十年代时的明星身份，而是想探究它对理解八十年代的迪伦有何影响。梅克拉指出，幸存者话语使六十年代的摇滚歌星在步入七十年代后，依然具有“时效性”，并为延续他们的艺术家身份提供了正当理由。因而值得一问的是：当幸存者的正当理由失效时，又会发生什么呢？新的文化意识形态着眼于消费者的生活方式和个体的自我满足，它作为新自由主义的一部分，击败了幸存主义和集体行动的概念。毫无疑问，这对以幸存主义维护自身地位的老一辈摇滚歌星来说，自然是巨大的冲击。如果他们作为幸存者的“时效性”被否定，又还有什么其他理由来延续他们的明星身份呢？

大体来说，幸存主义的衰弱，与形成于七十年代末，并延续至八十

年代的"摇滚已死"的观点存在一定关联：

> 现在我很确定，摇滚年代已经结束了。当然，人们还会继续演奏并欣赏摇滚音乐（尽管这一标签正日益模糊），但是音乐商业的运转已不再围绕着摇滚，围绕着某种面向年轻人的音乐事件了。摇滚年代——于1956年左右，继埃尔维斯·普雷斯利（猫王）的出现，正式拉开帷幕，并在1967年左右，随《佩铂军士》的出现而达到巅峰，一直到1967年左右性手枪乐队的亮相，摇滚年代才宣告终结——实际上成为二十世纪流行音乐发展过程中的生僻环节，而并非如我们当时所想，是一种大众文化的变革。摇滚是保护音乐制作方式的最后一次浪漫尝试——作为艺术家的表演者，作为"社群共享"的演出——已被技术和资本的浪潮所冲击，渐成明日黄花。[10]

"摇滚已死"究竟意味着什么？正如我们对"作者已死"的讨论，该观点所言不是物理意义上的消亡——摇滚并未消失。然而，摇滚意识形态已然被"扼杀"，摇滚文化的价值观和信仰，也不再是一切流行音乐形式奉行的标准。摇滚诞生于主流之中，又将主流取而代之，创造出一种"摇滚帝国主义"形式，并以摇滚采用的标准来衡量一切音乐形式。摇滚意识形态主导了唱片公司的产业组织（在大型唱片公司，对包括灵魂乐在类的黑人音乐的明确划分，面临着边缘化的处境），而广播和音乐媒体中的主要掌权者，则深受摇滚意识形态遵守者的影响。一般认为，摇滚与主流密不可分，然而，随着"摇滚已死"的提出，有人主张，主流已经分裂成各种不同流派，且不再有任何一派占主导地位。所谓的帝国主义轰然倒塌，人们已不再用某种流派的理念和标准去衡量其他的流派。由此，摇滚便失去了在流行音乐流派中的主导位置。正如尼格斯所解释的,“朋克摇滚(据说)已经打破了流行乐的连续历史。未来有望见证非主流形式的大量涌现,缤纷多彩的风格竞相绽放,而不再是新一轮基于主流和支流而成的线性历史。”[11]人们之所以会把朋克视为摇滚霸权终结的标志,是因为它削弱了一种理念,即摇滚音乐向资本主义发起了真正的反主流文化挑战。正如前文所说,摇滚出现伊始,便使大众文化(以及由此而来的消费者)出现了一种等级划分,部分被冠之以艺术价值和革新潜能(“摇滚”),其他则被贴上了标准化和无足轻重的标签,完全受制于资本主义的流水线生产,因而不被重视(“流行乐”)。然而到了七十年代后半期,因朋克制造混乱、蓄意破坏的身份清楚确立,这一特殊的意识形态便又遭遇变故。朋克重表象,轻内涵;重技巧之功,轻自然主义;它揭示了“革命者在CBS(哥伦比亚广播公司)”①的主张具有内在矛盾。摇滚已死,并不意味着摇滚音乐完全消失无踪了。实际情况是,人们已不再满怀激情与执着地追逐摇滚梦,摇滚转而成为一种“可供选择的生活方式”。摇滚月刊《Q》在英国的创刊,《滚石》向生活类杂志的转型,都是上述变化的体现。另外,从这一时期的大众品味中也能有所察觉:菲尔·柯林斯、恐怖海峡乐队等一跃成为最受欢迎的流行摇滚歌星。随着唱片的主要购买者年龄的增长,摇滚不再是人们的一种信仰,而成为一种消费品。

类比高雅文化,可以让我们获得一些有益的启发。在十九世纪与二十世纪之交,大批的文化群体开始出现,他们坚信艺术在现代社会中扮演着特殊的角色(如达达主义者和未来主义者)。这些先锋派认为,在社会生活中,高雅文化是唯一未受资本主义的工具主义和贪婪特性所荼毒的部分,因而他们参与了各种各样的反文化运动,旨在突

① 这是迪伦的唱片公司在1970年开展的广告运动。

出资本主义的矛盾，促使社会变革。在二十世纪前半阶段，这通常被理解为是艺术的“功能”——它们被期望发出批判之声，而这恰恰是其他生活领域所无力捕捉的。然而，随着现代主义的崛起，新一代的艺术家于五六十年代登上历史舞台（如杰克·凯鲁亚克和安迪·沃霍尔），而这个年代也见证了高雅文化如何渗入它试图颠覆的权力关系中，这些新艺术家们相信，文化应当用来描绘我们对世界的体验，而非居高临下，企图给出某种凌驾于一切之上的评论。这种全新的理解，成为了后现代主义的一部分，它没有试图向资本主义叫板，而是承认文化完全植根于资本主义，因而也就无法提供任何解决之道。

人们对摇滚可以推动真正的反主流文化的信心日趋减少，这在某种程度上，也映射出先锋主义的衰落，而当时在流行音乐领域发生的其他变化——对风格而非内容的强调，主流音乐被划分成各种相异而平等的流派，如新浪潮、新浪漫和嘻哈——都与西方文化中后现代主义的出现有关。后现代主义这一概念颇为复杂，但大致可理解为两段截然不同而有所关联的社会进程。第一个进程是“文化”与“商业”的融合。[12]文化曾被视为商业的对立面，是批判之声得以生存的唯一空间（在英国浪漫主义者、现代主义先锋派的世界观，以及六十年代反主流文化的声音中都有所体现），而现在，文化已成为商业化的重要组成部分，例如，它被用来区分我们所购买的产品，由此彰显我们的个性（你的跑鞋上有三个条纹还是两个?）。文化是有销路的，而且正是被用来出售的，不存在资本主义游戏之外的文化生产。从沃霍尔大量生产原作的复制品，艺术家如达米安·赫斯特和杰夫·昆斯的名人地位，到鲍勃·迪伦的歌曲被用来为银行和女式内裤打广告，都验证了这一观点。

后现代的第二个层面是它的犬儒主义倾向，利奥塔称之为“对元叙事的怀疑”。[13]元（或“宏大”）叙事表示的，是按照一些首要逻辑如科学进步的理念，来呈现历史的信仰体系。马克思主义通常被认为是一种元叙事，绝大多数宗教也同样如此。根据利奥塔和其他后现代主义者的观点，人们已不再相信元叙事：他们不相信“科学”或“技术”能将我们引向一个更加美好的世界；他们不信任政治家，不信任宗教领袖，也不信任其他各种权威人士。在后现代世界里，人们不再试图从专家处寻得依靠，相反，他们把更多的兴趣寄于当下的体验，而非对未来忧心忡忡。

这种对宏大叙事日益强烈的怀疑态度，为八十年代早期影响迪伦明星形象的问题提供了部分答案。当听众越来越以自我为中心、社会意识愈加薄弱的时候，迪伦转变为一个福音派教徒——宏大叙事的最高表现——而身为一个权威人物，这一行径显然是逆潮流而行。鉴于摇滚文化对叛逆性的强调，以及迪伦皈依宗教的行为与他反领袖者的明星形象相矛盾，这一问题就显得更为严重了。然而，当迪伦放弃明确的基督教世界观时，宣称摇滚为流行音乐的主导叙事的主张，也在广泛社会进程的冲击下日益衰弱。摇滚现代主义者理想的崩塌，意味着许多与摇滚有关的明星，都失去了支撑他们明星身份的正当理由（许多六十年代的明星，如滚石乐队、保罗·麦卡特尼、谁人乐队和奇想乐队，都在这一时期遭遇了类似的困扰）。不管迪伦对此做何感想，在人们眼中，他都对摇滚意识形态中诸多重要元素的流行负有责任，尤其是那些严重丧失公众呼声的方面，如真实性和社会道德等。[①] 当“‘摇滚’代表了大众社会批判的最有力表达时”，迪伦便成为

① 史蒂芬·斯科比的观点，或许不失为一种可能的答案。他认为，迪伦的形象是预言家与魔术师的混合（见斯科比，2003：26 - 35）。迪伦的魔术师形象本可以更多地与后现代文化保持一致，着眼于风格和外表。倘若果真如此，或许他那时会更受欢迎（这大概与八十年代前半阶段，鲍伊通过吸收不同风格来维持人气相差无几）。然而，大约在 1980 年，迪伦开始经历整个事业中最具预言性的阶段，即他与那个年代的主导思想产生冲突。

"摇滚"的重要象征。[14]针对迪伦在1981年英国的露面,《新音乐快递》杂志的记者尼尔·斯宾塞写道:"大张旗鼓的媒体宣传如期而至,但与1978年的巡演相比,便显得黯然失色了……(迪伦现在)处于摇滚传统的中心,其神秘之处在于,当下越来越多的欧洲年轻人,被日常现实,或被朋克及后朋克的新神话所吞噬和压倒。"

因而,在八十年代第一阶段,随着社会进程对摇滚权威的削弱,迪伦作为词作者和表演者的权威——他的明星身份——也被逐渐破坏。这在迪伦当时的作品,以及听众的反响中,都有所体现。1983年的专辑《异教徒》,似乎是迪伦企图赋予自己一个新角色而做的努力,比如,他决定在专辑中收入两首普普通通的抗议歌曲,《美国日落》和《邻里欺凌》。对很多感兴趣的粉丝来说,值得注意的是,筹备这张专辑的故事很快便成为迪伦明星形象的一部分。《异教徒》的制作过程可谓困难重重。一直以来,迪伦在录制唱片上都不太顺利,他总是采取"降噪"的方法,即乐队的录制与歌曲的演唱在同一个房间同时进行,然而,在制作专辑《被拯救者》时,这一方法竟完全失效了,尽管巡演乐队和他一同进入演播室,但录制版本也不过是舞台演出的低劣模仿。至于八十年代初的专辑,迪伦决定在演播室倾注更多时间,从而使歌曲展现更佳的听觉效果。从某种意义上来说,他的努力奏效了——《异教徒》成为迪伦音效最佳的专辑之一。但从另一个层面来看,它又是一次重大的失败,因为迪伦花了太多时间在自我怀疑上,这带来的结果是,他在最终版的专辑里舍弃了很多优秀歌曲,而代之以一些质量较差的演出曲目。这一阶段的唱片很快便出现在收藏者的藏品中,整个过程似乎无一不在述说着迪伦当时艺术自信的缺乏。

然而,明星身份也不只是作用于迪伦个人。他不是一个手无缚鸡之力的受害者,在社会势力的海洋中饱受挤压,而是一个能灵活主动地应对自身处境的人。他得以做到这点,歌曲无疑是一大重要工具。

其中有一首歌就是以迪伦当下的明星含义问题为主题的，而且歌曲本身的“传记”，就清楚阐释了这些问题，这首歌是从《异教徒》中删除的曲目之一：《盲威利·麦克泰尔》。迪伦描绘一个行将灭亡的世界以作为此歌的开始：

利箭钉在门柱
这一片土地已被诅咒
从新奥尔良到耶路撒冷
路路皆然

这首歌构建了一幅现代荒漠的图景，挖掘出痛苦与被奴役的幽灵，是对世界的最后声明：

上帝在他的天堂里
我们都想到他那去
但权力、贪婪和腐败的种子
那里似乎也一样不少

这样的人生观在迪伦的歌曲中并不罕见。在整个职业生涯里，迪伦对生活在世界末日有着敏锐清晰的感觉（比如，在《大雨将至》中），这在他的福音作品与后福音作品中表现得也尤为普遍（这再次凸显了迪伦形象中“先知”的一面，已越来越引人注目）。尽管录制歌曲淋漓尽致地表现出一种厄运之态，但其实这并非歌曲的重要主题。正如约翰·鲍尔迪所强调的，这首歌所提出的问题是，这种厄运、这种荒凉，如何才能引起充分的哀悼？因为在这首歌里，迪伦每隔五句，便声明：

我明白，已无人能像盲威利·麦克泰尔那样，再唱出这首布鲁斯。

正如鲍尔迪所写："迪伦如变戏法般的，召唤出一个久逝的蓝调歌手的灵魂，而这个歌手在离开人世前，可能曾创作出恰如其分的哀歌。"然而这首歌并不仅仅意在表明，无人能恰当地抒发悲痛，而是要承认——鲍勃·迪伦——这一特定歌手对该事实了然于心。在这首歌里，迪伦开始反思自己艺术家的地位，因为他明白，无论自己创作出什么，总是不够好的："这首歌的歌手无法找到词句，或声音，来恰当表达出他凝视时所目及之物。"[16]我想，这里的盲威利·麦克泰尔倒不是一个重要的个体存在——他会选择麦克泰尔，是出于押韵的需要，而非特意挑出这一表演者(当然，他也不是一个完全不相干的人物，他表示某一特定类型的歌手，而非某一个体，迪伦大可愉快地选择莱德贝利，或罗伯特·约翰逊，或查理·巴顿)。重要的不是关于麦克泰尔这首歌说了什么，而是关于鲍勃·迪伦，它说了什么：它试图质疑歌手在现代世界里应当扮演的角色。

通过这首歌的发表，包括最终收录在《私藏录音第1-3辑》的原声版，和目前只能在私制唱片中找到的电音版，迪伦展现出精湛的技艺。但在最后的决定关头，这首歌却被从专辑中移除了。在迪伦的粉丝中，这首歌便被赋予了传奇地位的色彩，倘若迪伦发行的是最初版的《异教徒》，这首歌就可作为一个实例，证明在八十年代早期，迪伦本可能获得的发展，以及他本可能在艺术和商业上获得的重要地位。①

---

① 还有一点也很有意思：甚至早在1991年《盲威利·麦克泰尔》发行之前，所有人似乎都知道了这首歌。大量的音乐记者都表示这是迪伦十年来的最佳曲目，据我猜测，他们中的一些人甚至都没听过这首歌。这里不乏新闻工作者的自负情结，但我也认为，这反映了迪伦象征着摇滚的地位——那些投入摇滚意识形态的评论家们，可以此为证据，证明摇滚之梦尚存，只是人们无法听到。这又回到了之前讨论的，迪伦在理论上的备受尊重，成为六十年代之后他明星身份的一部分。

对于这一思路的指向性和效果，我仍心存怀疑，因为在很大程度上，《异教徒》的最终成型是基于迪伦当时的地位，是因为他的明星形象与时代严重脱节。由于未能彻底地重塑自己的形象（对一个大牌明星来说，这一直都是不可能实现的），无论迪伦在八十年代早期创作出什么，都会遭到质疑，哪怕是《来一针爱》和《异教徒》中舍弃的所有优秀歌曲。至于《盲威利·麦克泰尔》，不管它有什么含义（作为一首歌和作为迪伦当时明星地位的反映），它都难逃不被发行的命运。这首歌里早已暗含讽刺，因为当哀叹他无力恰当描述世界的状态时，迪伦带来了一次别开生面的演绎，足以与所有伟大蓝调歌手的作品相媲美。不过，这首歌本身并不讽刺，而且当迪伦决定不发行这张唱片时，也就成功回避了讽刺。如果这张专辑得以发行，势必会削弱这首歌的真诚度，显得不可信。1997 年，当迪伦（出乎意料地）开始在演唱会上演唱这首歌曲时，他采用了由 The Band 制作的编曲。在这一版本中，副歌部分变成了：

我可以告诉你一件事
没有人可以
像盲威利·麦克泰尔那样演唱蓝调。

这彻底改变了整首歌的风格。眼下，歌手表现出对自己能力的自信（“我能……”），原版歌曲在语音上的双重否定（“know no，不知道”，其哀号声仿佛在呼喊“Noooooo！Noooooo！不不不！不不不！”）消失了，而新增的押韵（thing/sing），则使歌曲添了几分大摇大摆的张扬之气。这个男人正处于最佳状态，并安于自己在这种传统下的地位。但最初谱写和录制的歌曲，所呈现的却是面对传统的迟疑与不确定。如果说八十年代早期，在后现代主义与“摇滚已死”的浪潮下，迪伦明星含义的基石受到破坏，那么我想，《盲威利·麦克泰尔》所代表的，就是迪伦在探寻他的现代名人属性与传统性相结合的方式的第一阶段，而这一进程直到九十年代晚期才得以实现。然而，在他达到这一目标之前，文化产业便趁机利用迪伦的历史意义，开始塑造他的明星形象。

产业重构与“当代传奇”

根据我之前所描述的，迪伦的明星形象极度模棱两可的时期，恰好对应了唱片行业的持续低迷时期。1979—1982 年这段时期，见证了自二十世纪三十年代以来，唱片销量的首次下滑。究其原因，部分是由于音乐受众群的变化，以及替代性休闲消费品的增加。就我们目前的讨论来说，相比较销量下滑的原因，其对行业产生的影响则更为重要。经过十年的惊人发展，唱片公司本可推测，其商业模式会在可预见的未来中成功推进，但这一低迷期导致了严重的开支紧缩，唱片艺术家的名单也遭遇缩减。这近乎必然地影响了 CBS（哥伦比亚广播公司）与迪伦的关系。尽管 CBS 看似不太可能会考虑放弃迪伦，但新形势表明，现在已经没有那么多资金可用来迎合巨星的疯狂想法，比如传播上帝之声。在这个意义上，《被拯救者》象征着迪伦与唱片公司的关系遭遇严重冲击。[17] 然而从长远来看，更重要的还是八十年代由行业以及名人和明星身份的无常性所带来的结构重组。这些变化改变了流行音乐明星身份的本质，使其向我们今日更易辨识的名人属性转变。①

① 这些变化也导致了摇滚权威的下降，既是之前提及的广泛的后现代趋势的原因，也是其结果。关于所有这些问题是如何联系起来的趣味解释，请见弗里斯，1988。

二十世纪八十年代，唱片行业从根本上改变了它的总体运营策略。在此之前，一个唱片公司通常是培养一批艺术家，在每一位身上花费适度的时间，并期望从每一份投资中获取适度的回报，由此，谈论专辑的“平均销售业绩”成为可能。迪伦的销售即适合这种方法——他从未成为主要的热销歌手，但他的专辑也在持续销售。然而，当迈克尔·杰克逊的《颤栗》在全世界售出4700万张，其成功推动了唱片行业的策略转变。这种新策略将精力主要放在卖座的专辑上。唱片公司意识到，如果他们一张专辑售出500万份，能比10张专辑售出50万份赚取更多的利润。因此，唱片公司告诉其员工，要把他们着手的每一张专辑当成是一个具有1000万销售潜力的产品。这使流行音乐家名人地位的重要性得到显著提升，因为唱片公司开始依赖大牌明星来确保公司的主要收入，由此便产生了许许多多数百万美元的合同（它们实际上发挥着售前推销的作用：在媒体上大肆宣传合同的资金规模，可以引起人们对明星新歌的兴趣）。随着作品成功打入新市场，表演者的名人地位也会愈显重要——不仅在日益全球化的世界中开辟出新的销售市场，而且由于唱片公司逐渐被多媒体企业集团所兼并，新的产品和娱乐产业的市场也随之诞生。[18]流行音乐中的明星身份，一如所有的名人，是媒体“协同作用”的一个重要特征——利用一种媒体形式来助推其他媒体形式的销售（例如，这一时期的电影会使用独具特色的成名曲，也已经屡见不鲜了）。同样，这一趋势也可归因为广泛的后现代主义文化潮流的影响。

当一个为流行音乐专门打造的电视频道诞生时，这些趋势更是得到了最显著的表现。MTV的出现是电视业解除管制的结果，并由此产生了多频道有线电视和跨国频道，录像机的数量也随之增加，使得年轻人更倾向于看电视。[19]弗里德兰德认为，MTV最初使音乐产业产生了一种民主效应，因为它向听众介绍的是一些非主流的艺术家，[20]但当它把昂贵的视频剪辑作为优先的促销形式时，大唱片公司的优势愈加明显，而其民主性也就微乎其微，难以察觉了。[21]很显然，到八十年代中期，MTV 只是在产业范围内重复着既有的偏见。因重视表面高于重视本质，强调外观高于强调艺术性（这又是另一个后现代特征），MTV 常常成为众矢之的。例如，乔恩·帕尔勒斯就曾写道："在像我们这样的视觉文化中，MTV 把图像的重要性置于声音之上，而从舞台表演到由谁获得录制机会等一切事宜，都因此受其影响……MTV 偏爱外貌出众的人……年老的表演者，或是那些只具备音乐才能而缺乏外貌优势的人，往往不会出现在音乐视频中。"[22]这种说法不免带有将过去浪漫化的危险性，但在多媒体世界里，折射出流行音乐明星身份具有多变性的 MTV，显然印证了上述说法。单纯只做一个歌手是绝无可能的。MTV 对流行音乐明星身份的多变性起到了明显的促进作用。虽然流行音乐视频常被当作唱片的电视广告而遭到漠视，但其实它们远不止于此，它们助推了一个明星形象的构建。人们一般认为，流行音乐视频的制作方式不同于广告，虽然我们可能也承认，流行音乐视频会受多种因素的共同作用，但仍会不自觉地把视频中的明星形象与明星人格的"真实面"相挂钩。[23]随着流行音乐视频的普及，它们开始成为破译明星象征含义的日益重要的工具。同时，这也为迪伦当时不合时宜的存在提供了例证。在他的宣传视频中，几乎无一例外地透露出他的局促不安和心神不定。倘若说流行音乐视频为歌手提供了一幅自画像，那么透过迪伦的视频，我们看到的则是一个动作极不协调，与音乐步调不一的歌手，他甚至不会按播放录音来假唱自己的歌曲。

因此，唱片产业为应对八十年代之初的危机而采取的两大策略，并没有在迪伦的明星身份上起到多大作用。这个产业开始依赖于大牌歌星的唱片销量，而即便当迪伦的明星身份发展至巅峰状态，他的作品也仍未达到火爆热销的程度。尽管已发行了50多张专辑,但在美国的销售榜上,迪伦也只排到第43位,专辑销售量为3600万,远远落后于披头士乐队的1亿6900万,也落后于诸如鲍勃·西格、肯尼·基和后街男孩等艺术家。[24]其次,音乐产业开始依靠跨界名人,依靠具有协同效应的明星身份,以适应新的多媒体局面。在镜头前永远如坐针毡的迪伦,以一种不入时的姿态自成一体,而与这个流于表面和风格的新世界格格不入。

还有一个深远的产业策略,也对迪伦的明星身份产生了显著影响。为了弥补现行新专辑销量下滑的空缺,唱片公司开始越来越依赖于旧专辑,以维持收益。由于新一代唱片购买者中,意欲收藏"经典"的,总是大有人在,因而目录销售得到保障,但其最大的推动力还是激光唱片出现,许多已经拥有黑胶唱片的人又被鼓动去再次购买。对目录销售的重视,为八十年代"鲍勃·迪伦"的象征含义创造了一个新的结构环境。继这段模棱两可的时期之后,在八十年代中期,唱片公司开始以一种非常明确的方式来建构"鲍勃·迪伦"的含义,即以他的"当代传奇"地位为中心,挖掘盈利之道。最明显的例子莫过于1985年《传记》的发行。《传记》是一个里程碑式的出版物——首张回顾一位艺术家完整职业生涯的套装专辑,共有53首歌曲,其中包括一些从未正式发行的曲目。这是一个价格高昂的豪华套装,但销售状况良好,向唱片产业证明了新的CD媒介具有充分的市场潜力。同时,这张专辑也为迪伦的过去赋予了一种庄严感(当时,作品回顾合集的制作,还尚未成为授予歌手的一项殊荣)。正如罗伊·凯利那时所说的:"这是一个举足轻重、思想深刻、具有历史意义的艺术家。这个男人的专辑可以装满一整只箱子,一如瓦格纳,或莫扎特,或其他任何老一辈的欧洲人。"[25]

问题是迪伦早已声明(在《全数带回家》的唱片封套上的说明文字

中)，他不想成为莫扎特，因为和托尔斯泰、乔·希尔以及詹姆斯·迪恩一样，莫扎特早已不在人世。这样看来，在八十年代中期，迪伦会与他明星身份的发展方式产生冲突，其原因也就不言自明了。一直以来，对于怀旧情绪的作用——将过去理想化，而使当下显得苍白无力——迪伦都持警惕态度，并常常抨击媒体对“六十年代”的描述。在这一时期，迪伦发现同样的事情正发生在自己身上。迪伦的作品受到一种“商业性的经典化”，唱片公司企图给他贴上怀旧表演者的标签。八十年代中期，迪伦的明星身份即代表他的过去，其存在的价值之一便是充当“六十年代”活生生的象征：

> 我并不是一个热衷于怀旧的人。每当你看见我的名字时，总是“六十年代这个，六十年代那个”。这只不过是另一种对我进行分类的方式。(大卫·弗里克采访，1985)

当然，正如前一章中提到的，迪伦之前曾沦为经典化的受害者，但八十年代时的经典化却是以一种特殊的方式发生，因为传媒业已经越来越擅长依靠对过去的掠夺，来开辟新的收入渠道。[①]

关于这种怀旧情绪，以及迪伦对其的矛盾态度，一个很明显的例子发生在1984年。当时迪伦正在参加一个短期欧洲巡演，整个公司都被过去的记忆所主导。巡演的主角桑塔纳是一个名不见经传的表演者，但承办者比尔·格雷厄姆为了提高知名度、改善门票滞销的状况，甚至把琼·贝兹的名字加在了海报上。对迪伦来说，这一举措不

---

① 我并不是说唱片公司之前不曾从迪伦的作品中获利——他们显然是从中获利了(例如，1967年，当迪伦远离公众视线时，唱片公司发行了《鲍勃·迪伦热门精选》)。然而，产业内的结构变化表明，在八十年代时，这种牟利手段的确开始呈现更为集中猛烈的态势。

免有些过分了，他对贝兹全然漠视，而贝兹也很快就离开了演出现场。很显然，迪伦对公司的计划并不知情，也完全心不在焉。尽管一群年轻的后朋克音乐家（他们最终在《大卫·莱特曼深夜秀》上取得了一次成功的表演）曾簇拥在迪伦身边，陪他度过了 1983 年的部分时光，但在挑选乐队成员时，迪伦却把目光投向了一批辉煌不再的中年音乐家。他还把乐队指挥的责任几乎完全交付给吉他手米克·泰勒，表明自己“与整个公司史无前例的分离”。[26] 单从演出曲目上，就足以看出蕴含其中的怀旧之情：其中只对来自“基督教三部曲”上的三首歌进行了排练，而出自《行星波》《渴望》和《街头示威》的歌曲总共也只有三首。到巡演即将结束之时，在那张长长的曲目单上，迪伦只演唱了四五首创作于 1974 年后的歌曲。

透过 1984 年的巡演，我们可以看出迪伦正面临的危险——成为万众瞩目下、重现旧日辉煌的摇滚巨星。大约在两三年里，迪伦都以抽身而出作为回应，在我看来，迪伦似乎在拒绝过分投入于当下的工作。最终结果是，迪伦那段时期的作品产出平平，不如人意。虽然迪伦八十年代中期的作品常被评论家讽刺为低劣不堪，但这种批评其实言过其实了，准确来说，这些作品是差强人意的——并不糟糕，但也没能达到理想的水平。在 1984 年和 1986 年的巡演中，专辑《异教徒》和《帝国滑稽剧》都展现出一种专业的水准，坦白说，是“令人满意的”。①

① 其中一个重要例外，是在迪伦职业生涯里听众最多的一次演出上。在“拯救生命”演唱会上，我们看到了一个被过去所主导、而非主动控制过去的表演者。由于迪伦的地位，他被要求停止整个活动。迪伦露出沉重而忧心忡忡的神色，准备扼杀掉他最著名的三首抗议歌曲——《霍利斯·布朗之歌》《当船驶入》和《答案在风中飘》。针对那天晚上迪伦的演出，有一些因素可助于解释（他的耳返被关掉了，所以当乐团演奏最终乐章时，三十个左右的名人都在唱着自己的歌词，迪伦根本听不到自己的声音）。实际上，迪伦单是把歌唱完，已经实属不易。然而，出现在数十亿听众的电视屏幕上的，却是一个无法再重现往昔辉煌的表演者。这次演出对迪伦八十年代的声誉产生了重大的影响。

迪伦在公共场合的表演大多很专业，并且在1984—1986年间，迪伦拥有了一个稳定而安逸的媒体形象——他被刻画成一个有尊严的保守派。人们对他当下的“生命力”十分敷衍，置若罔闻，而把重心放在了他具有象征意义的过去上，并以此来刻画他目前的形象。《传记》的发行再次为他戴上过去的伟大光环，激起了各路媒体一系列怀旧式的评论。突然之间，迪伦发现自己成了媒体关注的焦点：在全国直播的拯救农场慈善演出上，他献上了精彩的表演；国家电视节目《20/20》对他进行了15分钟的介绍；登上《Spin》杂志的封面，并受到《滚石》《时代》和《洛杉矶时报》的采访。黑林认为，迪伦“有史以来，第一次坦然接受了自己作为资深摇滚前辈的形象，而不再有局促不安之感”。[27]然而，在我看来，他这一时期的公共演出也在述说着一个不同的故事，显示出他与当下的脱离。例如，1985年在接受《洛杉矶时报》罗伯特·希尔伯恩的采访时，迪伦对他的新专辑《帝国滑稽剧》，给出了如下说明：

> 我(不)想就这样闲坐着，来讨论这张唱片。这张唱片制作完成后，我甚至还没有去听过它。我更愿意把我的时间花在……听其他人的唱片上。你有没有听汉克·威廉姆斯的新专辑，就是他之前的样本磁带的合集？那个特别棒。

而对于《传记》，他说：

> 哥伦比亚广播公司想出一张我之前歌曲的精选辑……不管用什么方式，我都不在乎……我想对那些从未听说过我的人来说，这也没什么大不了的。

这种脱离过程，随着迪伦接受的采访，而平稳顺利地进行着，但又显现出一种不适感，因为他自己所背负的经历和过去，越来越让他感到窒息。综观迪伦的所有作品，其中一个重要主题是，“官方文化”的无生命力，换言之，即经典化、学术研究、评估和分类等行为方式，把文化物品的生机与活力一一消解掉了。任何文化作品都是一种传播形式，正因如此，它具有社会化的内在属性，这是迪伦作品的一个关键元素，也解释了为何迪伦会将音乐厅而非录音棚视作自己的工作场所。然而，他被经典化的过程也催生了一种观念，即在任何时代，一部伟大的作品都是超越时间而存在的。这使得作品从所处的社会语境中抽离出来，表明一部艺术作品之所以受到褒扬，不在于它说了什么，而在于它是什么—— 一个独特的客体。这一客体的独特性——它的“光环”——会形成一股压倒性的力量，以至于我们无法看清作品试图表达的是什么。[28]而迪伦，向来与这种过程格格不入：

> 伟大的绘画作品不应该放在博物馆里。你去过博物馆吗？博物馆就是坟墓。绘画作品应该挂在餐厅的墙上，挂在杂货店里，挂在洗手间里。伟大的绘画作品应该放在人来人往的地方……你看不见伟大的绘画作品。你花 50 万买一幅绘画作品，挂在家中，客人来访，便看见了这幅作品。那不是艺术。那是耻辱，是罪行……所有他们一直谈论着的艺术，根本就不存在。它只停留在货架上，无人问津，它没有让任何人更加快乐。试想，如果人们每天吃饭时能看到一幅毕加索的作品，会给多少人带来快乐。需要引爆的不是一个炸弹，兄弟，而是博物馆。（依弗朗和埃德米斯顿采访，1965）

这个问题在他的歌中也有所反映。在《乔安娜的幻象》中，他唱道：

博物馆里正上演着关于永恒的审判

声音回荡着：等会儿就是救赎的模样

蒙娜丽莎一定听过61号高速公路蓝调

你能从她的微笑中看出

在这一节歌词里，迪伦批判了把文化剥离出日常体验的过程。当文化工艺品被置于圣殿——博物馆里、大学课程中——我们剥夺了它们的生命力，剥夺了它们的社会属性。曾经，蒙娜丽莎有着自身的意味，但现在，她被判终身坐在防弹玻璃之后。被牢牢困住，纹丝不动。

因而，我们试图通过分级和分类的方式使文化神圣化的行为，一直为迪伦所怀疑。然而，在八十年代中期，他发现这一过程正在自己身上发生：也许是以一种商业化的方式，但尽管如此，也还是同样的停滞过程。他的过去开始被归档——成为社会历史中一个易于理解的片段，通过在目前的意识形态环境下，神化六十年代，是另一种保卫六十年代的方法。因此，在这一时期，迪伦的行为——即便无形中起到了促进作用——暗示出对该过程的矛盾情绪。首先，在《异教徒》的最后一首歌《今晚不要离开我》中，迪伦再次回归《乔安娜的幻象》里的主题，不过这次是直接以歌手本人为故事的主体：

但我似乎困在一幅画里

它挂在卢浮宫。

我的喉咙和鼻子开始发痒

但我知道，我无法动弹。

对过去生活的矛盾情绪，弥漫在迪伦当时的各项活动中。《歌词1962—1985》也在当时得到出版，书中整理了他所有专辑的歌词，还囊括了唱片封套上的说明文字、散文诗和其他各种歌曲。这本书构成了一个重大的作品回顾，但其制作过程却相当敷衍和草率，仅是对迪伦的创作意图发出疑问。书中含有大量的修改和错误，打破了它标榜自己为权威性总结的口号，另外，此书存在着重大的遗漏，包括从他最近两张录音室专辑中移除的所有歌曲。[29]这部作品集似乎刻画出"迪伦蔑视或试图抹掉……他的艺术品，尽管他将其收入选集。"[30]在这一时期，迪伦完成了许多明确谈及明星身份的作品。他参演了反响不大的电影《烈火之心》，在里面饰演一个被力劝重新出山的老摇滚歌星，还与山姆·夏普德合作完成了"独幕戏"《真正的迪伦》，反思媒体对名人的兴趣。

夏普德还与迪伦共同创作了《布朗斯维尔姑娘》的歌词，成为反映迪伦对明星身份的矛盾心理最重要的声明。这首 11 分钟的史诗般的歌曲，于 1986 年发行在专辑《烂醉如泥》上。艾丹·戴在分析迪伦的歌词时，提出这首歌涉及记忆碎片的本体论地位问题，即"由于在内心思想活动中缺乏时间逻辑结构，会忽视各种时态和不同的视角"，因而导致"实际的或真实的与人造的或虚构的之间差异的瓦解，"。[31]这一总结阐明了在分析迪伦作品时，优先考虑其文学性所存在的问题（戴这本书的副标题是"阅读鲍勃·迪伦的歌词"），并回到了我在第一章中所提出的，明星身份在创造歌曲含义上扮演何种角色的问题。我们听到鲍勃·迪伦唱这些歌词，尽管一个歌手可能会扮演叙述者的角色，但音乐明星身份的本质表明，在歌声中总是存在着一层含义，会把歌中所唱的内容与歌手的生活联系在一起。着眼于作者生平细节的描述或许过于简单化，但倘若局限在一种文本"阅读"上，则会曲解歌曲本身创造的含义。这首歌绝不可能与鲍勃·迪伦毫不相干。的确，正是因为连演员格里高利·派克和他所扮演的电影角色，迪伦都无法区分，才会招致上述这些看法——《布朗斯维尔姑娘》的最后一节歌词写道，背部中枪的是那个演员，而不是那个角色。

歌曲以叙述者回忆“我曾看过的一部电影”开头。电影名虽未在歌中提及，但可以确定所指的是由格里高利·派克在1950年主演的电影，《火枪手》。派克在电影中饰演吉米·林戈—— 一个声名狼藉而为名声所困的神枪手，每个小镇都有一个小孩梦想着能将吉米·林戈一枪毙命，这样自己便能一举成名。最终，林戈被“一个内心饥渴、力图成名的孩子击倒了”。因而，歌曲的一个中心主题——名声之磨难——便借由电影——歌曲的对象——抒发出来。在对电影进行总结的前两节歌词之后，叙述者开始引入一个不明确的“你”，并描述了一系列回忆，尽管它们缺乏一种连续性或线性叙事方式，不过，叙述者的倒叙以及他对电影的回忆很快便交织在一起。在第十节中，他说道：

> 尽管有一些关于电影的内容，我始终无法忘怀
> 但我记不清自己为什么身在其中，或是我应该扮演什么角色。

歌手发现，越来越难将吉米·林戈的坏名声与他自己的经历分离开来。紧跟在后面的是更多的倒叙——歌手陷入了争端，“不知道是该躲藏还是逃跑”，然后在接受审判前，被“逼至教堂墓地”（迪伦形容自己被媒体刻画成了“没有不在场证据的男人”）。通过强调对名声的考验，迪伦把人们的注意力吸引到了他作为明星的实际情况上，这在其中两句分开的歌词上表现得最为明显，且充满对他所处困境的讽刺——“哦，倘若存在一个原创的想法，我马上就会去践行”，“我一

点都不后悔，在我走后，他们可以对我大肆议论”（伴唱歌手在此处加了一句讽刺的“哦，是吗？”）。当听到这个明星唱出这些词句——或是带有隐喻性或是没有——很显然，歌曲被赋予了一层新的含义。

当歌曲快结束时，又恢复到现在时态，这大概是与歌曲开头的叠合和呼应：

> 我在雨中排队，等着看格利高里·派克主演的电影
> 但你知道，这并不是之前一直在我脑海里的那部
> 他又演新戏了，我都不知道讲的是什么
> 但他演什么我都会看，所以我就站在这里，排着队。

迈克尔·格雷指出了其中的讽刺之处，当迪伦给出一首关于明星身份的歌曲时，他就等于站到了一个粉丝的立场上。[32] 这些歌词——“他演什么我都会看”——显然折射出迪伦当时对他自己的听众心怀矛盾，担心无论自己做什么，听众都会簇拥而来。约翰·林德利在描述 1984 年那场巡演时，提出迪伦对六十年代曲目的过于依赖是可以理解的，毕竟在 1981 年，《慢火车》与《你将何时醒来》充满激情的演出中，群众的反应冷淡，而只做了普通演习的《麦琪的农场》与《像一块滚石》，却得到听众的热烈欢迎。[33]

林德利强调说，最应妥善处理的，便是迪伦与听众之间的关系。林德利无疑是正确的。为了解释这点，我们应考虑本章论述的广泛的文化发展状况，是如何以某种方式增强或削弱迪伦的明星身份的。在这段时期，迪伦代表着过去，并构成诞生某种特定的“当代传奇”式名人的一部分，而这与八十年代音乐产业对旧专辑，对跨媒体宣传的依赖，形成了良好的衔接。在这种明星身份里，迪伦表现出极度的矛盾心理（虽然还未到坐立难安的地步），他的一些作品亦可看作是对当时

境遇的注解。当代传奇这一角色，意味着接受自己并未真正死去，但却仅仅是退居到重复昔日辉煌的位置。1986 年，由迪伦演唱、汤姆·佩蒂与伤心人乐队进行伴奏的巡演，充分说明舞台演出通常会受到广大听众的好评，但它们不过是千篇一律的摇滚表演，是空头支票般的意识形态的重演。

有这方面的经历，迪伦并非个例：倘若我要讨论对明星身份的广义理解，却只把范围限定在迪伦一人身上，则不免有失逻辑。但基于迪伦既有的明星含义，人们对明星身份的理解的确深刻地影响着迪伦。在"不存在社会这一说"的撒切尔主义-里根主义的世界里，迪伦与诚挚而热衷政治的摇滚元素的联系，实际上是引起诸多非议，不合潮流的。前摇滚时代的享乐主义和纵欲主义，则很好地适应了新消费主义的需求，由于大型巡演（如保罗·麦卡特尼和滚石乐队的巡回演唱会）所需的新文化空间（主要是郊区娱乐场地）的出现，过度消费成为可能，郊区的中年居民得以重温六十年代的享乐主义，而年轻听众则可以虚构出关于过去的独家记忆。至于迪伦，其形象更多还是与六十年代的社会道德捆绑在一起，而非六十年代的神秘消费，问题因而变得更为棘手。与此同时，经典化的其他过程也在发挥作用，使那些过去的辉煌成就渐趋凝固，人们对那些辉煌敬若神明，但又以剥夺生命的形式来削弱其效能，将其推至神圣商品的地位。

迪伦后来谈及自己在这一特殊时期察觉到的问题时，这样说：

> 我准备长久地坚持自己的名字。名字和声誉，就是我所拥有的全部。我似乎中了遗忘咒……我觉得我并不认识舞台上的自己。（罗伯特·希尔伯恩采访，1997）

迪伦是否能找到一种承载着过往经历，但又不至受其摆布的工作方式，这仍是一个尚未得解的问题：

> 对我来说，弄清楚这个毫无真实性的传奇人物问题，是非常重要的。传奇本身并不重要，真正重要的是艺术，是作品……如果你试图扮演一个传奇人物，那不过是在炒作。（罗伯特·希尔伯恩采访，1992）

为了弄清这一传奇问题，他制定出了一个经过深思熟虑的策略：永不停止的巡演。

简况:吟游诗人

在1987年夏天,迪伦与“感恩而死”乐队合作参加了六场演唱会。尽管这些演出遭到双方粉丝的批评,但却对迪伦的职业生涯产生了不可估量的影响,因为正是这些演出推动了1988年“永不停止的巡演”(NET)的开始。然而在那之前,迪伦发行了质量不佳的专辑《陷入模式》。现在基本可以对那张专辑做出如下解读:这是迪伦为重拾早期曾影响过他的音乐,而迈出的一小步,但在当时,人们却视之为他有史以来最糟糕的一张专辑。1987年,迪伦前往欧洲巡演,再度由伤心人乐队同台伴奏,但演出的方式却与1986年大不相同。这次巡演极富创意,以全新的编曲演绎了许多不同的歌曲,但最终还是引来一阵谴责。

迪伦于1988年6月开始“永不停止的巡演”(NET),在随后的几年里,他便频频出现在媒体上。发行于1989年的《哦,仁慈》,被视为一部伟大的回归之作。同时,由低调的巨星(迪伦、乔治·哈里森、杰夫·林恩、汤姆·佩蒂和罗伊·奥比森)合作的《漂泊合唱团第一卷》,成了当年意想不到的轰动之作。1990年见证了《红色天空下》的发行,以及漂泊合唱团之后不太起眼的《第三卷》的诞生,不过前者显然没有引起人们的重视。九十年代早期,迪伦仍时不时会成为媒体和公众的焦点:1991年,他荣获格莱美终身成就奖,紧接着,在1992年一场全明星庆典活动上,一批万众瞩目的名人纷纷向迪伦致敬。

在九十年代早期,迪伦业已损坏的名声又遭到打击,除了怀旧活动,媒体很少会对他的事业产生兴趣。继《红色天空下》的失败,他的专辑发行受到轻视,人们认为他在词作方面已经江郎才尽,不复往昔。在1990年到1997年间,迪伦没有发行任何原创专辑。之后发行的两张专辑——1992年的《像我那样对你好》和1993年的《错乱世界》——都是原声版的传统民谣，而没有一首迪伦的原创歌曲。近乎脱离人们视线的“永不停止的巡演”（NET），则仍在持续进行中。

专辑和重大事件

1987年7月　与“感恩而死（Greatful Dead）”乐队一同参加的演出（记录在《迪伦与“感恩而死”乐队》）

1987年9—10月　欧洲巡演

1987年10月　《烈火之心》（电影）

1988年1月　被正式授予“摇滚名人堂”的奖项

1988年5月　《陷入模式》

1988年6月　开始“永不停止的巡演”

1988年10月　《漂泊合唱团第一卷》

1989年9月　《哦，仁慈》

1990年9月　《在红色天空下》

1990年10月　《漂泊合唱团第三卷》

1991年2月　获得格莱美终身成就奖

1992年10月　全明星庆典活动——“哥伦比亚致敬鲍勃·迪伦音乐节”——在纽约举行

1992年11月　《像我那样对你好》

1993年10月　《错乱世界》

1994年8月　现身第二届伍德斯托克音乐节

1994年11月　为MTV的“不插电”演唱会录制了两场表演

第六章　重新定义明星身份：永不停止的巡演

到八十年代后期，迪伦的明星身份已经被六十年代的怀旧情绪所凝固。这一时期通常被认为是迪伦的职业低潮期。迪伦自己也坦然承认，表示当时在创作上毫无灵感、有心无力：

> 我似乎走到了一条路的尽头。无论我开始着手做什么，都始终不对头，无法顺遂心意。我当时准备要放弃了。我怎么能唱这个呢？它只是听起来好玩而已。我记不住它表达的含义，它所表示的——仅仅只是一堆文字吗？也许正如这些人所说的，它不过是一通超现实主义的胡言乱语。（大卫·盖茨采访，1997）

1965 年，当他同样挣扎于其明星形象加之于身的束缚时（从电影《不要回头》中可明显看出），他曾发出过类似的准备放弃的声明。当开始创作《像一块滚石》时，他又改变了心意。八十年代中期，迪伦发起“永不停止的巡演”（NET），正是试图解决类似的问题。保罗·威廉姆斯提出，正如《像一块滚石》展现出迪伦新的创作方式，“永不停止的巡演”（NET）也为迪伦提供了新的表演形式。[1] 这话只说对了一部分，实际上，1965 年和 1987 年，迪伦有意要挑战自己的明星身份，试图对它进行重新定义，由此为音乐创作提供新的可能性。

在本书的很多篇幅里，我都在强调广泛的社会因素如何约束某一明星形象，如何限制明星对自我身份的公共含义的塑造能力。在第四章，我论述了由于迪伦控制力之外的因素，他推翻自身明星含义的企图因而成效甚微。然而，很重要的一点是，我们也不能过于抬高社会因素的作用，明星在塑造自身公共含义方面仍具有一定地位，尽管较之传统意义，今日已稍显不足。不过，我认为，决定接受或拒绝一个明星形象的权力，最终还是掌握在听众的手里，而明星的实际作为也十分重要，或是会坚定听众的心理认知，或是会推翻既有观念，抑或是会打破明星含义的边界。特定的行为或策略甚至会对听众理解明星产生巨大的影响，而这影响则既有正面的，也有负面的。

迪伦在 1965 年和 1988 年所选择的道路，在当时看来并不十分明朗，虽然后来的我们或许能从中看出一二。然而，每一条都绝非坦途。1965 年，迪伦在方向上的转变，成了他与听众之间冲突的导火索，1965 年的新港音乐节和 1966 年的世界巡演都是明证。在上半场的 NET 中，明星与听众之间也存在着类似的冲突，那段时期，迪伦受到严重冷落，并常常受媒体与粉丝的嘲讽。然而，尽管早期的冲突已成为迪伦明星身份的一个决定性组成部分，暗示了他不愿屈从于听众的施压，但之后迪伦向听众发起的挑战，却未能得到公允的分析。的确，通常来说，人们假定他继续 NET—— 一个已占据他十分之四工作生活的项目——是因为他想不出可以去做什么更好的事情了。但在我看来，NET 是迪伦深思熟虑后采取的策略，其目的在于试图改变他与听众之间的关系。虽然他从未明确表态（确实，正如我很快会提到的，他拒绝了“永不停止的巡演”这一标签），但在九十年代的采访中，他就曾提及我所说的特定因素。此外，我还将讨论，他成功达成了自己最初设定的目标。同时，我们也应意识到，迪伦突破了八十年代所面临的难关，成功找到了出路。在同时代的明星中，没有选择退隐，或是学着忍受自己新的明星含义，而采取与迪伦同样做法的人，即便有，也只是少数。今天，我们会如此实事求是地看待他解决问题的方法，恰恰验证了迪伦在重新适应他的明星形象上所取得的成功。最后，我认为，1997 年之后，迪伦之所以能取得巨大的商业成功，一个重要原因就是 NET 成功地重新定义了他的明星形象。这一点我会在下一章中论述。在本章，我想要对 NET 做详尽地分析，并论述由它引起的一些问题。

首先，最棘手的问题是相关的定义。迪伦在 1989 年的一次采访中，信口开河地把自己的新巡演标榜为“永不停止的巡演”，之后这便成为一个挥之不去的烙印（部分是因为它被用在了杂志封面上）。他后来曾多次否认这一叫法，包括唱片《错乱世界》封套上的说明文字也写道：“不要被‘永不停止的巡演’这类喋喋不休之词所迷惑，1991 年当吉他手 G. E. 史密斯离开乐队，一次‘永不停止的巡演’就宣告破产了。那一次‘永不停止的巡演’已经过去很久了，但自那以后，又有很多其他的‘永不停止的巡演’……每一次都带有各自的特色与设计。”这引起了一些人的争议，他们认为不应该以分析的姿态去使用这个词，比如，史密斯称其为“永不停止的系列巡演”（NEST），但也是徒劳无功。[2] 然而，颇有助益的是，追溯本书第 94 页提及的“战争贩子”，可以解释迪伦的明星身份如何不受迪伦的控制。在对迪伦之后职业生涯的理解上，NET 成了一个重要的切入口，粉丝和媒体都纷纷使用这一标签。一如“战争贩子”的例子，迪伦对这个标签的看法并不重要，因此，我在本书中会一直使用 NET 这个词。不过，迪伦的看法有其道理所在，我们不应片面地被单一的标签所左右，而认为“永不停止的巡演（NET）”所有不同的阶段都如出一辙，因为实际情况并非如此。例如，与 2005 年末的演出相比，2006 年的演出则迥然不同，整个公司确实具有一些特殊的结构特征，证明了使用一个包罗万象式的名称的合理性，因为正是结构性元素，对 NET 做了清晰的界定。这些便是本章的主要议题，不可否认，NET 的不同“时期”的确有着“它们各自的特色与设计”。

“唱片意识”与现场表演

在对 NET 进行概述之前，有必要先说明唱片和音乐会在流行音乐消费中所扮演的角色。当人们去参加一场音乐会，他们并不仅仅是去听音乐，确切地说，他们是要参与到一次共享体验中，与其他人一同庆祝这场音乐—— 一般来说的确是音乐——在他们生活中所扮演的重要角色。对现场的每一个人来说，音乐的含义可能都不尽相同，但可以肯定的是，该音乐确实对他们意有所指，正因为此，他们才汇聚于此，共同庆祝。对每一个出席的听众来说，这一音乐表演都有着私人化的含义：这是他们在大学里所听的音乐，是他们深深喜爱的音乐，与朋友分享的音乐，等等。它也将拥有属于一代人的共同含义——这是伴随着我们成长的音乐。而且，在某些情况中，音乐（的确还有明星）能代表一些更为广泛的社会现象，重要的不是音乐所承载的任何内在美感，而是它所具有的社会意义——音乐的意义是由其社会属性而非音乐属性来决定的（我将在后面对此详述）。

由于音乐意义所具有的社会嵌入性，在音乐会的仪式中，一系列与特定明星及其作品相关的预期和先入之见便会相伴而生。倘若参加音乐会的人们积极融入这场基于个人音乐体验的共享庆祝活动中，那么演出的音乐就需要提供一个恰当的参照点。这里面有两层含义。首先，艺术家被期望演唱耳熟能详的歌曲——人们想要的，是他们在广播里或校园派对上听到的精选歌曲，他们通常不愿听那些词意晦涩的歌曲，或是尚未发行的新作品，因为当与其他听众分享经历时，这些歌曲无法提供一个参照标准。其次，他们之所以偏爱熟悉的歌曲，是因为那些歌曲在他们脑中记忆分明，而非一种无法辨识的形态。在这里，唱片的地位至关重要。

正如在第一章中所解释的，流行音乐作品能否出彩，不是看歌词的写作，而是看音乐的录制。虽然几乎要到三十年代和四十年代，"唱片"的概念才被人们所接受——唱片是现场演出的仿制品——但随着摇滚乐的诞生，唱片就不再是一种模仿，而是代表音乐事件本身。[3]从二十世纪中期开始，录制歌曲便开始在"音乐"这一概念中占据主流地位，以至于出现了一种班尼特称之为"唱片意识"的概念，"定义了流行音乐的社会现实属性"。[4] 唱片为流行歌曲提供定义，因而，在定义明星形象和事业方面，唱片的重要地位仍不容小觑。

唱片的主导地位影响着现场的演出，对唱片的体验则会左右我们对现场音乐的欣赏。在米德尔顿看来："现场演出需要努力制造出接近人们(唱片)意识中的声音。即便这种努力失败了，或根本无法实行，听众的集体记忆也已经占了上风，从乐队带来的'短曲'中，'听到'实际无法听到的内容。"[5] 一般来说，人们会认为现场演出不过是录制体验的天然诠释，是唱片的翻版。[6] 我认为，这一直都给迪伦的事业制造了一个麻烦，我相当确定，他总是把自己视为一个"现场表演者"，而非一个"唱片艺术家"：

> 对我来说，我的所有专辑，只不过是确定特定时期我所处位置的测点。我进入录音棚，尽可能以自己的最佳水平去录制音乐，然后离开。从根本上来说，我其实是一个现场表演者，我想要在舞台上为人们演唱，而不是去制作听起来很好的唱片。（林

恩·艾伦采访,1978)①

迪伦一直都是从字面上去理解唱片——记录录音棚里所发生的,并将结果发布,他从未试图利用先进的录音技术,比如说,像披头士那样(一个具有启发意义的对比是:披头士为创作专辑《佩铂军士》,在录音棚里花了129天的时间;迪伦最初15张专辑的录制,一直到且包括《渴望》这张专辑,一共才花了90天)。[7] 然而,这一看法也成了迪伦的一个累赘,因为随着录音技术的愈加复杂,迪伦想要快速传递自己想法的愿望似乎受到限制。就这方面来说,迪伦的唱片事业得到了公众的理解与认可,并为一系列质量不佳的专辑提供了说辞(特别是《来一针爱》《异教徒》和《帝国滑稽剧》)。很显然,迪伦的创造性劳动,与他这一时期所发行的唱片是不相符的。

然而,录音棚之所以令迪伦反感,还有一个更深层次的原因。他屡屡发出忧虑之声,担心唱片不仅定格了某一特定时刻,而且会被用来建构关于他的一个特定形象:

> 采访者:但如果世界一直存在,那唱片便会长留于世,可以达一千年之久……在你离世后很久,这些唱片都还会一直流传,人们会去聆听,去思考……关于这个400年前的唱片创作者或这或

---

① 我只能说是"相当确定",因为虽然在七十年代及之后,关于这一印象的评论很多,但在六十年代迪伦却未曾有过这类说法。对此的解释来自当时迪伦的明星形象。格雷(2000:839)提出,迪伦"之后"的观点"取代了之前所持有的观点,即每张专辑都是通往未知之路所迈出的独特一步,是受艺术家本人控制的蓄意创造",但是,这更多的是反映格雷对作品的看法,而不是来自迪伦本人的解释。在我看来,由于迪伦是在民谣审美的环境下崭露头角,所以当初他视为理所当然的问题,在时过境迁以后,才会被迫给出明确的解释。在六十年代,最能反映歌曲为现场演出的发展提供蓝图的例子,莫过于他在1966年世界巡演中,对《宝贝,让我跟随你》和《多余的清晨》进行了彻底改版。

那的故事。

迪伦：哦，可怜的我！

(戴夫·赫尔曼采访，1981)

在艺术家的形象建构上，唱片发挥着极其重要的作用，而这种形象与迪伦如何看待他自己恰恰相反。16年后，他声称，听自己的专辑"就像是在看一个了无生命的镜子"(罗伯特·希尔伯恩采访，1997)。这与迪伦1964年写的一些东西产生了共鸣：

不要创造任何东西，它将会被
曲解。而永不改变。
在你余下的日子里
它都会一直跟着你。[1]

正如我前面提到的迪伦对文化被神圣化的担忧，他也一直担心唱片会对音乐产生同样的作用，将音乐凝固，夺去它们的社会基础、它们的多样性、它们交流的能力。迪伦的明确目标是，在演出中与人们进行直接的沟通：

我所做的是一件更为直接的事情：站在舞台上，进行演唱——你瞬间便能回过神来。它不像写一本书，或是制作一张唱片……我所做的是非常快速而直接的事情，它足以改变我心中艺术的本质和概念。我不知道它究竟是什么。它发生得太快了。就像是创作那幅画的人(指着酒店房间墙上的一幅画)，他(她)不

---

① 《给杰拉尔丁混杂生日的建议》，收入在纽约市政厅10月31日的音乐会节目单上。

知道我们会坐在这里看这幅画，或是不看这幅画，或是其他任何事情。（尼尔·斯宾塞采访，1981）

正因为此，迪伦所感兴趣的总是歌曲，而不是唱片，因为歌曲可以得到发展，可以进行现场演绎。1997 年，他反复提及一个观点，即"歌曲只是我之后在舞台上表演的蓝图"（埃德娜·冈德森采访，1997）。这种对持续创作过程而非一个成品的强调，并不由迪伦首创，实际上，这种说法由来已久。例如，爱默生就曾说道："图书宣告了文学的死亡。真正的艺术从来不是固定的，而是流动不息的。"[8] 文化这一词源，是从如农业（agriculture）和教养（cultivation）等词中衍生出来的，暗示了文化是一种行为，直到十九世纪，文化才被理解为一种事物。[9] 对艺术家来说，突出文化作为一个过程而非一个物体存在，具有十分重要的意义，因为存在于一种社会形态中的文化有其固有的矛盾，即试图把一切都具体化，并明码标价。一旦一个文化观念或表达方式被固化到某一事物中，便大大增加了其走向商品化的可能性，因为按照一般的理解，文化的目的，即在于对抗人类生活各方面的商品化。这就形成了一个难以忍受的悖论，使浪漫主义者与现代主义者挣扎其中：只要一个对当代生活进行抨击的作品被创作出来，它即刻便会成为一个商品。确实，艾森伯格提出，在浪漫主义时期，音乐会被奉为最崇高的艺术，正是因为它最抵制商品化，[10] 但这并不等于说，迪伦举行 NET 是一种反资本主义的抗议行为（恰恰相反，许多例子都反映出，面对自己音乐的商品化，迪伦显得尤为坦然），他对音乐作为一种沟通过程而非具象化的物体的兴趣，也来自相同的意识形态根源。

这也是摇滚意识形态的一个重要元素。在第四章中，我谈到摇滚文化，是诞生于大众文化之中的大众文化批评的一种形式。该批评的要素之一，便是对现场演出的强调，这部分内容来自对民谣复兴理念和设想的继承。① 或许音乐曾是最抵制商品化的艺术形式，但唱片的发明彻底改变了这一局面。从民谣的角度来看，唱片在表演者与听众之间形成一个不受待见的中介（更糟糕地说，是一个商业化的中介），阻止了他们之间的直接沟通。正如艾森伯格所言，"当我买了一张唱片，与这个光盘相比，音乐家便黯然失色了，而与我口袋里的钱相比，我自己也显得黯然失色了。"[11]这里提出的假设是，只有当歌手与听众在物理距离上相接近，其表演才能称之为"诚实的"表演（这上面还有一层潜在的附加含义：只有不依赖于电子扩音设备的演出，才能达到沟通的效果；如果现场听众太多，也会阻止直接的沟通；那些依靠特效和荧光屏呈现的表演，妨碍了表演者与听众之间的联系等等）。我之所以提到"诚实"，是因为存在部分假设，这种假设认为任何源于传媒行业的中介物，都将迫使歌手伪装出本与自己不符的形象。

按照这种思维方式，就会形成一种机械属性，即人们会不自觉地抹除录音所带来的体验，而对沟通人际关系的现场表演则会崇拜有加。只有当录制音乐成为主要的音乐形式，才会出现"现场音乐"这一概念："现场"的概念是基于录制这一概念而产生的。[12]对现场音乐的价值肯定，可以看作是民间文化的大众文化批评的一部分。录制音乐是一成不变的，它从不会受到社会环境或是听众情绪的影响。每一次播放，所听都完全一样，这正是标准化进程的明证，每次播放音乐，听众都可准确预料将会听到什么内容。相比之下，现场演出则是独一无二的，其独特性已然是有保障的，原因就在于，它的表演者是一个活生生的人，而根据人类本性，他（她）总会在演出时呈现出特有的风格。

---

① 它并不完全来源于民谣复兴，因为，例如在爵士乐中，也有对现场演出的强调。同时，虽然如我这里所说，摇滚意识形态在唱片花销上，会优先考虑现场演出，但同样重要的一点是，艺术意识形态会把唱片作为一种自我意识的创造，置于现场演出之上作优先考虑。

表演者与听众之间的关系，则会增强一场演出的独特性：在一场没有外部因素（扩音设备、明星地位……）作为中间媒介的演出中，听众对演出的反应自有其动力规律，而相应地，表演者也会直观地做出回应。并且，听众被假定为一个集合体，他们这群人所共享的不仅仅是相同的物理空间，他们所共享的空间，他们与这一音乐共同的关联，都被用来折射一种共同的社会体验，一种共同的人生观。相形之下，唱片则好似小说，提供的是一种个人化的接受模式。

因此，对很多摇滚文化来说，真实性存在于现场音乐会中。正是在现场演出中，歌手与表演者之间的关系才是最直接的，听众可以表达出他们的集体体验；当暂时失去唱片行业的支持，表演者需要证明他们确实能够真正地演唱，真正地弹奏，并由此真正打动听众；活动的集体沸腾使人进入一种独特的兴奋状态，这会影响当晚的表演，因此所有的节目都不尽相同。一如摇滚文化自身的发展，这种意识形态的支配地位至少延续到了八十年代。然而，当摇滚文化于八十年代逐渐式微时，"现场文化"也遭遇了同样的命运。新兴的艺术家，如赶时髦乐队、新秩序乐团和宠物店男孩乐队，制作了以数字技术为支撑的唱片，而它们明显不适宜用作现场表演。新的音乐文化开始出现——尤其是嘻哈文化和锐舞文化——它们依赖唱片而非现场音乐家，来为夜间娱乐提供原声音乐，传统摇滚的演出场地则开始明显减少。摇滚现场演出的理念"对广泛群体的吸引已不复往昔了，在许多情形中也不再具有以往的经济性"。[13]八十年代时，那些仍在巡回的摇滚演出也不再那么频繁了，而且它们越来越依赖于营造震撼人心的场面特效，从而迎合由唱片意识引起的听众预期，以及音乐电视频道作用下的听众预期——演唱会不仅需要在听觉上与唱片如出一辙，而且在视觉上也得保持一致。[14]

因此，在八十年代中期，迪伦的地位受到他明星身份结构的严重制约，更笼统地说，是受到音乐行业结构的严重制约。由于迪伦通常与唱片制作过程相疏离，他的明星形象便受制于已发行的专辑，这自然也就催生了一些问题，当现场演出的重要性日益降低，甚至成为奇事时，迪伦却仍自居为一个现场表演者。尽管在1984年和1986年，迪伦一直忙碌于体育场和巡回演出的舞台上，但他最终还是无法一如其他六十年代的演出者，比如像滚石乐队那样，继续坚持原来的道路。除了1974年和1978年，他对听众的吸引力，尚未强大到让音乐厅始终座无虚席，他也无力与现场的惊人特效一争高下，足以娱乐偌大空间内的听众。1986年，《Q》杂志表示，倘若让迪伦在麦迪逊广场花园大小的场地进行表演，肯定会有些不成体统，因为他的风格并不能与音乐电视频道里那种渲染夸大的意识相衬。

重塑迪伦的听众

至此，本章和上一章所讨论的问题，引发了迪伦与他的听众之间的危机。迪伦似乎开始怨恨他的听众，认为他们之所以会来看他的表演，不过是冲着他的名气，而不是为了感受现场演出的微妙之处（他后来把这称之为观看演出的“正当理由”）。甚至在二十世纪七十年代，他仍对此耿耿于怀、抱怨不止。1978年，他对自己1974年的巡演作出了尖刻的评论：

> 当我重新回到舞台上，我的名气已经比我离开时更高了。简直令人难以置信。许多伪粉丝也来看我的表演，我不过成了又一个众人皆知的名字罢了。这些人根本不理解，为了走到现在的位置，我付出了什么，他们只是把我当作一个名人，认为我会写像吉

米·亨德里克斯唱的那些歌。(克雷格·麦格雷戈采访)

同年,他告诉雷·科尔曼,他的听众"往往不是为了音乐而来,更多的是来看即兴表演的",当采访者菲利普·阿德勒提出,迪伦已经陶醉于听众的吹捧和崇拜之中时,迪伦反驳道:

> 不是的(我没有),因为我认为那些其实都不属于我。那是为其他人或其他事发出的欢呼。

因此,迪伦开始对他的现场听众心存怀疑,认为他们会来观看演出,单纯是因为他名声在外,或是因为他象征着六十年代,是出于怀旧的原因,而非要真正融入音乐当中。在我看来,可以把 NET 的开展看作一次精心策划的尝试,目的就是要逃离这一困境。不管迪伦心中是否有过这些想法,是否一如我所说的这般直白,几乎可以确定的是,NET 有两个虽截然不同,但相辅相成的目的。第一,是为了塑造不单纯以怀旧为由来观看表演的听众。第二,使塑造的听众对他的印象,不受已发行唱片的支配。当 1997 年提及 NET 的成功时,迪伦将这二者混为一谈:

> 我现在喜欢那些来看我演出的听众了。虽然他们不了解我早年的经历,但我为此而高兴。这解除了责任上的负担,我无须遵照某一特定唱片,进行一模一样的表演。(乔恩·帕尔勒斯采访)

1987 年迪伦与"感恩而死"乐队的合作演出,促成了这种全新的表演方式的兴起。那年夏天,迪伦与"感恩而死"乐队曾六次作为主打歌手,在体育场内同台演出。在演出前的排练中,迪伦貌似进入自己的低潮期，与自己的歌曲格格不入，始终无法进入状态。迪伦十分感谢杰瑞·加西亚，一直在背后鼓励他，成为他的动力来源，并帮助迪伦再度与音乐形成感应：

> 他会跟我说："加油，兄弟，这就对了，一起演唱吧，就像这样。"然后我就会说："兄弟，他是对的。他是怎么到那一步的，为什么我做不到呢？"然后我不得不在脑子里反复琢磨，才能到那一步。（大卫·盖茨采访，1997）

诸如此类的评论，以及其他采访中的类似说法，都在强调迪伦与他的歌曲之间的关系。人们通常会从文本的角度去研究 NET——比如，重复的演出对理解某一特定歌曲的歌词有何深意，或者迪伦在演出时如何彻底地篡改歌曲。然而，在这样的情况下，迪伦能再度实现与歌曲的连接，并非歌曲在审美内容上发生了神秘的重新调整，而是因为迪伦与其听众之间关系发生了重构。换言之，真正发挥作用的是迪伦明星身份的重新定位。

正是 NET 的精心组织和周密安排，这一重新定位才成为可能。其核心原则非常简单，就是迪伦举办了许许多多场演出。迪伦没有选择定期地开展巡演，而是进行持续的演出：在为期两三个月的巡演之后，休息了两三个月，然后又重回轨道，继续两三个月的巡演，如此周而复始。迪伦雇了乐队成员，并付给他们聘用金，获得了乐队的优先使用权，令他们随叫随到。这为迪伦省去了不少麻烦，他无须每隔两三年为举行巡演寻找乐队、进行排练而发愁。无论何时，只要迪伦想开展演出，这个乐队便招之即来。

原则虽简单（许多艺术家都有聘用的音乐家），但作用却非同凡响。为了切实理解 NET 的规模，我们需要将其与迪伦的早期生涯相对比。他在民谣复兴中崭露头角，始终如一地忠于摇滚的真实性，由此可看出，一直以来，迪伦都被视为一个巡回演出型的音乐家。因而，你对他的心理预期便是，他会一直开展许许多多的演出。在 NET 之前，他举办大型巡演的年份，以及对应到每年演唱会的场数信息如下：

巡演年份	1966	1974	1975	1976	1978	1979	1980	1981	1984	1986	1987
演唱会	41	40	31	24	114	26	72	54	27	60	36

在这 22 年里，迪伦一共举办了 525 场演出，自从 1974 年他重返舞台，平均每年有 34.5 场演出。NET 开始于 1988 年，截止到本书写作的时间，最后一场巡演是在 2006 年结束。按时间顺序，每年演唱会的总场数依次为：71，93，99，101，92，80，104，116，86，94，110，119，112，106，107，98，111，113 和 97。把这些全部加在一起，累计达 1909 场，着实令人震惊，几乎每年就有 100 场演出。[①] 演出的数量之多，导致迪伦在同一地点频繁而重复地露面：NET 不是每五年左右才在某一城镇举行，而是几乎每年都会如约而至。比如，在 NET 之前，迪伦大多以每隔三年的频率在英国演出(1966，1978，1981，1984，1987)，但自从 NET 开始后，从 1989 年到 2006 年，除三年(1992，1994 和 1999)外，迪伦每年都来英国演出。

NET 的精心组织和周密安排催生了一批新听众。首先，它减少了因怀旧而来到现场的听众，以及那些受迪伦所代表的理想年代影响，被他的“传奇色彩”光环所吸引的听众：

在这些年的多场演出中，人们怀揣着好奇而来，但最后也未

① 在这一部分，我的大部分数据都来源于奥洛夫文件(http://www.bjorner.com/bob.htm)，虽然有些骇人，但都是极有价值的信息。

> 能如愿以偿，离开时依旧满腹狐疑。他们没有被带回六十年代。也没有出现灵光一现、茅塞顿开的时刻。演出于他们毫无意义，他们于我也没有任何意义。不应该继续这样下去，但必须要花很长时间才能改变这种局面。许多人涌来看所谓的传奇人物，而我只是努力登上舞台，演奏音乐。（罗伯特·希尔伯恩采访，1992）

演出的数量，以及迪伦露面的频次，促成了“传奇捕手”粉丝的减少。它们削弱了迪伦演唱会的仪式感和重要性，因而，那些单纯把迪伦当作六十年代的偶像代表或传奇人物，或是代表他们想象中的青春的粉丝，也就来得少了。据粗略的统计推测，每年在一个城镇演出一次，比每三年演出一次，更有可能减少“传奇捕手”的数量。虽然这类粉丝可能依然隔几年就会去看演出，但几乎可以肯定，他们绝不会参加迪伦在同一城镇的每一场演出：新奇劲儿很快就会过去，重温或再现某一时刻的需求，远不足以成为年年购买高昂演唱会门票的充分理由。但这并不是说没有“游客”会来观看 NET 的演出，显然，每场演出都不乏被“迪伦”这一重要名号所吸引的人前来捧场，但随着 NET 的推进，这一比例也在逐渐缩小。[①] 这带来的一个结果便是，至少在 NET 最初几年，来现场的听众与之前相比，明显少之又少。相比较 1986 年迪伦表演时 10000 以上的场地容量，NET 由于听众数量收缩，选择了稍小的场地（2000—5000 人的容量）。

不过，这些听众有其独特之处，他们取代了传奇捕手式的粉丝，是在 NET 中发展出的新型听众：

---

① 黑林认为，正是在 1995 年早期，NET 成功使那些来看传奇人物的粉丝精力殆尽（2000：687）。

> 我已经找到了一种不同的听众。我不太擅长通过人的外貌来判断其年龄，但我的听众似乎比 10 年前更富活力。他们能对我的一言一行迅速做出反应，而且对我也没有过多的先入之见。但是在几年前，听众还没有如此敏锐的反应……虽然我还是有种被某一特定人群围困住的感觉……但却与以前截然不同了。我们似乎在吸引新的听众。不仅仅是那些把我看作另一时代的名义领袖，或一代人的象征之类的人了。实际上，我已经不用再去应对这些问题了。（默里·恩格尔哈特采访，1999）

这一新听众部分是由老粉丝转化而来的，对于迪伦在 NET 上新的发展方向，他们欣然接受并追随。但在迪伦的新听众中，很大一部分人是相当年轻的。在目前迪伦的演唱会上，其中占显著比例的是 15 到 25 岁之间的听众。很显然，这部分可归结为人口统计因素——迪伦最初的一些粉丝已经不在人世了——但同时颇为有趣的是，迪伦何以能吸引新一代粉丝？毕竟对大多数老一辈的表演者来说，这通常是他们有心无力的事情。据我所知，滚石乐队的演唱会，或是更晚的埃尔维斯·科斯特洛或 U2 的演出，来参加的年轻粉丝都寥寥无几。个中缘由尚不明晰，但至少部分看来，这归功于迪伦深思熟虑的策略：他把 NET 的许多场演出都安排在了大学城或大学校园里，而 1994 年，在第二届伍德斯托克音乐节和 MTV"不插电"上的表演，则暗示他意图开拓新的听众群。

这里需要阐明一点，我并不是说，迪伦所有的老粉丝都抛弃了他，而完全被一群年轻粉丝所取代。当我谈及迪伦的"新"粉丝时，所指的是那些真正融入 NET 之中的人。当然也有很多过去追随迪伦的粉丝，现在仍一如既往地支持他；也有一些新的"年纪偏大的"粉丝，他们之前对迪伦并不那么感兴趣，但如今已经被 NET 所吸引。我并不意在对老幼粉丝做简单的二元划分，但与此同时，我们也应当意识到，相对年轻的粉丝群体，在很大程度上影响了受众对迪伦的解读。相比较那些对六七十年代的迪伦有所了解的老粉丝，这些年轻群体（这里指的是 35 岁以下的听众，尽管粉丝越年轻，其解读越尖锐）给出了对迪伦不同的概念化解读。这部分可归结为迪伦在 NET 上所取得的成绩，但还另有一个简单的历史事实，即在今天，六十年代的含义，以及迪伦在六十年代的角色所包含的意义，已经与过去迥然不同了。对我现在所教的学生来说，1995 年已经可划到音乐史的范围了，更不用说是二十世纪六十年代了。对他们来说，六十年代的真实感就像第二次世界大战一样——他们或许知道一些经历过那段岁月的人，但若要他们把那些经历概念化，则几乎是不可能的。即使成长于八十年代的人们能够理解迪伦，也不能与真正意义上的概念化等同视之。在八十年代，六十年代还算得上是近期历史，那些八十年代的孩子，也在耳濡目染中，接收着他们父母依旧鲜活的经历。而对那些近年来才参与到 NET 的年轻人来说，六十年代则等于是他们祖父母那一代人的记忆了。迪伦对成长于六十年代的人的意义，与他对生活在《错乱世界》之后的人的意义，明显是截然不同的。我并不认为，所有年轻粉丝都热衷于 NET 的那套逻辑，我也不相信，年轻人前来观看迪伦的表演，会毫不掺杂寻找传奇人物的成分。实际情况也的确给出了肯定答案。毋庸置疑，一些年轻人是因为迪伦带有六十年代偶像的光环，才来看他的表演，他们拥有《鲍勃·迪伦精选集》和《在武道馆》，希望能借此连接过去。但即使是对这些人来说，迪伦现在的意义与迪伦对早期听众的意义，也不尽相同。当这批年轻听众去看迪伦的演出，他们身上没有那么多规范的包袱，作为粉丝，他们把迪伦视为一个才华横溢的艺术家，而不是一个超级明星或个人的救世主（希尔伯恩，1992）。

背负更少的规范包袱，意味着相较于接受迪伦是一个词曲作者，年轻的听众更容易接受他作为表演者的身份。在 NET 开始时，任何一个 19 岁以下的听众都尚未出生；再比如说，在 NET 最初开始前，任何一个 35 岁以下的听众都尚未具备明显的音乐意识。对这些人来说，迪伦是一个表演者。他的言辞和行动都在告诉你，他是一个表演者。他们也许知道迪伦过去写过很多优秀的歌曲，并可能会对此予以高度重视，可在他们的成长世界里，鲍勃·迪伦是一个巡回表演者，一个坚持不懈的吟游诗人。这个站在舞台上的男人，与附属的词作者形象完全不同（下一章会对此做更多说明）。

这种时空上的距离，以及意识到并接受迪伦是一个表演者的事实，使得年轻的 NET 粉丝更容易摆脱唱片意识。迪伦当时的嗓音正是关键所在。其嗓音与众不同，并与他的现代明星形象紧密联系在一起，以至于歌曲的早期版本与后来的版本完全断裂。他的嗓音以及歌曲，如《战争贩子》或《肯定是四号街》的现代化编排，形成了与旧的录制版本完全不同的歌曲，并被赋予了不同的含义。新旧版本之间的差异如此鲜明，以至于在局外人看来，新版本的演绎几乎无法代表六十年代唱片带给人的体验。这些表演只能代表当下的体验，代表 NET 中的“鲍勃·迪伦”。

迪伦主要通过鼓励新听众参加多场演出，来削弱他们的唱片意识。正是在这一背景下，“感恩而死”乐队对迪伦的影响才得到最突出的表现，因为该乐队向来以拥有庞大的旅行团粉丝军（死人头）而闻名，这帮粉丝始终追随在乐队身后，穿梭于不同城镇，有时甚至年复一年，未曾间断。当迪伦在某个镇上演出时，总有一些粉丝会光顾多场演出，但这个数量显然不及“感恩而死”乐队的粉丝数，迪伦的粉丝也没有那么强烈的“周游”心态。显然，迪伦从“感恩而死”乐队与其听众的关系中发现契机，希望通过 NET 建立与之类似的听众群——观看多场演出，并能跟随巡演而到处游走。①

NET 主要通过形式的多样性，鼓励人们参加多场演出，而迪伦与“感恩而死”乐队的合作带来的一个明显影响，就是他开始愿意触及自己旧专辑里较为隐晦、少有人知的歌曲了。1988 年 6 月 7 日，在 NET 的第一场演出中，迪伦以《地下乡愁蓝调》作为开场秀，在此之前，他从未在舞台上演唱过这首歌曲。紧接着，他又首度在现场献上歌曲《温柔玛丽百分百》。他还演唱了《永悲之人》——出自他第一张专辑的一首古老民谣曲调——和另一首传统歌谣《美丽湖畔》——这首歌没有被收入鲍勃·迪伦的任何一张专辑。在之前的演唱会上，鲍勃·迪伦也都从未演唱过这两首歌曲。此外，他还首次演唱了 1986 年专辑《烂醉如泥》中的歌曲《漂流离岸已太远》，首次以非原声方式演绎了《伊甸园之门》，还演唱了《西班牙牛皮靴》——这是 1965 年以来，该歌曲的首次舞台亮相。两天之后，即巡演的第二晚，迪伦演唱的曲目中只有两首与上一场有重复——开场曲与结束曲(《麦琪的农场》)。他演唱了第一张专辑中的《宝贝，让我跟着你》、传统民谣《两个士兵》、1988 年专辑《陷入模式》中的《做了一个关于你的梦》，以及《我心中的男人》，这些歌曲都是自 1978 年以来，首度在舞台上得到演绎。到巡演的第四场演出时，迪伦已经演唱了 40 首不同的歌曲，到第十五场时，已达到 62 首。

这种在巡演中演唱各种不同曲目的模式，持续贯穿了整个 NET。在 1990 年的 93 场演出中，一共产生了 134 首不同曲目；在 2000 年的 112 场演出中，迪伦一共献上了 126 首独一无二的曲目；而在 2005 年的 113 场演出中，则产生了 110 首不同曲目。这种曲目的多样性，与迪伦早期的巡演形成了鲜明的对比：1974 年，迪伦开展复出巡演，与

① 据桑恩斯所说，实际上，迪伦曾在 1989 年试图加入“感恩而死”乐队(2001：440－1)。

The Band 合作举办了 40 场演出。一共产出 40 首不同曲目。1978 年，在 114 场的世界巡演中，只产出了 64 首不同曲目。① 当然，某些歌曲的演唱次数明显要多于其他歌曲。迪伦没有放弃演唱他的成名曲，而这也招来了部分人的非议，认为他的表演仍在仰仗六十年代的光环。[15]但倘若我们对 NET 进行细致的研究，就会从中发现一些颇有意思的事情。首先，对旧日荣光的依赖程度远没有预期得那么高(例如 1997 年，NET 的演唱曲目中，只有 41%来自 1961 年至 1966 年创作的作品，而在 2002 年的巡演中，该占比则只有 37%——这一数值从未超过 50%)。其次，现如今，迪伦开始演唱大量创作于该时期的作品，说他演唱"六十年代的歌曲"，其实并没有为理解那些歌曲提供什么有效信息。如果有人是怀着聆听六十年代经典歌曲的期待，去参加迪伦的演出，那我非常确定，他们不会听到 1969 年专辑《纳什维尔地平线》中的《乡村派》(2000 年的 104 场演出)。迪伦所演唱的未必是他最有名的歌曲，举例来说，1996 年(86 场演出)，仅有 4 首歌曲的演唱次数超过 40 次。其中，一首是封面歌曲("感恩而死"乐队的《阿拉巴马州度假》)，一首是八十年代的歌曲(《西尔维奥》)，只有另外两首可以称得上是"经典"(《沿着瞭望塔》和《雨天女人 12&35 号》)。有时，一些歌曲确实会长期出现在演出单上(从 1992 年 5 月 14 日到 1997 年 8 月 3 日的连续 482 场演出中，迪伦都演唱了《沿着瞭望塔》；《心乱如麻》则几乎出现在了 1998 年、1999 年和 2000 年的每场演出上；《像一块滚石》成为如今常年的返场曲目)，但 NET 的一个显著特征，在于预期的热门歌曲的配给方式。②

---

① 虽然我这里说"只"，但实际上与其他许多艺术家相比，这仍然是一个很高的数字。

② 同样，将其与迪伦早年的巡演进行比较，具有重要的启发意义。在 1974 年的巡演中，有 5 首歌曲成为 40 场演出的必唱曲目，另外还有 10 首歌曲至少出现在 30 场演出中。1978 年，《沿着瞭望塔》《答案在风中飘》和《麦琪的农场》都分别被演唱了 111 次，另外还有 9 首歌曲的演唱次数达 100 次。

让我们快速地做一个非常主观的案例分析：2005 年 11 月，我在伦敦布里克斯顿学院亲眼见证了迪伦连续进行的 5 场演出。在这 5 个夜晚，我听到了 50 首不同的歌曲。在这 50 首中，我敢说有 18 首堪称“精选”作品。部分精选作品甚至得到多次演唱：《像一块滚石》和《沿着瞭望塔》是每次返场加演的必唱曲目，而《麦琪的农场》是四晚演出的首支曲目（另外几首演唱了四次的歌曲分别是，《重访 61 号公路》以及 2001 年创作的两首歌曲——《夏日》和《对我诚实》）。剩下的 32 首歌曲中，有 13 首创作于六十至七十年代、不太知名的歌曲，另有 16 首创作于 1980—2003 年。在演唱会现场，我聆听了《百万美元狂欢会》（来自 1967 年的《地下室磁带》）和《等你》（2003 年发行在一张电影原声音乐上的歌曲）的首次舞台演奏。同时还有 3 首翻唱歌曲，这 3 首歌曲都是作为 4 场演出的开场秀：一次是演唱林克·雷的简短器乐摇滚曲《轰隆隆》，一次是演唱法兹·多米诺的《蓝色星期一》，另外两次是演唱碰撞（The Clash）乐队的《伦敦呼叫》。①

人们之所以会一次又一次地参加演出，原因之一就是演出曲目的多样性（如果你只去了布里克斯顿第一晚的演出，那你势必会错过《伦敦呼叫》），当然这并不是唯一的原因。实际上，正是 NET 整体的精心组织，才促使了人们前来参加多场演出。那么，NET 又是如何奏效的呢？我想，最好的总结便是，NET 是不断变化的环境的产物，它使表演者得以在演出中体会到倍受鼓舞的瞬间。[16] NET 存在的意义，就是创造一个迪伦可以充分释放自我、发挥潜能的特定组织结构。The Band 作为一支才华横溢的乐队，能自如地适应迪伦的演奏方式，无疑起到了促进作用。但最主要的驱动力，还是来自表演者与听众之

① 这种频繁的变化并不常见，当迪伦在一个镇上进行一系列的演出时，通常才有可能出现较多的变化，比如他在布里克斯顿时的演出。2006 年夏季巡演的前 5 场演出“仅仅”产出了 27 首歌曲。

间的信任关系。如果一个表演者确定可以信任自己的听众，那么他就极有可能把握住时机，带来有趣的作品。因而，迪伦的听众也就需要理解乃至深谙 NET 的逻辑。

演出与文本问题

NET 的粉丝们并非对每场表演都绝不错过，因为这些不同场次的演出都同样精彩，具有某种连续性。正如斯科比所说，“没有人能在一年内演奏出一百首杰作”，[17]但 NET 的目标，就是要创造出足以孕育这些特殊时刻的环境，使特定歌曲，抑或只是特定乐句，演绎得“格外出彩”，从而萌生出新的内容，再度迸发出生机与活力。有时迪伦信手拈来某一抒情的重复乐段，然后尽力发挥，看自己能坚持多久，又达到何种水平，或以颠倒词意的方式演唱歌曲，又或是持续绵延的口琴独奏，这些个人化的独特瞬间都在迪伦的大部分演唱会中一一呈现。还有一些更为宏大壮丽的瞬间：当迪伦加快节奏，连续演唱两首或三首或四首歌曲，歌曲似乎相互交融，所有人都全神贯注、惊叹不已，时间也仿佛静止。某次演出中，迪伦似乎从一开始就铆足了劲，创造出一个又一个震撼人心的瞬间。这些事情确实会在鲍勃·迪伦的一些演唱会上发生，但你无法预测具体会是哪一场，因而便会多次参加，以增加概率。

在我看来，倘若身在 NET 之外，便无法意识到这一逻辑。粉丝会参加多场演出，除了内心痴迷的作用，通常的解释是，迪伦每晚都会不断地对歌曲进行改写和调整。《Q》杂志上曾出现过与此相关的趣闻，对 1993 年迪伦在哈默史密斯的驻留，艾德里安·迪沃这样描述道：

> 人们来到现场，看迪伦如何残忍地修改一些备受他们喜爱的歌曲。这是绝无仅有的事情。你不会听闻有其他人这样做……没有人像迪伦这样对待自己的旧曲目。他走进旋律之中，将其颠覆，将其打破，然后进行解构和重组。或许在来之前，粉丝们还是一副穿戴整齐的模样，时不时哼点严肃的曲调，但今晚结束时，他们的头会套着别人的裤子，腿也会沾上其他人的口红。

然而，这并非NET之功。迪伦已经解释过了，真正使NET独树一帜的，是歌曲结构的一致性：

> 如果你要问我，现在与过去我在七十年代、八十年代甚至是六十年代时的演奏有何区别，我的回答是，在过去，演奏的歌曲是不会被改编的。编曲就是歌曲的骨架。正因为此，我们最近的演出才能如此成功，而且我们也没有偏离歌曲本身的结构。一旦结构安排妥当，一首歌曲便能以无数种方式尽情演绎。（默里·恩格尔哈特采访，1999）

迪伦在舞台上改编歌曲的惯例，成了“一个谜团，那些后来者们直到歌曲行将结束，也还是云里雾里，猜不出迪伦究竟在唱什么，而这很可能又使谜团越来越大，延续不断”。[18]不过，这些局外人对歌曲的无力辨识，的确透露出NET听众唱片意识的减弱。毋庸置疑，老歌与其录制版本听起来截然不同。“永不停止的巡演”显然试图把迪伦重新定位成一个演出者，挣脱唱片的束缚，真正活在当下，且只存在于活生生的听众面前。在迪伦对演出的强调上，值得注意的是，出现了一种新的批判形式，它突出迪伦作品“表演性”，既对NET做了详细阐释，又重新评价了迪伦的早期作品。在这一方面，造诣最深的作家当属保罗·威廉姆斯，他已经创作了三卷著作，讨论迪伦作品具有的表演特性，此外，他在早期还发表了一系列相关文章。[19]在写作有关六十年代迪伦的文章之初，威廉姆斯就一直强调迪伦作品中的表演性元素。比如，当言及《她现在是你的爱人》时，他写道："迪伦是一个感知真相的热情发声器，他的舌头直接与内心相连，不受思想指引，而是顺其流动。首先考虑的是节奏和表演结构，然后再用语言去填充……他的歌曲为我们的大脑带来欢愉，但又是发自肺腑的情感——让心跟着感觉走。"[20]然而，作者的方法与 NET 相一致，由于他第一卷关于迪伦作品的图书《表演的艺术家》，出版于 1990 年，他的方法便为许多粉丝对 NET 经历的解释提供了基础。威廉姆斯还在 NET 上花了大量笔墨。当描述 1999 年的《乔安娜的幻象》那场演出时，他写道："这八分钟表演的不同凡响，源于它的表现力、它的艺术性、它的结构性、它的音乐性、它的新鲜感、它的想象力……这不是对创作于 1966 年的那部艺术作品的简单重复。毫无疑问，它是创作于表演时代的伟大作品。新鲜、独创而刺激。"[21]

这一方法遭到迈克尔·格雷的强烈抨击，他称威廉姆斯的作品是"傻瓜式的辩护"。[22]对比之下，格雷则把关注点集中在迪伦词曲作者（实际上是一个词作者）的身份上，而非一个表演者，他也因而将迪伦后来的事业归为艺术才华的衰退："九十年代的鲍勃·迪伦，也许仍在演出中继续修改，或是重写六十年代中期到七十年代的音乐作品，可那些最初的作品，难道不也大多是鲍勃·迪伦一手创作的吗？"[23]这暗示出，迪伦想通过对歌曲的再创作，来重新定位明星形象的含义，实际上是很困难的。无论他本人做什么，旧形象的残留物，公众本身对"鲍勃·迪伦"含义的创造，都照样挥之不去。六十年代末，从迪伦的退隐过程中，也能看出类似的迹象。在这种情况下，对迪伦的任何新作品或风格变化，听众的预期和接受情况，都受制于他作为一个优秀词作者的明星形象。所以，任何对表演的强调都会被解读为对词曲创作的忽视（比如，黑林声称，迪伦"越来越多地极力追求他的艺术性表演——能力较薄弱的部分——是以牺牲他禀赋较高的词曲创作力为代价"[24]）。迪伦在1997年承认了这一问题：

> 人们把我这个人与我所写的歌画上等号，而不是根据我对已创作歌曲的改编能力去认识我。我感觉那是我从未真正有能力去涉足、去探索的部分，因为我并没有录制那么多歌曲。而人们又期待我去录制已写出来的歌曲。所以，我就陷入了两难的境地。（伦敦新闻发布会，1997）

迪伦一直努力创造出一批"新听众"，他们能意识到迪伦过去写歌的高产，而现在只零星创作的状况，现如今，也正是这些人成了活跃的现场听众。这些听众能真正体会到演出本身的价值，而不是在道听途说中，在外力作用下，才对演出有所感发。

迪伦对他的许多老歌进行重新架构和重新演绎的工作，与后现代文学中的一个理论密切相关，该理论对已完成的文本提出质疑，颠覆了独创性与作者身份的观念。斯蒂芬·斯科比的作品《重访化名的鲍勃·迪伦》，把对迪伦表演者身份的重视，与后现代文学理论的诸多见解（斯科比或许是唯一一个没有敷衍表演这一概念的文学分析者）结合在一起。"迪伦"，斯科比争辩道，"从来不认为一首完成的歌曲就是不可改变的"，相反，他会对歌曲进行重组，删词减句，或是重新排序，抑或是重写简短的乐句。[25]斯科比总结道："一首迪伦歌曲的歌词，并不是某一场演出所独有，而是所有演出的集合。"[26]格雷则提出抨击，不赞成把迪伦持续重写的歌词，看作"八十到九十年代迪伦学的陈词滥调”。他认为:“说鲍勃·迪伦文思枯竭或迷失方向,似乎太过轻巧了。”[27]

格雷对歌词开放性的抨击,把我们又带回到之前关于唱片意识的讨论。不妨思考下面这段对某场NET演出的评论:

> 近来,他总是删减篇幅较长的歌曲中的歌词。除了单纯对行程满满的演出不屑一顾,我们找不到其他的原因。比如说,你正身在1990年5月蒙特利尔的演唱会现场,迪伦在热情演唱《荒凉的街道》,这着实让人耳目一新——在过去二十年里,这首歌只演出过五次,而他却遗漏了五句歌词。这怎能不叫人失望呢?这是对听众的欺骗,对他自己工作的欺骗,从本质上来说,其实也是对自我的蔑视。[28]

格雷会认为迪伦“遗漏”了五句歌词,其实是以表演者应遵守作品的固定性为前提。正如前面提到的过程/产品理念,其发展历史要长于单纯的“迪伦”概念。书写符号的发展是为了确保神圣仪式的完美再现,而在一些文化中,错误的再现,则可能对表演者产生致命的后果。艾森伯格在描述某一本土文化时,说道:“年老者过去常常持弓箭站立,只要跳舞者出错,他们就会向其射击。”[29]类似的文本神圣化,也曾在现代文化中出现。针对莎士比亚的作品如何在美国被神圣化的问题,劳伦斯·莱文给出了精彩的分析,他解释了莎士比亚的戏剧最初在脱离“原始文本”的情况下,是如何进行演绎的——删除了不受欢迎的部分,新增了些幽默段子,个人场景被演绎成了更为宏大的滑稽场面。[30]然而,经过十九世纪的发展,人们萌生出一个新的想法,认为戏剧应该实实在在地按照莎士比亚所写的去演绎。实际上,在1879年,由于演员威廉姆斯·布斯“歪曲文本的含义”,台下的观众便朝他开了两枪。[31]值得庆幸的是，迈克尔·格雷所生活的时代，是不允许以这种极端方式来表达反感情绪的。

对文本神圣性的强调，建立在一套书面文化优先于口头文化的价值观之上。然而，唱片的发明，则为原始文本的储存增添了新手段。但是在过去，完美脚本或书面乐谱，被认为是神圣不可侵犯的，在流行音乐里，唱片则被视为是完美之作。从格雷的视角来看，对任何演出的解读都只能在"原版迪伦唱片"的所指范围内。然而，无论是以书面还是录制的形式，都假定忠于原始文本。格雷提及作品本身的"缺斤少两"，并批判迪伦对自己作品的轻视。我并不赞同这种说法；在我看来，迪伦对自己的（以及别人的）歌曲是极其尊重的。至于前一章中迪伦对博物馆和绘画的评论，其实是不愿过分抬高它们的高贵性，避免其成为寻常人无法企及的阳春白雪，以此来彰显自己的敬意（格雷的批判，呼应了之前来自民谣社区批评迪伦对传统事物不敬的声音）。放弃对文本的"尊重"，是后现代理论的另一要素，我将在下文进行论述。

尽管格雷持批判态度，但斯科比对此的理解，以及威廉姆斯的越来越富有印象派风格的讨论，都与 NET 的效果，与许多 NET 粉丝的经历产生了共鸣。当格雷反问道，"这怎能不令人失望呢?"，我想，他是从根本上误解了 NET 的理念，并对迪伦新听众的经历做了错误的判断。参加多场演出的主要效果在于，对听众聆听一个文本的方式进行重构，促使了"NET 意识"的形成，并以此取代唱片意识。聆听多场演出，也就意味着欣赏同一首歌的多次演绎，这会带来听觉上的饱和，即会增强聆听的体验，拓宽我们对当下的体验，并占据其他时刻的心理认知。在演出时刻，当听众正在聆听时，NET 意识破坏了听众对该歌词其他版本的认知。如果《铃鼓先生》今晚有两段或三段主歌部分，那么这就是今晚的《铃鼓先生》了——你专注于眼前的演出，而尚未将其他事情都抛诸脑后。这尤其适用于观看多次演出——连续五个晚上去观看演出，缓解了“今晚”一定要是“那一晚”的压力，使人能真正聚神倾听，感受当下情感的强烈。这就是所谓的“瞬时”，我会在下一章中详述，它的作用在于对“原始”录制版本的反优先化。[①] 举例来说，尽管已经参加了其他许多场演出，但当我听到《重访 61 号公路》或是《先生》的官方发行版本时，仍有股初次聆听的新鲜感。我不会把它们与之前的演出画上等号，尽管在很多情况下，它们确实就是我在演出现场初次听到的歌曲。对鲍勃·迪伦所有发行唱片的歌词和曲调，我都熟稔于心。它们已经深深地植入到我的意识里。然而，当我身处于演出现场，沉浸于眼前的演出，在那个当口上，我却无法告诉你他到底“遗漏”了哪句歌词。其他粉丝也曾向我袒露过相同的疑问。同样，这也符合一般的后现代主义审美：我们应当聚焦于对文化作品即时的、本能的感官体验，而非试图给出关乎含义或内容的合理化解释。体验这场演出对你产生了何种影响？迪伦在职业生涯伊始，就反复强调，音乐的情感元素是最重要的。1965 年，他说道，“问题的关键不在于理解我所写的内容，而在于能真正地用心去感受”（弗朗西丝·泰勒采访），而在 1997 年，他声称：

你无法解读汉克·威廉姆斯的歌曲。他已经完成了自我解

① 然而，这其中是有戏法的。存在着另一种体验 NET 的方式，即通过私制唱片和演唱会现场录音。尽管几乎他所有的演唱会都被录制了，而且他对此也了然于心，但不同于“感恩而死”乐队，迪伦并没有公然纵容在他的演唱会上进行录制。实际上，我认为他正是依赖于此，把这作为 NET 心态的一个关键要素。倘若没有现场录音的流行，NET 旨在形成新听众的目标就无法达成—— 一年看 5 场演出并不会削弱一个人的唱片意识；听 100 张现场演出的唱片，则有可能做到。现场录音介于过程与产品之间，因为我们所拥有的，是一系列旨在记录进行时过程的产品；每一张唱片的含义，只有在与其他唱片的比较下才会产生（见 L.马歇尔，2005）。

读和表演，那就足够了。现在轮到听众来决定是否被其打动。（埃德娜·冈德森采访，1997）

“决定”是在聆听的过程中做出的。如果你被 NET 的一场演出所感动，那你就是被眼前所看到、所听到的东西感动了。这就是为什么我认为讨论“文本”有转移注意力之嫌。文学学者对文本的概念颇感兴趣，而音乐粉丝却并非如此：对他们来说，问题不在于权威的标准是什么，而在于某一演出是否打动了他们。

高雅与通俗文化的价值

格雷关于文本的固定而封闭的观念，与斯科比和威廉姆斯的开放式理念之间的分歧，至少部分反映出现代主义和后现代主义的广泛文化定位。但更重要的，它们也是高雅文化与流行文化之间的价值分歧—— 一个相关但不相同的问题。这其中不乏一些讽刺意味，因为当格雷最初于 1972 年发表对迪伦的分析时，提出重视流行文化的观点，本身就是一个颇为激进的姿态。格雷观点的问题在于，它只接受传统高雅文化高于一切的假设，而这也是他早期主张重视流行文化所面临的困扰。根据大众文化批判的理论，所有流行文化都是垃圾，而格雷貌似对此提出质疑，因为他认为迪伦其实是非常优秀的。然而，当他把迪伦作为一个先验的例子来反驳这一批判观点时（“如果迪伦是优秀的，那么整个批判观点便被推翻了”），其产生的效果是，延续了高雅与通俗之间的鸿沟，但他却又要把迪伦强行纳入“高雅文化”的范畴（“看，他的的确确是一个艺术家！”），这对解决最初由二元分化引起的问题毫无助益。对流行文化的分析最早出现在八十年代，从本质上来说，它与后现代主义的出现密切相关，现在又被整合成文化研究学科。它阐明了流行文化的不同作用，以及其传统文化有着不同的价值。因而，流行文化需要形成自己的批评模式，而不是照搬异己文化。与此同时，其他学术工作的开展，表明“文化”的概念之所以得到F. R. 利维斯和迈克尔·格雷等作家的认同，是因为其本身与历史上的一套明确观点紧密相连，从而使某一特定种类的意识形态得以普遍化，并由此彻底卷入现代世界的不平等关系之中。[32]

高雅与通俗文化之间的价值差别，首先反映在自主性上，即它们如何与日常生活建立起关系。在传统高雅文化的观念里，文化应当与日常生活保持一定距离，保持一定的自主性。自步入现代社会以来，文化一直被理解为发挥着特殊作用的角色，可以推动我们意识的进步，与野蛮人相区别，并使我们更加人性化。而这些都必须在一个社会系统内才能实现，一切都是明码标价的，人类也被标准化和物质化。因此，文化（尤其是“艺术”）必须与社会世界保持一定距离，以它功能上的无用性，来反抗这个要求一切皆有用的社会系统。流行文化（以及高雅文化范围内的最新发展，如流行艺术）抵制自主性的错误主张，相反，它呼吁完全融入日常的生活节奏中，包括其世俗层面和商业层面。从本质上来说，通俗文化不仅仅是“有审美价值的”，而且也是具有社会性的，从之前对演唱会出席情况的讨论中即可看出。

这就引出了第二大分歧。在高雅文化中，作品的价值需从作品本身挖掘。无论其他社会行为如何，作品及其意义始终存在（因而有很多终生不讨喜的艺术家，其作品的内在品质最终得到社会认可）。一般认为，伟大的艺术作品遵循了一些巨作的普遍标准——无论我们承认与否，莎士比亚的作品都是伟大的。然而在流行文化中，作品的意义则产生于使用它们的社会行为。作品的价值被认为是暂时的，会随着社会行为和人们口味的变化而变化。流行文化的问题不是“它好不好?”,而是“它对什么(或谁)有好处?”。这种关乎有用性的问题是高雅文化深恶痛绝的诅咒。[①]

高雅文化和通俗文化之间的最后一个分歧,关乎我们与文化作品本身的互动方式。在传统高雅文化中,主要的接收模式是保持欣赏和批判的距离态度。若要完全理解一部文化作品的细微含义,我们应当真正参与其中。所以,我们特地去造访教堂、膜拜作品,我们静静地漫步于画廊,或是无声地端坐,欣赏一场古典音乐独奏会。正如前文所提到的,在欣赏高雅文化时,我们被预设为对文本怀有敬意。而在接触流行文化时,则恰恰相反,其特点是要求人们的参与。我们不把文本视若圣物;我们有时心不在焉,退而与人交谈,转而将注意力投向电视;听 CD 时,我们会跳过那些不喜欢的曲目,或是制作出唱片选辑。我们不必为了与作品产生互动,而前往特殊场所,或是营造恰当的精神环境;若是去参加流行演唱会,我们可以站起来跳舞,与朋友聊天,可以带着食物进来,然后从听众席后面的吧台买杯饮料——对比摇滚演唱会与古典音乐会的场地建筑风格、对比不同场合的惯例,便能看出其中的不同:我们对高雅文化是“有距离地欣赏”,而对流行文化则是“参与式地欣赏”。

格雷和威廉姆斯的不同观点,体现了有距离地欣赏与参与式欣赏之间的分歧(以及刚讨论过的相关特征)。而格雷之所以认为 NET 反映了艺术的衰退,也源于这一分歧。以下面这一评论为例:

---

① 我当然不是说,无须考虑流行文化的质量。那些广受宣传的流行文化对平民主义为之辩护的依赖(如果人们喜欢它,那它必然是好的),已成为一种趋势。这导致了对大众文化批判的简单颠倒,吉姆·麦圭根(1992)称之为一种“定性判断危机”。我们的确需要能对流行文化中的好坏进行区分,但这里的观点是,我们需要根据通俗文化本身的条件,形成一种新的批判形式。其中一个值得考虑的因素便是作品的“有用性”。

> 在1966年的原声独奏会上，他洋溢着的才华和天才般的表演，获得了听众礼貌的掌声……而如今，却形成一种不良的对比，他每唱一句，听众便会发出吆喝声，献上热烈的掌声。[33]

真的吗？在一个摇滚演唱会上，你觉得人们还会在现场跳舞吗？从这段引文可以看出，格雷并不理解流行音乐是如何运作的，以及身体反应和参与式欣赏何以成为这一形式的一部分。这是适合迪伦的舞台：他是一个摇滚明星，而非一个阅读之旅的诗人。这个舞台也是他自己的主动选择（确实不足为奇，考虑到他在年纪尚轻时，就已经被音乐——而非诗歌——所影响，且在六十年里都深深为之着迷）。早在1965年，面对演出时听众的不当崇敬，迪伦就曾表示不安，说道，"我很难接受安静的听众"（雷·科尔曼采访）。格雷对"不良的"这一形容词的使用，清楚表明了他所做分析的意识形态基础——作为维多利亚时期的道德良知，马修·阿诺德试图教化大众，并维持社会秩序。对格雷来说，对待作品的方式以及作品的目的至关重要，但实际上，作品是寻求人的尊重的抽象之物。迪伦重复早就声明，他的歌曲有其特殊目的——为了在活生生的听众面前演唱。

我们不应该将作品视为一种崇高而孤立的存在，而是要思考歌曲的实用性，对迪伦自己，以及对他的听众。对这些不同看法做了最佳阐释的，当属歌曲《西尔维亚》。这首歌来自1988年发行的专辑《陷入模式》，也是迪伦职业生涯中非常重要的一首歌曲。歌词由"感恩而死"乐队的词作者罗伯特·亨特所写，在1987年的预演中，也就是迪伦的事业发生转变之时，出现在了他面前。迪伦显然是从歌词中看到了自己喜欢的东西，于是为其作曲并录制，收入他的新专辑。录音版听起来效果并不理想：速度有点太快了，略显尖细刺耳。这为格雷的抨击提供了充足的机会，他形容这首歌"极其混杂不清"，是一个"可悲的庸俗作品”。[34]那么，为什么说它重要呢？因为它是 NET 中最常演唱的曲目之一，累计表演次数达 595 次。不应该仅仅发问，“它好吗？”（我有几分赞同格雷对这首歌录音版的描述，但完全反对以此作为评判现场体验的基础），更要追问“它有何作用？”保罗·威廉姆斯对此有所领悟，并给出了令人信服的回答：

> 迪伦喜欢这首歌。他喜欢来自现场听众的回应（不是因为他们熟悉这首歌，而是因为这首歌本身的活力，以及迪伦作为一名歌手和乐队主唱所具有的热情，这往往能带给听众一次激动而满意的音乐体验，即便迪伦唱的不是听众所期待的歌曲）。
>
> 迪伦为什么喜欢它呢？同样，还是因为表演这首歌很好玩。我想，他会有种荣获解放的感觉，因为这是他自己的一首没有精神包袱的歌曲，他和乐队尽情演奏，仿佛这是一首热门歌曲，或是一首成名曲，而听众也有所共鸣，尽管对这首歌一无所知，仍欣然愉悦地予以回应……这使得歌手以不同于以往任何迪伦歌曲和翻唱歌曲的方式，深深投入其中。“找出一些只有死人才知道的东西！”这正是迪伦在演出时乐于唤起听众注意力（重复歌词或放慢语速，耍一些小把戏）而使用的歌词——对比《我和我》中的“没有人看见我的脸庞和生命”或是《敲着天堂之门》中的“就像以前许多次一样”。[35]

威廉姆斯说得没错，这首歌对听众奏效了——它很有趣，你能看出迪伦从中取乐，而且你也可以随着音乐跳舞。我宁愿在演唱会听到《西尔维亚》，而不是听到像《近似女王简》之类的歌曲。当然，我也不会愿意在一场演出上听十遍《西尔维亚》，但那不是问题的关键。我们绝不能忽视这类歌曲，对一场演唱会的气氛和结构所能产生的影响。

这首歌还为我们思考迪伦的明星身份，提供了另一条线索：亨特的歌词是否真的在刻画迪伦，其实并不重要，重要的是我们（以及很可能还有迪伦）愿意相信歌里所写的就是迪伦。“把我的未来赌在地狱般的过去”，歌曲开头这样唱道，呼喊着“看过更好的日子，但谁不是如此呢”，然后以“唱着我的歌，一直走到山谷/让回声来决定我是对是错”作为结尾。在迪伦的两重轮唱中，没有哪一句歌词比开头和结尾句更好地捕捉到了试图逃离永恒的气息。不论是对表演者，还是对听众，《西尔维亚》都为NET的开展发出了有力的号召。

在本书中，我曾多次批评那些给迪伦贴上诗人标签的人。为什么呢？从下面关于高雅文化与通俗文化之差异的解释中，就能找到答案。高雅文化与通俗文化所呈现的，是全然不同的内容，它们发挥着不同的功能，而作品含义的创作方式也都不尽相同，以重复为例，它在通俗文化中就比在高雅文化中更为重要。对“高雅”与“通俗”文化的规定，包含着不同的假设，也涉及不同的社会实践，以一方作为另一方的评判基础是不合适的，也总会造成对被讨论对象的不公评价。迪伦是在一种通俗文化媒介环境里工作——“我不想把自己划入冠冕堂皇的领域，我是处在滑稽表演的领域”（大卫·盖茨采访，1997）。这表明，若要欣赏迪伦的作品，我们需要理解其存在的社会背景，被利用的方式，理解他对所选领域的期望，该领域的组织结构、局限性和机遇。迪伦是一个摇滚歌星，无论他多么优秀，他都无法超越自身所处媒介的社会结构。

这一看法极大地破坏了高雅文化（及其评论家）的权威。文化的现代概念在十九世纪渐成主流，折射出一种团结人类的理想化尝试。文化——尤其是在“艺术”中的集中体现——被看作唯一可以超越日常冲突的一块净土，也是唯一可以发现文明与完美的所在。这是对现代生活的强烈谴责，因为它暗示了在日常生活中文明与完美是无处可寻的，但它也把不堪忍受的负担施加给了艺术，因为艺术家与评论家的象征意义远超过他们实际的政治有效性。[36]随着后现代理论的出现，这一负担得以减轻，文化的概念也得到扩展，我们越来越意识到，“文化”代表着白种人、男性、欧洲人和中产阶级。最初，“文化”的概念是不带有文明属性的，所有人都被假定为它的顾客。然而，当其权威受到挑战，该假定立刻就成了无源之水，无本之木了。“文化”仅仅成为众多文化中的一种，而不再是所有文化必须遵循的标准。

从较小的范围来看，摇滚音乐的发展路径也同样如此。摇滚出现伊始，也是不带有文明属性的，它宣称代表所有年轻人的价值观，其文化偏见也是普遍人性的反映。同样，它也承受着不堪忍受的负担，被要求超越日常生活，需能改变社会、阻止战争。然而，随着时间的推移，它也开始受到仔细的审查（摇滚毫无疑问是属于白人、中产阶级和男性的，虽然它可能不一定与欧洲人挂钩），并且，随着其他主流音乐流派的相继出现，摇滚便被视为众多可能性文化中的一种。摇滚的意识形态反映了浪漫主义者与现代主义者的伟大目标——利用文化来改变社会，但一如现代主义先锋派的梦想，由于只被当作另一种宏大叙事，而遭到冷落和忽视，到八十年代，流行音乐下的摇滚也面临着同样的问题，其强势地位开始下滑。归根结底，驱使格雷发出对 NET 的批判的，是现代社会环境下人们对文化（因而也就包含了摇滚）地位与目的的关注。格雷痛惜“广告对真正的音乐产生的文化同化力”，[37]哀叹迪伦“堕入名人之流”[38]，并抨击迪伦竟把自己的演出称作是“一场表演”。格雷反驳道：

> 面对自己的现场演出被贴上“表演”的标签，迪伦似乎无动于衷……这要是发生在里根-撒切尔时代的人身上，或许确实没什么大不了的，一切都纯属娱乐，好比现在去当学生，只不过是职业

生涯的一小步。但情况也并不总是如此，有很长一段时间，迪伦的每次现场演出都可能成为一个事件，甚至有可能是一场演唱会，但绝无可能只是一个“表演”。[39]

他说的当然没错，迪伦的演出曾一度有着非同寻常的意义，远超过今天。但在三十年后，倘若不是因为单纯的理想主义被当作抨击迪伦后期作品的基础，要让人们相信迪伦的演出不纯粹是娱乐性的表演，简直是异想天开。

无论喜欢与否，我们都应从“摇滚元叙事已死”的背景出发，来看待 NET 的出现。迪伦与摇滚的真挚理想的挂钩，而非与摇滚追求愉悦的无节制相联系，造成了他在八十年代时地位的脆弱性。NET 最初是迪伦的有意之举，目的在于对他的音乐重新定位，并改变人们的认知——这一举动单纯是为了感动听众，而非要改变世界（实际上，自六十年代起，他便一直在试图说服听众）。我们要真正理解，歌曲就是歌曲，它们改变不了世界，即便我们曾有过这样的憧憬。所谓的真实性和艺术发展都应得到解放，因为迪伦已经找到了行之有效的方法，足以实现这些不至过于宏大的目标，而无须像很多其他表演者那样，以壮观酷炫的场面来牺牲听众的互动感和参与感。

NET 与迪伦的明星形象

把摇滚理想重要性的失落与个人的失败画上等号的，并不只有格雷一个人：比如迈克·马奎斯，就认为迪伦与六十年代激进主义之间关联的减弱，其实是一种“艺术的衰退”[40]。这类评论表明，迪伦尚未挣脱过去明星形象的束缚，尚未与六十年代的理想主义撇清关系。

但我认为，随着时间的推移，在重新定义迪伦的明星形象上，NET已经取得了相对的成功。特别值得注意的是，NET没有把迪伦重新定位成一个词作者，而是定位成一个表演者，塑造出一个当代吟游诗人的形象。受迪伦的特殊目标以及人口大潮的双重驱动，新的听众开始出现，成为迪伦演出的最佳拥趸。我想，倘若没有这次调整，迪伦就不会在1997年后取得巨大的商业成功。

不过，这一重新定位是一个相当缓慢的过程。早期的评论多充斥着不满之声，指摘迪伦要么唱"鲜为人知的"歌曲，要么以人们不熟悉的方式演绎老歌。但大体上，人们已开始注意到演出的闪光点，NET早期的表演也得到好评。1989年，《哦，仁慈》的发行标志着迪伦的强势回归，引起了强烈的反响。无论迪伦如何看待自己表演者的身份，他的摇滚明星身份大多都直接受制于专辑的发行。这些为职业生涯提供了一个测点，使传记叙述与演出紧密联系起来。《哦，仁慈》给乐评人留下了良好的印象，已然开始接受迪伦新的演出风格。

根据迪伦的名声状况，1990年《红色天空下》的备受抨击，就成了另一转折的标志，除此之外，再加上G.E.史密斯的离开，NET第一支乐队的推波助澜，NET因而成为一艘无舵之船。在许多粉丝眼里，1991年上半年是NET最困难的时期，在当时的欧洲巡演中，迪伦显然饮酒过度，而同行的也是一支排练不足的业余乐队。九十年代早期，迪伦的明星地位开始式微。NET被视为最后的避难所，偶尔能激励人心，但多数时候都极其糟糕，表演者一方面无力再创作歌曲，另一方面又不愿功成身退。对很多人来说，他成了一个笑柄，一个流传甚广的笑话。① 他在这一时期所发行的专辑，更是强化了人们心中的印

① 尽管自1997年起，迪伦的名声开始恢复，但我坚持认为，这种不连贯性与极端性——有时惊人得好，有时又异常糟糕——仍然是迪伦明星形象的一个重要组成部分，尤其是对那些对音乐只有三分钟热度的人来说，更是如此。

象：一个无话可说的迪伦。他发行了两张传统民谣的专辑，歌曲中只包含他自己的声音、吉他声和口琴声（1992 年的《像我那样对你好》和 1993 年的《错乱世界》）。这一时期发行的第三张专辑则是为 MTV 的“不插电”（1995）录制的。该专辑被视为对“无风险”歌曲的劣质演绎，评论家和粉丝都未予好评。

当时出现最多的评论，是对迪伦持续陷入僵局的无可奈何。值得注意的，不在于专辑是受到好评还是差评，而在于它们被忽略的程度：《错乱世界》在排行榜上排到了第 70 位，成为迪伦有史以来成绩最差的一次，而因为 NET 的缘故，事件的新闻性已然大大降低。九十年代早期，迪伦对外界的批评完全释怀了。他后来宣称，正是经历了这一时期，他的明星身份才得以转变，他的职业生涯也因此获得预期的塑造：

> 九十年代早期，媒体在跟踪我的过程中失去了线索，对我来说，这是再好不过的事情了。它至关重要，因为在媒体的监视下，你不可能有所成就。你受到约束，你永远都不能比你曾造就的传奇差。五六年之后，当媒体再次注意到我，我已经完全发展成自己理想的表演者形象，而且有十足的把握，去选择任何一条我想要走的道路。媒体永远都别想再追上我了。他们一旦让你离开，就别妄想再让你回头。这是形而上学的东西。目前还没到退隐的地步。你需要的，是被视为无关之人。（埃德娜·冈德森采访，2004）

1997 年，迪伦的“相关性”得以恢复，其导火索却是一件连表演者本人都不曾预料到的事情。

简况：昔日的灵魂

1997年5月，迪伦因心包炎（由组织胞浆菌病引起的心囊发炎）突然发作而住院，NET便因此中断了一阵子。迪伦似乎不至于有生命危险，但人们当时尚未知情，电视和新闻媒体上，关于他濒临死亡的故事早已传得满天飞。突然之间，迪伦的媒体知名度大大提升。1997年6月，他正式出院，并发布了一则新闻声明，其中有一句已成为经典——“我真的以为自己马上就要去见埃尔维斯了”。他在8月重返舞台，但看上去仍相当虚弱。然而，就在一个月内，他便参加了世界圣体大会，面对教皇在内的30万观众，倾情演唱。

1997年9月，迪伦发行了《被遗忘的时光》，这是他七年来第一张原创专辑，也是过去二十年来最受好评的专辑，标志着迪伦声誉开始显著好转。凭借着《被遗忘的时光》，迪伦三次荣获格莱美奖，并成为过去十年内颁奖机构、大学和摇滚评论的座上宾。2000年，凭借为电影《奇迹小子》录制的歌曲《一切已改变》，迪伦摘得奥斯卡奖。他的下一张专辑是2001年发行的《“爱与窃”》，同样广受赞誉。2003年，迪伦创作并参演了电影《蒙面与匿名》，影片讲述的是一个从监狱中释放出来的摇滚歌星，举办慈善演唱会的故事。2004年，他出版了自传《鲍勃·迪伦回忆录》的第一卷，而在2005年，导演马丁·斯科塞斯拍摄了长达四个小时的纪录片《迷途之家》，讲述迪伦早期的职业生涯。评论家们多以后两部作品的发行为契机，宣传迪伦如何出类拔萃，非同寻常。2006年，迪伦开始了他的新事业——DJ，在XM卫星广播台主持《主题时光电台时刻》，播放各种电子音乐。他还发行了新专辑《摩登时代》，同样备受好评。历史证明，这是迪伦最畅销的一张专辑，成为30年内第一张荣登榜单首位的专辑。这些年来，NET一直在进行中，到目前为止，累计差不多有2000场演出了。

专辑和重大事件

1997 年 5 月　迪伦因胸部疼痛住院

1997 年 8 月　世界圣体大会

1997 年 9 月《被遗忘的时光》

1997 年 12 月　荣获肯尼迪中心荣誉终身成就奖

1998 年 1 月　迪伦看起来仍显虚弱，迪伦参加了格莱美颁奖典礼上的演出，并获得三个奖项

2000 年 2 月《奇迹小子》电影原声带（群星）

2001 年 1 月　凭借《一切已改变》荣获金球奖

2001 年 3 月　凭借《一切已改变》荣获奥斯卡奖

2001 年 9 月《“爱与窃”》

2003 年 7 月《蒙面与匿名》（电影）

2004 年 9 月《鲍勃·迪伦回忆录第一卷》

2005 年 9 月《迷途之家》（纪录片）

2006 年 5 月《主题时光电台时刻》开播

2006 年 8 月《摩登时代》

第七章　永不消逝的明星:《被遗忘的时光》之后的迪伦

1997 年是迪伦职业生涯最重要的年份之一。这一年同时发生了两件事情,彻底改变了迪伦明星身份的含义。一件是他的住院,另一件是《被遗忘的时光》的发行。我在第一章中提到,虽然文学评论家可能会反对对歌曲的传记式解读,但实际上,明星身份是赋予歌曲含义的主要形式,尽管明星身份与传记密切相关,但明星身份并不依赖于传记的准确程度。对此,《被遗忘的时光》的发行,就是再好不过的说明了。事实上,迪伦生病与《被遗忘的时光》并无关联——专辑中的歌曲写于 1996 年末,并于 1997 年一二月间完成录制,而直到 5 月份,迪伦才病倒住院。但若依据明星身份,这两件事便是紧密相连的。生病这件事,促成了对迪伦的理解,为人们接受和解读专辑中的歌曲提供了情境。专辑一发行,上面的歌曲更是强化了公众的印象。

《被遗忘的时光》在世界范围内都广受赞誉。可想而知,它得到的评价自然高于迪伦的其他专辑。在我看来,这些极高的评价并非歌词创作之功,也不仅仅是为他幸存于世而流露出的欣慰之情。这张专辑之所以能大获成功,主要是因为它呈现出一种始终如一而连贯的音乐风格,与迪伦的当代明星形象相协调。这主要体现在声音上,不过专辑的风格(闷热而封闭的)与歌词也都有所反映。迈克尔·格雷对专辑的主题做了很好的归纳:

> 无穷无尽,近乎强迫症地不停行走,孤立无援,缺少与他人接

触的意识；令人窒息的空虚感，以及随之而来的毫无目的的生活；时而有对死亡的渴望，时而又希望时间没有流逝殆尽；确信在很久以前自己曾步入歧途，其中之一便是错失真爱；确信别无他话可说，说出来也毫无意义；心神疲惫，夹杂着对所有失去之物的极度悲痛。[1]

我想对此做进一步的综合分析，解释在九十年代早期，与迪伦的特定明星形象相联系的三大主题。第一个是强调持续运动，尤其是行走。很多歌曲都在开头提到行走（“我正走在一条死去的街道上”，“将要走上那条泥土路”，“我在夏夜里尽情漫步”……）。正如格雷指出的，这种行走似乎是无法避免的，或者说，是强制性的。这自然与NET创造出的迪伦概念相关。“短暂”这一持续“运动”的概念，是摇滚文化的一个主要元素，而迪伦也一直被视为是一个躁动不安的人。然而，从NET举办伊始，这种躁动不安便被赋予了一个人体形象——巡游的民谣歌手，四处漂泊的流浪汉，总在前往下一个声色场所，暂时地歇脚，也在一场演出完成时便告结束，然后继续前进。因而，迪伦的当代形象也处于持续变动的状态，总在向下一场演出进发。1997年，记者艾伦·杰克逊写道：“这是一个只存在于聚光灯下的男人。他每晚在世界某处的舞台上重获新生，但除此之外，便永远都是一个居无定所的流浪汉，心甘情愿成为永不停止的巡演的奴隶。”当《被遗忘的时光》提及持续的、强制性的行走时，上述形象更是得到了强化。

《被遗忘的时光》的第二个主题就是无话可说。整张专辑一再提到，无法准确说出想表达的意思：

感觉似乎在和谁说话，但我不知道究竟是谁

（《一百万里》）

现在你可以把这本书密封起来，再也不去写它了

（《设法上天堂》）

我厌倦了说话，厌倦了设法解释

（《直到我爱上你》）

这显然与九十年代迪伦的形象有关——致力于表演，而非创作。在这段时期，迪伦多次做出声明，说“这个世界已不再需要更多的歌曲”，两张翻唱专辑，《像我那样对你好》和《错乱世界》的发行，更是印证了这一说法（2004 年，他声称“如果我是为自己创造音乐，那我只会翻唱查理·帕顿的老歌”）。然而，正如之前所提到的，许多乐评人和粉丝并不愿放弃迪伦是一个词作者的观念，对他转向表演的行为也多有指摘。因此，颇为讽刺的是，迪伦关于不需要新歌词的言论，只有在他成功创作出新歌时，才会引起听众的重视，而这恰恰表明，迪伦永远都无法彻底改变他的明星形象。但无论成功与否，《高地情歌》中关于“要说的话越来越少”的声明，都与九十年代鲍勃·迪伦的形象完全相符。

《被遗忘的时光》的最后一个主题是衰老和死亡。逝去的青春，衰退的身体，即将降临的隐喻式黑暗，都贯穿于整张专辑。这是评论家们理解最透彻的一个主题，也与他的生平传记有着最明显的关联。正是在这一主题下，明星形象与专辑引起的反响实现了直接的融合。媒体很快便把迪伦住院的那段时间，与这张专辑预示灭亡的特征联系起来。一些媒体还妄下结论，认为疾病是忧郁专辑产生的必然原因。其他媒体虽观点相异，但仍笃定，迪伦肯定事先有所预见。甚至是那些明确指出与传记相矛盾的评论，也公然地把两件事紧密挂钩。

《被遗忘的时光》之所以大受欢迎，关键就在于它呈现出一个连贯一致的歌手形象，与明星迪伦的公众概念相吻合。这点可从歌词里看

出一二——这张专辑在主题上具有一致性——但到目前为止，其中最重要的元素还是声音。歌曲从声音中所得的含义，要超过从歌词语义中所得的含义。这一点在这张专辑中表现得最为明显。就《被遗忘的时光》来说，迪伦的声音体现了这张专辑的重要主题。它听起来像是一个年老者的声音，非常老，远比迪伦本人要老得多，毫无疑问，这个声音震惊了许多听众：

> 他在《被遗忘的时光》中发出的邪恶的、有如生锈的消音器般的咆哮声……震惊了全世界，因为它与昔日的辉煌格格不入——完全是一个新事物。[2]

这一全新的歌声最初出现在《像我那样对你好》《错乱世界》和《不插电》中，但很少有人听过这些唱片。《被遗忘的时光》是迪伦最成功的唱片之一，成为继《慢车开来》后，他第一张销售破百万的唱片。大部分购买这张专辑的人，至少在《哦，仁慈》，或是《异教徒》之后，或是更早之前，就再没听过迪伦演唱了。可以说，《被遗忘的时光》中的声音，与鲍勃·迪伦原来的声音毫不相符。①

年龄的变化自然是部分原因，但毫无疑问，迪伦的声音还受到了NET的影响（当录制这张专辑时，他已经举行了749场NET的演出）。由于声带没有得到充分的休息（从1997年起，声带就已经愈加压缩了），迪伦的声音显得沙哑、粗犷而低沉。对于他最近的专辑，有评论称他的嗓音“极其沙哑”，是一种“沙沙的，似乎伤痕累累的咆哮”，和一种“极不清楚、极其刺耳的刮擦声，仿佛有鲜血从迪伦的喉咙中迸

---

① 尽管迪伦的声音在之前经常被描述为“比较苍老”，其中以他的第一张专辑最为明显，那张专辑让人很难相信那是一个20岁的人的歌声。

出”。这个声音就像是玛士撒拉式老人的声音那样苍老。但这个声音又具有惊人的“现在时”特征,它充满了丰富的织体,几乎给人一种触感。威廉姆斯认为,听《被遗忘的时光》,就像是坐在演唱会的前几排,[3] 而这种效果正源于那发自肺腑的声音。当然,这个声音夹杂着一种纹理,一种浓密的纹理,富有自然的庄重与美丽:400 年橡树的纹理,在咆哮声中熊熊燃烧。

在我看来,继《被遗忘的时光》发行后,迪伦的明星形象如何发展,受到了声音的“年龄”的重大影响(后面我会对此做具体论述)。根据一般的理解,某人的声音可以揭示其真实性格。正如弗里斯指出的,“我们假定自己可以从某人的声音中洞悉其生活——而这种生活不会受歌手的技巧所影响”。[4] 如今,迪伦被看作是一个老人,而非中年人(对摇滚音乐来说,这或许更像是个有问题的标签)——当《红色天空下》发行时,他 49 岁,而当《被遗忘的时光》发行时,他已经 56 岁,越来越接近 70 岁了。这时,年龄已经不再是一种内在的优势。可以对这一年龄做不同的解读,比如,象征衰老和破败。但在这里,迪伦的年龄则代表着智慧和刚毅。同样,这又是由声音造成的印象——在《被遗忘的时光》中,歌手表达了一种疏离、孤寂,以及与世界的隔离之感,但同时又表现出不屈不挠的内在人格。乐天知命,即是力量。歌手无须过多借助于自己所说的内容,而只要以权威的方式去陈述,便可守住自己的内在优势。迪伦“诚实地表示,自己已经丧失了全部的真实性”。[5] 在年龄面前,这种品质,这种尊严和反抗精神,正是 NET 的重要特征,也基本上是迪伦 1997 年之后明星身份的重要特征。

《被遗忘的时光》发行之后,迪伦受到了铺天盖地的赞美,而这是继六十年代以后从未有过的。在 1997 年到 2001 年之间,他频获嘉奖:多萝西/丽莲·吉许荣誉奖;肯尼迪中心荣誉终身成就奖;《被遗忘的时光》三次获得格莱美奖,其中包括他首个格莱美大奖(年度专辑);

保拉音乐奖；金球奖；以及他个人十分满意的奥斯卡奖。而且在这些年里，他每年都被提名诺贝尔文学奖。他在1997年之后的作品——专辑《被遗忘的时光》《“爱与窃”》和《摩登时代》，自传《鲍勃·迪伦回忆录》，以及纪录片《迷途之家》——更是好评如潮。《“爱与窃”》成为九年来第一张被《滚石》评为五星的专辑。他的商业地位同样大大提高——三张专辑在全世界都进入榜单前十，而《摩登时代》更是成为1976年后迪伦首张美国排名第一的专辑。

尽管迪伦试图将自己重新定位成一个表演者，而非词作者，但显然很讽刺的是，只有在发布新歌专辑时，他才会重新获得好评。尽管迪伦试图通过NET来重新调整他的明星形象，但在人们心中，他依然是同时代最伟大的词作者。这也表明，原创具有更广泛的文化理想化色彩。然而，这又使讽刺意味加倍，因为从传统意义上来说，迪伦在1997年所发行的专辑并非“原创”。恰恰相反，那张专辑对早期音乐素材做了精心的叠加和整合，是对蓝调、民谣和流行演奏中的线条与图像的拼接。第一首歌叫作《思念成疾》，是对汉克·威廉姆斯的热门歌曲《相思布鲁斯》的缅怀，第二首歌《泥土路上的布鲁斯》，则模仿了查理·巴顿的《行走在泥土路上的布鲁斯》。《站在门口》中的歌词“抽一支廉价的香烟”，摘自吉米·罗杰斯的《等待火车》。在歌曲《高地情歌》中，迪伦把云朵比作“微微振荡的战车”，等等。专辑还有对其他音乐的引用：《让你感受我的爱》的旋律来自《你属于我》，而《站在门口》的起始音符，会让人想起埃尔维斯·普雷斯利的金曲《坠入爱河》。[①]这种作曲方式一直延续到迪伦后来的作品，《一切已改变》中“我是一个满脑忧虑的男人”这句歌词，在之前的很多蓝调歌曲中都出现过，其中《四十英里崎岖路》是杜安·艾迪的主打歌曲；《“爱与窃”》中的歌词

---

① 歌曲已经由迪伦翻唱并正式发行了！

“我相信我会拂去扫帚上的尘埃”出自《滚滚洪流》，一首普通蓝调歌曲的名称，而查理·巴顿还曾录制了一首叫作《到处滚滚洪流》的歌曲；《胖子双胞胎兄弟》中的“我把爱全给你，却又被丢弃”，则复制了罗伯特·约翰逊《徒劳的爱》中的歌词；《甜心宝贝》的最后一句歌词，“抬头看，抬头看——寻找你的造物主——因为加百利已经吹响了号角”，其实来自弗兰克·辛纳特拉的《寂寞之路》。当人们发现，迪伦引用日本作者佐贺纯一的小说《浅草博徒一代》里的文字，却未标明出处，媒体顿时一片哗然。① 这种引用方式激起了众多评论员的议论。一般人认为，这是对传统观念下著作权的破坏。[6] 对其他歌曲中歌词的引用，既强化了《被遗忘的时光》的中心主题——要说的话越来越少，也凸显了迪伦之前的一个观点——“早已被人做过/早已被记载在了书中”(《太多微不足道的事》)。② 不过，在本章，我想从稍有不同的角度来分析这一问题，思考引文的使用，如何影响对音乐的时间性体验，它们如何把迪伦与“传统”联系起来，以及这种双重过程如何影响迪伦的明星形象。在我看来，正是从时间和传统的关系中，我们可以找到迪伦得以东山再起的原因。

---

① 当人们发现《摩登时代》(2006)里的几句歌词，原来可以追溯到美国内战诗人亨利·蒂姆罗德的作品，便又掀起了类似的骚动。在诗人最初写完这一诗篇后，《摩登时代》才发行，并继续保持直接引用的方式。《翻滚》是对穆迪·沃特斯同名歌曲的改编，而《河堤决口》的创作，则可追溯至孟菲斯·明妮的《当河堤决口》。那些人们耳熟能详的抒情词句，充斥在专辑的所有歌曲中，比如“我把脚放在大厅，在厨房睡着”，“穿上你的猫衣服”以及“清晨的布鲁斯如冰雹般落下”。

② “所有的词汇都已经被用过了，问题只在于我们如何将它们组合在一起。几百年如此——尽管我们可能认为自己想出了一些绝妙的歌词，但我想，如果你找对了地方，你就会发现已经有人这样写过了”(比尔·弗拉纳根采访，1985)。

“坐在我的钟表上”：对音乐的时间性体验

关于《被遗忘的时光》，我读到的最有趣的评论，来自保罗·威廉姆斯收到的一封电子邮件，后来被收入他2005年出版的书里。该评论这样说道，“专辑就像是充满着超链接的网站，通向蓝调和民谣的历史，并附有许许多多的参考文献”。[7] 我之所以认为其中饶有趣味，是因为从广义上来看，它引出了一个问题：在我们对某一作品的体验中，“科技”扮演着何种角色。换句话说，真正会影响我们对作品的体验的，是作品的性质（它是哪种“容器”），而非单纯的内容（它说了什么）。① 正如之前争论过的，随着我们对万维网上超链接的熟悉，超文本标记语言（HTML）的出现，势必会改变阅读的性质。在阅读一本小说时，读者的进度受作品性质的建构——你以渐进的方式，从开头读到结尾。这给阅读行为施加了一种线性感——作者铺设出轨道，然后你循着轨道前进。从这个意义上来说，作者控制了你体验的节奏——制造出悬念，让你在读完两三章后放慢节奏；遇到戏剧化的片段，又让你加快步伐。这种线性是由小说本身的性质构成的——此外再无其他的阅读方式，你不可能胡乱地翻页阅读。然而，超文本标记语言（HTML）的出现，带来了新的阅读方式。读者不再被迫从头读到尾，而是可以链接到其他内容，比如一个题外话，甚至是一个完全不同的网页。他们也许根本不会读完整篇文章，而是跟着一系列链接

① 举例来说，印刷乐谱的出现，改变了人们对“音乐”是什么的认知，并因而改变了个人音乐作品的指称范围。正如作曲如今可以与演出相分离，新的音乐制造者，即“作曲家”也就应运而生了。这带来了知识的专业化，不仅形成生产的等级制（作曲家被假定为比乐器演奏家更富才华），也形成了消费的等级制（若想“恰当地”欣赏古典音乐，则需掌握作曲技法方面的知识）（弗里斯，2001：29－30）。

走，最后停在全然不同的内容上。这削弱了作者引导我们的权力，而增强了读者对阅读体验的掌控力。然而对我来说，其中的关键，在于线性阅读的减弱，而取代它的是一种更宽泛的，具有更多空间维度的阅读方式。我很好奇，这种变化会如何影响我们对时间的体验。拿一本小说来说，作者可以在我们体验虚拟世界时强行设定时间，并在需要时给我们提供信息，可以让我们在较短的时间里，经历纸页上的好几个月，或是在许多章节中只感受一天的故事。简而言之，小说里的时间如何展开，是由作者决定的。但如何将"阅读时间"的体验，与我们对真实时间的体验相匹配，却是作者无力为之的。例如，某些人的阅读速度快于其他人:你可能会选择在一天内阅读整本小说，也可能选择每晚睡前读一个章节，等等。读者握有如何体验小说的决定权，但这不同于我们对音乐的体验。尽管暂停键和随机播放键给了听众一些掌控权，但"音乐存在于时间中，并在时间之河里逐渐展开"，它在听众身上"施加了一种公共时间的尺度"。[8] 你无法"更快地聆听"——强迫音乐加速，会使它听起来很滑稽。当聆听一首乐曲时，你的命运就掌握在作曲家和演出者的手中了。

然而，我们在音乐里所体验的时间，并非与演绎一首乐曲的"实际"时间完全相同。我们对音乐时间的体验，影响着我们对真实时间的体验。例如，菲利普·塔格指出，对于快歌持续的时长，我们心理的预估时长往往短于其实际时长，而慢歌，情况则相反。[9] 音乐体验与时间的关系，已成为现代主义与后现代主义古典作曲家关注的焦点，它同样也成为迪伦关注的焦点。在整个职业生涯里，他的作品的一个重要主题，便是经验时间的不确定性。具体来说，迪伦曾不断重申，希望用歌曲来"停止时间"。他在 1985 年说道，"在某一瞬间，它们使时间静止了。人们期望歌曲足够宏大，带来停止时间的错觉"(比尔·弗拉纳根采访)。那么，这一显而易见的悖论——利用本质上于时间中展开的事物，来制造时间已经静止的错觉——又何以能成立？弗里斯为此提供了解决方案，他提出疑问，“现在有多久？更具体地说，音乐能使时间延长吗？说到底，问题的答案其实不足为奇：倘若‘现在’其实是由注意力的集中程度来界定，那么音乐的确可以通过表达‘现在’，而使瞬间得到延长。并且，也正是这种‘时间注意力’，界定了音乐的乐趣。”[10]

作曲家、词作者或演出者必须把握对瞬间的表达，让听众暂时忘记时间。在这方面，迪伦采取了几个策略。十七世纪中期，迪伦试图把过去与未来统一起来，从而形成一个强化版的现在，其中以专辑《音轨上的血迹》和电影《雷纳多和克拉拉》表现得最为明显。迪伦在《心乱如麻》中说道：

> 我努力想要活在当下，但脑海里却浮现出大量过去的画面……我想要做的，与歌曲里的角色，或即将发生的事情，都毫无关系。我想要做的，是那些我不确定自己是否做好准备的事情。我想要对抗时间，让当下的故事与过去的故事同时发生。（比尔·弗拉纳根采访，1985）

这次采访中，他还指出，《愚蠢的风》“只是提出了以画面来对抗时间——昨天、今天和明天——的设想。我想以一种陌生的方式把它们全部串联起来。”这一策略被用在了歌曲《当你匆匆离去只会让我倍感寂寞》的编排上，歌里对恋爱前的回忆和分别后的设想，发生在同一时间，从而突显出当下的欢乐。在后一张专辑中，迪伦则试图通过广泛引用其他流派的歌词，来达到相同的效果：对传统资源的利用，使过去与现在相融，而迪伦对这些作品的使用，既确保了传统的延续性，也为其指明了未来的方向。正如迪伦在《再见，再见》中所唱的，“我的未来，已经是过去的事了”。这再现了《错乱世界》唱片封套上的主题，也就是他所说的，这些歌向你展示了一种方法，你可以“学着以时光倒转的形式向前迈进”，而这恰恰呼应了《行星波》唱片封套上的文字：“过去的时光已经远去/直到永远，而新的日子也紧随其后”。

迪伦的演唱风格同样也围绕着时间这一概念。他的演唱能反映出歌词所描述的对时间的体验，而且其本身也会影响听众对时间的体验，因而增强了歌词传达的含义。迪伦十分擅长利用自己的声音去伸缩时间，几乎可以把歌唱部分从音乐结构中分离出来。这正是艾伦·金斯伯格（在《渴望》的唱片套上）所说的，迪伦“长元音的嗓音”。下面，我将以三个简单的例子作为说明。第一个例子是《愚蠢的风》，当他唱“我坐在车的踏板上等你，慢慢地，已春去秋来”时，“慢——慢——地”这个音被拖得很长，因为他在等待未来变成过去，希望这个长音能承载对整个季节的回忆。第二个例子是《坚硬的石头》，开头“我紧紧抓住……一块坚硬的石头”中的停顿，是为了营造“紧紧抓住”的紧张感。正是缘于歌手所紧紧依托之物的特性，你越是害怕坠落，越是希冀了未来的庇护和慰藉，时间反而流逝得越是缓慢。过去的危险和未来的救赎，都融合统一于声音停顿的间隙。最后一个例子是《黑夜未至》，歌里唱道，“我已记不得是什么让我来这里，我究竟是在逃离什么”。迪伦在唱这一长句时，把音拖得很长，以至于当你听到句末时，几乎已经忘掉这一句的开头是什么，之前的歌词已经在时间里流失了。

所以，迪伦有时能够身在当下，而从歌词和声音中领会过去与未来。艾尔弗雷德·舒茨认为，这是音乐作品的一个必要特征：“作曲家以其特定的艺术手法来谱写作品，从而引导观看者的意识，使他们把实际听到的当成是期望听到的，也当成是刚才在听的，以及自音乐开始时所听到的内容。”[11]舒茨称之为“内在时间”。虽然迪伦试图通过歌词达到这一境界，但若要理解迪伦音乐中的时间体验时，我并不认为这种“内在时间”是最佳的方式。另一种方式，就是克拉默所说的“瞬时”。瞬时的诀窍在于，它可以抹掉过去和未来，这样听众就只能专注于此时此刻。当下这一时刻被扩展，并填补了我们的全部认知。克拉默说：“要重视‘当下’音乐的重要性，这是对连绵不断的当下的体验。也就是说，瞬时使回忆成为不可能之物（或者说，是毫不相干之物）：对于即将发生的事情，它不会提供彩排，方才响起的音乐，也将不复再现……”[12]

实现瞬时效果的关键，就是重复，因为它可以削弱听众对逐渐展开的线性“描述”的概念认知。这无疑是自相矛盾的，因为正如克拉默所说，“瞬时是利用聆听的线性去打破时间的线性”。[13]当克拉默聆听埃里克·萨蒂的《烦恼》时，他形容自己体验到了“当下的极大延伸”。这首乐曲由八小节短句组成，连续重复了840次，在这一过程中，时间变得：

> 越来越慢，几乎要静止了。但紧接着，我发现自己正转向一种不同的聆听模式。我正在进入乐曲的垂直时间。我的当下得以延伸，因为音乐的过去与未来都已尽数遗忘。我不再感到百无聊赖，也不再郁郁寡欢，因为我已经放弃期待的念头。我把自己带有目的性的聆听习惯抛诸脑后，而深深沉醉于耳边的乐声……确实，我时不时会走神，但在参加音乐会时，现场乐曲的震撼力之大，让我一直全神贯注，心潮澎湃。我的神经变得尤为敏感，即便是对演出中最细微的差别，也会有所感知。而从某种程度来说，倘若面对的是信息量巨大的古典音乐，这种感受力则是不可及的。[14]

迪伦从事的是流行音乐，而非高雅艺术，而对迪伦的听众来说，后者显然对耐力的要求过高了。不过，萨蒂的典型简约主义，确实与迪伦的音乐存在相似之处。其中，以迪伦的现场演出表现得最为明显，但有时，他也能在唱片中成功营造出“瞬时”的感觉。效果最显著的，当属《高地情歌》，迪伦说道，这首歌“就像是被施了催眠术，听起来似乎永远不会结束。而这正是关键所在。它可以永远唱下去”（埃德娜·冈德森采访，1997）。《高地情歌》的关键，就在于一切都没变。在整首歌里，乡村蓝调的重复小乐段一直不曾减弱，没有桥段，没有中八流行乐，只有主歌的不断重复。这首乐曲没有任何变化的迹象，也没有结束的意味。如此看来，它与《洛兰兹的忧伤眼睛的女人》颇为相似，很明显，两首歌都利用了声音渐弱的效果。这当然不足为奇，但它制造出了乐队永远演奏的假象，而听众也就将录音唱片拒之门外了（与唱片相反，现场演出的歌曲肯定会有结束的时候）。不过，在《洛兰兹的忧伤眼睛的女人》中，口琴前奏的引出，即表示歌曲已接近尾声，暗示歌手已把要说的话都说完了。而《高地情歌》，对于可能发生的变化，则没有给出任何预兆。这本身就是一首轻松怡然的歌曲，风平浪静的生活，一切如常（“我在清晨醒来，眼前依旧是昨日的那张书页”，“门外的世界日复一日，一成不变”），即便真的发生了什么（他遇见一个女服务员），歌手也会以轻描淡写的姿态去演唱，表明那件事其实毫无意义（这令人回想起专辑《地下室磁带》里的歌曲，《晒衣绳事件》）。不论从歌词，还是从演唱，或是从乐曲层面来看，这首歌都在传递同一则“讯息”：每一天都是相同的，每一天都波澜不惊。歌曲的长度——17 分钟，20 小节，100 句——也饶有兴趣地重申着这一观点。但这并不是一首单调乏味的歌曲。我现在所能做的，就是像克拉默一样，如实记下个人的体验。最近，我一直在听这首歌，总有种它会永远唱下去的感觉。我看着 CD 显示屏：已经播放了 3 分 42 秒，大约是《生铁区》长度的三分之二，倘若听的是那首歌，估计早在十分钟前就听完了，而且不过是一眨眼的工夫。[1] 时间无疑变慢了，但就在"计时"的这一瞬间，歌曲获得了解放，或者说，我自己获得了解放。突然间，歌曲里的循环重复，单调平常，都一一得到缓和。歌唱的声音，而非歌词的含义，开始变得越来越重要。迪伦的声音本身即带来一种慰藉。它似乎在徐徐道出，这些没完没了、千篇一律的东西，其实并不重要，事情不会发生变化，但别担心，只要你顺其自然，适应那些荒谬和琐事，那么，一切都会好起来的。从这一刻开始，歌曲变得激烈起来，有如咒语。与前四分钟相比，剩下的十三多分钟，频率大大加快。

尽管这个例子证明迪伦通过唱片成功达到了瞬时的效果，但实际上，最明显的例子，还是迪伦在舞台上的演出。例如，1966 年巡演中的原声演唱，以及其中最重要的口琴独奏。1966 年的独奏永远都不会结束，或至少看似如此。与歌唱部分所花的时间相比，这些独奏的时长显然是不成比例的（虽然 1966 年的演出中，有很多次，是歌唱部分被极度延长，而使时间变慢）。还有些时候，迪伦会找准竖琴上的两三个音符，压音、拉音，然后一遍又一遍地重复。所有这些都产生了静止时间的效果，将听众引到另一番天地，在那里，没有独奏开始的概念，也没有对结束的期待。仿佛你是在等待一辆还未到站的火车：你等啊等，车还是没有来，反正你也已经错过了本来要参加的会议。然后你进入了一个新时区，之前的事情都已无关紧要。[2]

迪伦在"静止时间"上取得巨大成功的，还有另一时期——NET 期间。简短的重复的乐句，好似极简风格的磁带循环，贯穿了迪伦 NET 演出的方方面面——人声、口琴和吉他。近几年，迪伦的吉他弹

---

① 很重要的一点是，要认识到科技在我们对音乐时间的体验上产生的影响。CD 技术的出现，使我们对时间的体验更加强烈，因而也就改变了我们对音乐的体验。

② 感谢戴·格里菲斯，为我提供了这个类比。

奏遭到抨击——黑林这样描述道,“像一个戴着草叶的自闭症少年,演奏着重复的乐段,直到吉他琴颈被折断。”[15]这种评论表明了听众的需求,希望迪伦选择的文化领域不要与萨蒂的相同(黑林大概不会喜欢《神秘的一页》),但同时也反映出他们并不理解迪伦的用意和初衷:

> 我的吉他演奏并不是可有可无、无关紧要的。很多人都说,我弹的不是主音吉他,我不这么认为。我所做的是重构一首歌曲,而我的吉他,或多或少,就像是我的歌唱风格。(埃德娜·冈德森采访,1997)①

在NET期间,并不是迪伦的所有举动都是为了“静止时间”,但每次他进入到演出的最佳状态,都可部分归因于重复,并与静止时间的概念相关联:不难发现,他重复地唱着某一富有节奏的乐句,或是转到歌曲的下一句歌词。这是他在声音、吉他和口琴上努力所做的事情。同样,我还是会记下个人的体验,以见证其成效。在我最近参加的一次演出上,当迪伦演唱《沿着瞭望塔》时,他的歌声带有一种特殊的节奏。迪伦不是一句一句地唱,而是把一句歌词分成二重奏的音节词块,而结尾的韵脚则宛如悬在半空中,将落而未落。歌词短句之间的停顿相对较短(“All a”与“long the”之间的间隔几乎足以发出“long”这个音),但每一间隔,显然都打断了一句完整的歌词。为了保持对句的节奏感和韵律感,迪伦在每节歌词的起始处都加了一些小词汇(具体见下文)。所以,这首歌的第三节唱起来大概就像这样:

---

① 从2002年起,迪伦就停止在舞台上弹奏吉他了——据推测,是由于关节炎,他才无法经常弹吉他。如今,他弹钢琴或电子琴,但我想,这些乐器在静止时间的效果上就远不如吉他了。

沿

着

瞭望塔(唱成两个音节,“watchtowr”)

王子们

望着远方

所有的(“while”被省略了)

女人

来来往往(加上了“the”)

仆人们

也

打着赤脚

向外

更远之处

有(要么是“你”被省略了,要么就是加了一个“有”——这取决于他是演唱自己的版本,还是翻唱亨德里克斯的版本!)

一只野猫(他无法强行把这个词拆成两个音节——更像是“wy-uld-cat”——而是以更高的音调去演唱)

咆哮了

一声(加了“一”)

两个骑士(唱成三个不同的音节,音调与“野猫”的音调相同)

正在逼

近

而(加了“而”)

风开

始

呼啸

这带来了什么效果呢？它打破了故事的线性叙述，以及我们对音乐的线性体验。它使我们无法将这四句看成是完整的歌词，也无法将其当作某个特定的故事。这种表现方式，并不意在让你听到完整的一句歌词，而是迫使你把注意力集中在某一时刻听到的两个音节上。实际上，这样一来，你连对上一句歌词的认知都难以持久。也就是说，歌词里的特定元素可能会跑到最前面来（例如，我就从未注意到主歌部分第三行开头的"outside - in"短语），而产生新的中间韵（All a/ long the）。单音节的押韵词，则通过次序调整得以增强，且迪伦也在此处加强了语气——咆哮和嚎叫的声音被拖长，以此来填补两个音节的间隙和其他句子中的停顿空白。总而言之，体会歌词的发音变得尤为重要。关于这一点，我在涉及歌词"含义"的部分，就已经论述过了，但它同样对时间体验有一定影响。由于歌词的线性叙述已被打破（你无法专注于歌词在表达什么），听到短语的那一瞬间，它便成了你关注的焦点，由此产生"瞬时"的效果。

迪伦与音乐传统

在上一章论述 NET 时，我着重阐述了应如何称呼 NET 听众对瞬时的体验。在 NET 意识里，重要的是对你面前演出的感受强度，而不是对任何其他演出，"原创录制版本"，或其他形式。然而，舒茨还描述了另一种与"内在时间"相关的 NET 意识元素。倘若 NET 意识能成功削弱唱片意识，那么，听众就会意识到，他们眼前的演出，其实是广泛的一连串演出的一部分，从过去一直到未来。当我们聆听某场演出上的一首歌曲时，总是会参考这首歌在其他演出上的演唱效果，包括已听过的和有待去听的。与之前的分句相比，现在听到的分句有股模模糊糊的感觉;而在潜意识里,它的主题又与之前的版本相统一。每一场个人演出都横跨了相同与不同之间的界限,因而:“在某种程度上,你总能把今晚的演出听作是已知主题的变奏曲。1993 年 4 月的《铃鼓先生》,本身就是一次绝佳的演绎,但其中很大一部分乐趣,就在于它与你在其他演出上所听版本的差异。”[16] 斯科比认为,这“弱化了歌曲的线性式推进,而让人更多地从空间视角去观察其结构,仿佛所有的图像都是以现在进行时展开的”。[17] 这种从线性向空间意识的转变,类似于书面文本上的超链接效果,同时也是后现代文化的特征。[18]

正是这种空间性的一个维度,影响了迪伦的明星身份与“传统”概念的紧密关联。我个人认为,在迪伦事业的后半期(从 NET 开始时算起,但要到 1997 年后才愈加显著),他与传承性——被人认为具有天然的高尚色彩——这一概念的联系开始愈加紧密。这并不是说,最近几年里,在与“传统”的关系上,迪伦的作品发生了翻天覆地的变化——确实稍有变化,可还是与他之前的作品有很多连续性。不过,重要的倒不是文本或传记的准确性,而是这些事件如何被理解和描述。这也解释了为什么我会在本章不加批评地使用“传统”这一标签。这一概念意味着许许多多不同的东西,而且传统总是比乍看之下要复杂得多。我无须深究这一概念。人们对“传统”的含义自有其理解,也正是这种直觉的或凭印象而来的理解,对思考传统与迪伦的明星身份如何重叠的问题,具有重要的意义。因此,我才有意模糊“传统”的概念。就目前的工作来说,过于具体化实属不必要。这不是关于“迪伦与民谣传统”,或“迪伦与蓝调传统”,而是迪伦如何成为与过去相维系的代表和象征,如何成为与理想化的传统相连的重要纽带,重新彰显现在的真实性。基于多种原因,最近几年来,迪伦的地位得到了戏剧性的提升,我认为,这种当代明星形象的特点,在于与不可名状的传统的联系，而不是之前所说的，与“六十年代”理想的关联。

为了创造一个适宜重建迪伦明星形象的语境，需要综合权衡多种因素。只考虑作品本身的优势是远远不够的——我想，倘若迪伦在1992年发行了《被遗忘的时光》，就不会有迪伦概念如此彻底的重建（而且，如果在1992年发行《被遗忘的时光》，他那时的嗓音也与后来不同）。在这次重建过程中，发生了一件引人注目的事情，即1997年，哈利·史密斯的《美国民间音乐选集》重新发行。凯瑟琳·斯金纳在一篇趣文中探讨了《选集》自首次出版以来的变化。[19]斯金纳认为，当1952年《选集》初版发行时，其影响力其实微乎其微。1953年，该专辑仅售出50张，其中45张是由大学图书馆购买的。由于版权纠纷，《选集》于1953年底停止销售，并至少持续到1956年。1959年到1978年间，其销量仅达74张。在大众媒体上，鲜有评论或提及《选集》的——直到1969年，《大声唱吧！》杂志才刊登了一篇完整的文章——在学术期刊上，提到该专辑的文章同样寥寥无几。[20]然而，当1997年《选集》重新发行时，它却被奉为经典之作，且对五六十年代的民谣复兴具有深远持久的影响。“紧接着，各种评论文章随之而来，称其为支撑众多现代美国音乐的基石。”[21]在《滚石》杂志上，大卫·弗里克写道，“在今天这样的时代背景下，选集中音乐所具有的历史价值、社会文化影响及其丝毫未减的生命力，再怎么强调都不为过”。[22]斯金纳的动机跟我一样，并不是要简单否定后来的评论，而是想找出《选集》地位发生变化的原因。单纯依据文本并不能找到原因，要到“价值肯定”的广泛社会实践中去寻求答案。既然你一直都认为《选集》非常优秀、非常具有影响力，那为什么直到某一特定时期，它的优点与价值才获得公众认可呢？对于鲍勃·迪伦，也同样是这个问题。迪伦的作品一直——一直！——都深深植根于对美国（当然，还有英国）歌曲的传统认知，即便是在激进的六十年代中期，也不例外。那么，为什么偏偏是在这一时刻——1997年——其传统认知突然成为他明星形象的主导元素呢?

对于《选集》重新发行后的接受度,斯金纳做出的解释,基本都围绕着美国流行音乐下的"民谣音乐"。她特别指出,到九十年代,在文化研究学科内,关于流行音乐的学术研究已经制度化,"学者和评论家越来越多地试图建立一种分类法,对流行音乐形式的根基进行划分"。[23]这些根基包括"对'民谣'或'根源'音乐的延伸定义",其中纳入了《选集》中包含的二十年代和三十年代的商业唱片。几乎在同一时间,一种被贴上新流派标签的传统类型音乐——"美式乡村"出现了,并顿时引起人们的兴趣。这些都为《选集》提供了全新的语境。最后,斯金纳认为,由于《选集》是同类唱片中首个重新发行的套装系列,它便足以代表大量的音乐作品。[24]斯金纳的观点很有说服力。但是,音乐行业内的一些因素仍尚未得到充分的考量,特别是CD时代数字存储的廉价与便捷,以及录音作品和歌曲的版权到期,使得传统音乐作品呈井喷式爆发,因此在很多情况下,听众以较低的成本即可获取作品。随之而来的,便是这些早期唱片在流行音乐中基础性地位的巩固,不仅包括学术层面,也包括大众层面(比如在加油站,可以看到介绍蓝调历史的周刊上附有免费的CD,或是便宜的根音CD)。此外,我们还需考虑人们开始对传承性感兴趣的广泛社会背景。大卫·鲍伊认为,重视"真实"概念的高潮已经出现,因为人们开始对人工制品面露忧色,越来越担心那些真实之物的濒危。[25]具体来说,诸如有机食品等的生态问题,正引起人们日益浓厚的兴趣;又如人们渴望获得真实体验,而非为游客设计的观光体验。

真正把《选集》的重新发行,与1997年迪伦被重新经典化联系在一起的,是格雷尔·马库斯的新书,《无形的共和国》的出版。从表面上看,这本书是关于《地下室磁带》的,即1967年迪伦和The Band在伍德斯托克录制的歌曲(不只是正式发布的唱片,还包括可见于盗版唱片上的106首歌曲)。但是,这本书也不全是关于迪伦的,它还对“美国音乐”领域做了广泛而粗略的介绍。特别是,它把《选集》与《地下室磁带》联系起来,看作记录“古老而诡异的美国”的唱片合集。这本书遭到了迪伦众多粉丝的抨击,认为其不值一读。这些批评之声通常被解读为,“这本书不全是关于迪伦的”,而各类媒体又对这种声音大肆散播。对此书的批评,往往把问题归结于它不是“传记性的”——关于这些歌曲的录制经过、临时加入的人员、迪伦如何对待他的妻子、吸毒事件、对话内容等细节,书中都少有描述。相反,马库斯的兴趣点则落在了共同的文化理想和文化记忆上。他在书中解释了“迪伦和The Band如何在新老歌曲里摸索,如何深入研究他们个人的神话,研究他们对北美的集体无意识,从而发掘出全新的、融汇古今的民间作品”。[26]

《无形的共和国》带有的折中主义,可能会成为一种屏障(如果你不熟悉《地下室磁带》和《选集》,就很难理解这一点),但它也启发了对流行音乐的缜密思考,使其不单纯依赖高雅的文化理想,从而不至于陷入不加批判的民粹主义。而且,和《地下室磁带》一样,这本书的影响力也绝不止于读者圈。在非音乐媒体上,该书的出版同样具有举足轻重的地位(比如英国的严肃媒体上,就出现了大量关于此书的介绍和评论)。广大媒体的纷纷报道,说明此书不仅在《选集》的经典化方面扮演着重要角色,同时也作为一种古老传统的现代倡导者,影响着迪伦重新概念化的微妙过程。虽然NET成功削弱了迪伦的明星含义,但也只是一部分而已(例如1992年和1993年发行的两张传统民谣专辑,就没有对这一重新概念化产生影响)。似乎在某一特定历史时刻,一系列因素——CD的重新发行,根源音乐的重新概念化,NET的持续进行,马库斯的图书,迪伦的健康危机——交汇在一起,共同在有机的前现代实体里寻找真实性。然而，倘若没有《被遗忘的时光》的发行，这些其实都是无足轻重的。关于这张专辑反映并强化迪伦明星形象的几种方式，我已经在前文中论述过了，但现在，我想着眼于其中的一种方式——对引文的使用，包括这张专辑，以及之后的其他作品——具体阐释它如何使迪伦与传统的概念紧密结合起来。

通常情况下，迪伦的专辑名称都与整张专辑的主题有关，很少会出现像《被遗忘的时光》和《“爱与窃”》这种带有宣言性质的名称。显然，《被遗忘的时光》参考了一种传统的概念，该短语被用来形容发生于很久之前，其渊源已被遗忘的事情，不仅在现存记忆之外，也在共同的文化集体记忆之外。同样，《“爱与窃”》这一名称开门见山，有如一个意向书，能勾起人的无限遐想。文字两边的引号则明确显示，其实标题本身就是从别处引来的。[①]

人们会注意到迪伦与传统之间的关系，最明显的触发点就是《被遗忘的时光》和《“爱与窃”》中对引文的使用。在这些“原创”歌曲中，有引自别处的歌词并不新奇，这可以说是迪伦一直以来的习惯做法。比如，歌词“那些铁路工人喝你的血就像喝酒”（来自《再次与孟菲斯布鲁斯一起困在汽车里》），就照搬了巴斯科姆·伦斯福特的《我希望我是地上的一只鼹鼠》，这是哈利·史密斯《选集》上一首 1928 年的歌

---

① 这个例子来自一部关于黑面人游艺表演的学术著作，由埃里克·洛特于 1993 年创作。这张专辑对莎士比亚的滑稽模仿以及对笑话的运用，显然与吟游技艺有关，但迪伦是否读过此书，其实并不重要。真正重要的是迪伦与另一传统音乐形式的深层次交互关联，尤其是考虑到尚克曾提出的观点（2002）——黑面人游艺表演所留下的遗产，是美国流行音乐的“构建原则”，“从某种意义上来说，这段历史在对自娱自乐的探索上也取得了一定成功”，即白人假扮黑人，天真者假扮精明者（反之亦然）。这一点也可参见梅塞尔的观点（1999），摇滚音乐具有牛仔与花花公子的双重特征。尚克认为，民谣复兴与民权运动之间的关系，实际上并未反映出真正的政治统一，而是对黑面人游艺表演的文化挪用。这与第四章中格罗斯伯格对摇滚乐出现的分析不乏相似之处。

曲；而《终于看见真实的你》里的“我不介意面对许许多多的麻烦”，则来自电影《马耳他之鹰》，但这也只是专辑《帝国滑稽剧》里引用鲍嘉电影台词的例子之一。真正重要的，不在于迪伦使用这些“偷来的”文字，而是在《被遗忘的时光》和《“爱与窃”》中，迪伦毫不避讳地把人们的目光吸引到“偷来的”文字上。这些文字不是简单的借用，而是蓄意的引用。在《被遗忘的时光》中，很多歌词明显来自一些老歌，听众早已耳熟能详，自然很快就会意识到这个问题。大多数对流行音乐和迪伦足够感兴趣的听众，想必会注意到这些歌词出自《妈妈，没事》（亚瑟·卡德鲁普与埃尔维斯·普雷斯利）和《一百万里》中的《摇啊摇，宝贝》（穆迪·沃特斯与 B. B. 金）；歌词如“饿了就吃，渴了就喝”（《站在门口》），以及“杜鹃是漂亮的小鸟，她能飞翔并高声歌唱”（《滚滚洪流》），都来自迪伦早期演唱的歌曲《烈酒走私者》和《咕咕鸟》。这种明目张胆的借用，凸显了迪伦的泰然自若，以及他对传统音乐的熟稔于心、自信满满。似乎所有这些传统音乐都掌握在他手心。

斯科比则反驳道，迪伦在这些专辑中使用引文，其实促成了与传统之间的矛盾关系：“引文的使用，意味着迪伦的连续性……但同时，他对引文的呈现形式，又显示出迪伦与传统之间的距离感”。[27]由于迪伦与他借鉴引用的传统之间存在必然的时间距离（时代已经改变），因而不论是歌曲，还是迪伦在传统中的地位，都存在一种固有的讽刺意味。我能理解斯科比为何提出这一观点。从理论上来说，这或许还是对的。但考虑到迪伦是如何被认知的，我想，他的观点就有点站不住脚了。因为就这方面来说，迪伦的当代形象绝无一丁点的讽刺意味。他的声音也没有透露出讽刺。① 这在《被遗忘的时光》和《摩登时代》

① 迈克尔·格雷将迪伦的声音和莱昂纳德·科恩后期的演唱风格做了比较，颇有启发性（2000：791）。

的演唱风格上表现得较为明显,即便是带有玩笑口吻的《"爱与窃"》,其声音与歌曲之间,或是与他借用的传统之间,都没有透露出讽刺的关系。相反,正是演唱《"爱与窃"》的自信,表明了他与整个美国流行音乐的一致性,并以音乐的形式呼应惠特曼"包容万物"的主张。

之所以说迪伦与美国流行歌曲传统间的关系并不讽刺,第二个原因就是,从很多方面来看,他在传统中的地位是名副其实而权威可信的。"不要忘了,迪伦已经在传统中浸泡多时。他曾与雷夫·盖瑞·戴维斯、罗伯特·约翰逊的竞争对手桑·豪斯,以及多克·博格斯等人交往共处。"[28]在战前民谣复兴时期,罗伯特·坎特维尔这样写道,"莱德贝利是一个有血有肉的代表,连接着不可及的过去"。[29]今天的迪伦,也发挥着类似的作用。他是唯一一个与三十年代的音乐文化有着重要关联的人物。皮特·西格或许尚在人世,琼·贝兹和"漫游者"杰克·艾略特仍在坚持演唱,但他们都步入了流行音乐的边缘地带(始于 1964 年)。在流行音乐领域,没有人拥有迪伦那样的吸引力和核心地位,也没有人能像他那样,与逝去时代的文化实现真正的连接。

从 1997 年开始(实际上更早,但那时尚未引起人们的太多关注),迪伦在记者的采访中,不仅重申他从传统音乐中汲取灵感,获益颇多,还反复强调传统音乐几乎成为他生命的一部分:

> 那些老歌是我的词典,也是我的祈祷书。我所有的信仰都来自那些老歌,不夸张地说,从《让我在安宁的山上歇息》到《让生活充满阳光》,都是我信仰的体现。从那些老歌里,你可以找到我所有的生活哲学。我信仰属于时间和空间的上帝,但如果人们非要追问的话,我会毫不犹豫地指向那些歌曲。对汉克·威廉姆斯在《我看见了光》中所唱的,我坚信不疑。(乔恩·帕尔勒斯采访,1997)

类似地，他还声称《摩登时代》里的新歌是“我的家谱……当我唱着那些歌，它们似乎散发出一种古老的存在感”（乔纳森·莱瑟姆采访，2006）。在我看来，这些都并不讽刺（当然，我在解读迪伦的声明时，是以他的明星身份为基础的），至少评论家和粉丝没有把这一声明解读为一种讽刺。迪伦在最近的专辑里对引文的使用，以及在最近的采访中对传承性的强调，都影响了他的明星形象，以至于现在的他已与传统概念完全融合。迪伦没有被解读成一个玩弄音乐流派标志与符号的现代词作者（比如，像贝克那样的）。相反，人们把他当作整个流行歌曲传统的化身，从下面对《“爱与窃”》的评论片段中即可看出：

> 《“爱与窃”》像是一部音乐自传，仿佛是在不经意间，近乎偶然地诉说着乡村的历史。
>
> 我们被卷入声音和视角的漩涡，仿佛迪伦是人类的通信总台，控制并管理着乱哄哄的历史与文化。
>
> 他是唯一一个尚在人世，能在多元浪潮和泥泞深渊中，充分体现美国民谣音乐鲜活生命力的艺术家。

《“爱与窃”》发行五年后，人们在对《摩登时代》的评论中，又提出了一个类似的创作者的概念。某一乐评人表示，迪伦带来了“美国活跃而新鲜的音乐创作无意识”，而另一个评论者则声称，迪伦使用“美国民谣形式……并没有减少他的个人色彩，反而愈加反映出他的意识，因为正是他自己控制着所有这些歌曲”。还有人更进了一步，断言“鲍勃·迪伦已经不再借鉴蓝调了——他已经成为了蓝调”。

明星身份，永恒和永生

在声称迪伦与传统之间的固有距离感时，斯科比指出，“被遗忘的时光”这一短语是把双刃剑，因为它虽暗示一种连续性（该过程的存在长于任何人的记忆），但同时也透露着隔阂的意味（一旦时间流逝，便没有人会再记起）。就歌曲来说，斯科比认为，“一首存在于‘被遗忘的时光’里的歌曲，其效果就在于把不连续性引入连续性，包括源头的缺失，资料的隐蔽，作者的匿名化。”[30]这在传统民谣中得到了清晰的印证，因为人们在考量一首传统民谣的真实性时，常常缺少作者这一参照点。但我又怀疑，这种思路对理解迪伦的部分歌曲，是否同样有所助益。显然，情况并不完全相同——事实上，把这些歌曲归因于某一特定作者，对理解歌曲、理解迪伦都具有十分重要的意义。不妨做一个类比：舞台表演者与写歌者之间其实存在一定隔阂，从某种意义上来说，写歌者早已成为过眼云烟，成为谜团，成为我们文化记忆的一部分，正如蓝调留存的文化记忆。对我们中的一部分人来说——上一章中提及的新 NET 听众——词作者从未存在于我们的有生之年，而只是在我们周遭的集体记忆中留下了痕迹。词作者仅会像罗宾汉，或是贝多芬那样真实（或许基于已有电影脚本展现的画面，他会像约翰·F·肯尼迪或吉米·亨德里克斯那般真实）。我们如今花钱去聆听的表演者，与那个词作者几乎毫无关联——他在外形上已有所不同，声音也有明显的变化。歌手也许就在我们面前，但词作者却存在于另一种人生。

这些歌曲似乎也存在于被“遗忘的时光里”（即使是新歌，听起来也像是老歌）。它们具有明显的永恒性，并非老一套的“历经时间的考验”,而是它们的历史渊源已被抹去,它们存在于永恒的现在时态中。这是 NET 的一个中心思想,而那些抨击迪伦“过分依赖六十年代曲目”的人,正是对此缺乏充分的认知。1997 年,当迪伦被问到,他是否认为约翰尼·卡什会对每晚重复同样的歌曲感到厌烦时,迪伦当即给出否定回答,说道,“这些歌曲的永恒性是不受意识控制的。它们一直都存在,未来也会始终存在。谁又会在唱这些歌时感到厌烦呢?”[31]。对于自己的歌曲,他也说过类似的话:

> 对我而言,歌曲是富有生命力的。我不会为演唱这些歌曲而感到厌烦,因为我从中可以发现真理。(伦敦新闻发布会,1997)
>
> 当琼(贝兹)和我一起演唱(《答案在风中飘》)时,我感觉自己似乎在唱一首古老的民谣歌曲。我脑子里从来没有冒出过一个念头——那首歌其实是我自己写的。(尼尔·希基采访,1976)

他之所以会认为自己的歌曲具有“永恒”的特征,是因为它们植根于特定的传统,而非特定的历史时刻:

> 在词作者群体中,有许许多多才华横溢的人。我的歌曲之所以能与其他人的相区分,是因为它们是有根有据的。所以它们至今还能四处流传,还在不停地被演奏。这并不是因为这些歌曲有多伟大……它们依附在一个强大的基础上,而潜意识里,这也正是人们所聆听的内容。(乔恩·帕尔勒斯采访,1997)
>
> 歌曲如果不具备持久性,就不会产生太多价值。我的很多歌会持续存在,也有很多歌不会。早在很久之前,我就已经对此释怀了。我的歌曲之所以直到今日仍显得与众不同,是因为它们实际上都脱胎于民谣音乐里的经典之作,而那些歌曲已经延续至

今了。所以，如果我能恰当而生动地写出歌词，歌曲就没有理由不持久。（埃德娜·冈德森采访，2004）

我很清楚，NET 的目的之一在于，即使不向迪伦的听众强调歌曲的永恒性，也至少要让 NET 服务于永恒性，服务于这些歌曲所从属的传统。“歌曲才是演出时的明星，而不是我”（罗伯特·希尔伯恩采访，2004）。在 NET 期间的几次采访中，迪伦都反复提到歌曲的寿命之长，他这样做并不是为了自夸，而是意在强调孕育这些歌曲的传统。迪伦整个职业生涯所反复强调的观点是，他并非出于怀旧才演唱自己的老歌，而是为这些老歌当下的存在而歌唱，并借助 NET，付诸实践。通过把他自己的歌曲置入传统，继而脱离歌曲诞生的特殊历史时刻，他便消除了歌曲富有怀旧色彩的可能性：

在我看来，我所写的歌曲没有一首已经过时……人们说那些歌曲是在“怀旧”，但我并不知道那是什么意思。《双城记》创作于 100 年前，那算怀旧吗？（米克·布朗采访，1984）

我一直都想要活在当下。我不想成为一个怀旧而自我陶醉的作者或个体。我想，成功的人是不会沉湎于过去的。（罗伯特·希尔伯恩采访，2004）

这凸显了传统与时间体验之间的关系。不把 200 年前创作的一首歌曲看作是过去之物，似乎有些怪异，但其原因正在于，传统本身打破了时间的限制。传统没有起点，也无终点，将会永远持续下去。当下的时刻包含了一切过去和一切未来。正如 T. S. 艾略特所说的：

传统有着极其广泛而深远的意义。它无法被继承，必须通过

> 巨大的努力才能获得。首先，它关乎历史意识……其中不仅包括以往事物的过去性，也包括其现在的状态；历史意识迫使写作者不单单要深刻理解他的同代人，还要对整个欧洲文学有所感知……其存在具有同步性，组成了一个共生结构。这种历史意识，具有永恒性，又具有短暂性，是永恒与短暂的结合，赋予了作者传统性。同时，它也使作者对他的时代地位，对他的时代性形成最敏锐的感知。[32]

传统在当下时刻既包容过去，又融通未来，从而使时间静止，例如《滚石》在评论《摩登时代》时即注意到了这点，写道，“迪伦已充分体现了传统之声的无处不在”。也就是说，艺术家的“传统性”，不单纯是怀旧追忆，实际上更是“活在当下”。如我之前谈到的，NET 在组织上，也同样实现了类似的永恒性。NET 营造了永远的现在时，即绝不回望上一场演出，而总是对下一场演出心怀期待。如果要向 NET 的过去追溯，那么即使未抵被遗忘的时光，也至少是在很久以前了（在它的部分听众出生之前），这制造出一种错觉，NET 将永远进行下去。

这对迪伦明星身份产生的影响，值得我们去深思。一如音乐时间，“明星时间”也具有时间维度——我们对一个明星的理解不是一成不变的，而是会随着时间一层层展开。[33]一直以来，人们都是按时间轴来理解迪伦的明星形象：诚挚的民谣歌手、流行音乐舞台上的嘻哈统帅者，优雅的乡村绅士、《奔雷讽刺剧》里困惑的表演者、再生的基督教徒，等等。我个人认为，NET 的组织和形式，以及塑造了迪伦明星身份的传统的概念，都使迪伦超越了时间的限制。NET 产生的作用之一，就是改变了这种对明星时间的体验，实际上，是“停止了”明星时间。随着与传统越来越密不可分，不单单是迪伦的音乐，迪伦的明星身份也呈现出永恒的特点。让人惊奇的是，他已经成为一个“永生的”人物。

从浪漫主义时期开始，永生和声誉就已成为困扰艺术家的问题。宗教信仰的日渐衰退，意味着死亡开始被解读为最终归宿，在尘世取得的成就不会换来天堂里的赏赐。由于浪漫主义诗人无法依靠文学市场来获得认可，他们把更多的时间投向如何得到足够的重视，于是便形成一个共识：真正伟大的作家只有在死后才会被理解、被重视（可以想象，这对真正糟糕的作家来说会是多大的安慰，他们与成功的无缘反而是对他们伟大的肯定）。的确，对身后荣耀的渴望，已成为写作的主要动机之一，而在这背后，则是希望发挥“写作的功能——在墓志铭题词那一神圣而不可思议的瞬间——在死后获得重生，实现永生”。[34]对浪漫主义者来说，独创性的判断标准，能够确保一个艺术家的生存，因为作者为其作品所“创造的风格”，只有后代人才能理解和欣赏。以迪伦六十年代的作品为例，其在艺术上的激进性会受到重视，正是对这一理念的反映。然而，艺术家通过作品实现“永生”的另一途径，是使其作品成为伟大传统的一部分。在这种情况下，作者把自己嵌入到伟大的传统之中，一方面，要让自身服务于传统，另一方面，则要在永恒运转的传统范围内，使作品不断再版。对此，艾略特再次做出了微妙的评价：与浪漫主义相反，“对一个艺术家的作品来说，其最独特的部分也许就在于已故诗人，那些前辈们，对作品的永生予以了最有力的肯定”。1993 年，大约在《错乱世界》发行的时候，迪伦说过一段话，也可提供有益的参考：

> 我们当中有很多人，包括我自己，都近距离地看到过所有这些人——比如桑·豪斯，雷夫·盖瑞·戴维斯和“沉睡者”约翰·埃斯蒂斯。就坐在那儿，近距离地看他们演奏，你可以观察他们正在做什么。此外，他们的生活经历也感染着你。那些情绪真的会终身陪伴着你，因而那些人仿佛也依然在我身旁。他们不

随后，2006 年发行的专辑《摩登时代》，同样大受好评。[①] 事实证明，《摩登时代》也取得了极大的商业成功，它在许多国家都冲进了专辑榜单的前十。在这些专辑之外，还有两部非音乐出版物，而大众的反响，则很好地证明了当代迪伦之形象足以与他六十年代的传奇相比肩。这两部出版物分别是他的自传《鲍勃·迪伦回忆录》(2004)，以及纪录片《迷途之家》(2005)，它们都引起了媒体的疯狂报道。正如一位电影评论员指出的，迪伦是明星中的凤毛麟角，他哪怕简单张口说话，都能登上新闻头条，而这些报道大多数都是正面的。《鲍勃·迪伦回忆录》被称为“音乐回忆录中的里程碑”，既让人惊叹于“迪伦对语言的娴熟掌握，又能透过纸页唤起一些回忆，同时也为作者巧妙的叙事情感所折服”。而马丁·斯科塞斯的纪录片《迷途之家》引起了同等的热烈反响(“有史以来最精良的摇滚纪录片”)。然而值得注意的是，这两部作品并未引发人们的怀旧情绪，人们不再渴望那个昔日的迪伦，也不再对新迪伦的瑕疵埋怨不休。通过这部纪录片，人们可以感受到迪伦在六十年代的深远影响，而这也并没有削弱迪伦当前的个人形象。我们可以从观看另一种人生的视角出发，见证眼前的这个男人如何达到今日的高度。所有评论都无一例外地，把迪伦刻画成一个现存的“活在当下”的人物，使人们鲜明地感知到他现在的形象。在接受纪录片的采访时，迪伦表现出一个睿智男人的形象，加上“他的外貌……有一种雕塑复活的感觉”，仿佛他对历史无所不知。《鲍勃·迪伦回忆录》被称为一本“充满生命力的图书”，带有强烈的迪伦“即视感”。最后，这本书还有一个至关重要的目的，就是“提醒我们，迪伦拥有超凡的

---

① 非常实用的影评与乐评网站 Metacritic (http://www.metacritic.com/)，把 2000 年之后发行的电影和音乐的评论进行了整理和汇总评分。《“爱与窃”》成为 2001 年评分最高的专辑，平均分为 93 分(百分制)。现在，《摩登时代》成了发行于 2006 年排名第三的专辑，平均分为 83 分(百分制)。

天赋”。

最近几年里，迪伦在媒体上的频繁露面（可以想象，已经超过自六十年代起的任何时期），以及名声的好转，都使他的明星形象添了几分招摇神气之态。某一评论家认为，迪伦“从未像现在这般对自己的皮囊感到满意”。我曾提到迪伦的现代形象毫无讽刺之处，其实只说对了一半。讽刺之处还是存在的，但不是在他与歌曲，或与广阔传统之间的关系上，而是与迪伦自己的神话有关。《“爱与窃”》最显著的特征，就是毫无顾忌地暴露对歌词的大胆借用，音乐的强烈节奏感，以及对高难度歌唱技巧的擅长。透过《“爱与窃”》，我们看到一个头戴光环的男人，他知道自己无可比拟，并丝毫不为此感到局促不安：

> 你说我的眼睛很美，你说我的笑容很好看
> 我可以把它们廉价卖给你
>
> （《对我诚实》）

虽然《被遗忘的时光》整张专辑的基调和声音效果具有一致性，但《“爱与窃”》却彰显着兼收并蓄的折中特点。迪伦淋漓尽致地演绎着美国音乐的多种形式——从山区乡村摇滚到柔情吟唱，到蓝草音乐，再到城市蓝调——证明了他对美国流行音乐的所有流派都驾轻就熟。① 他“悠闲自在而充满权威，对他提及的每一个音乐习语都胸有成竹”，某一评论员这样写道。2001 年，迪伦告诉埃德娜·冈德森说：“这是最伟大的没有精选歌曲的精选专辑。”

《夏日》里有一句歌词，完美诠释了我这里的意思：

---

① 他的广播系列《主题时光电台时刻》，也起到了类似的效果。迪伦所选的广泛而晦涩的歌曲，以及他在歌曲中给出的有关艺术家的信息，都让人觉得迪伦似乎在音乐方面无所不知。

> 她说："你不能修复昨天。"我说："你不能吗？为什么说你不能呢？你当然能够做到。"

这一句歌词里蕴含着丰富的意味！第一，可以把它解读为对迪伦晚期事业的评价，他何以能想出无穷无尽的创意办法，从而不断更新着自己的过去。第二，这整句歌词，一如专辑《"爱与窃"》里的很多其他歌曲，都是从别处直接摘取的。这句歌词，倒并不是来自其他歌曲，而是出自一部小说，《了不起盖茨比》。第三，这句歌词的出处又让人想起迪伦早期的另一首歌曲《瘦人民谣》，他在那首歌里大声疾呼，"你已经读过弗朗西斯·斯科特·菲茨杰拉德的所有作品了/你博览群书，这是众所周知的"（而这反过来，也是对迪伦声称自己博览群书的讽刺，尤其是考虑到"剽窃风波"）。最后也是最重要的一点，迪伦声音里传达出的无所畏惧，他毫不费劲地唱出这句相当长的歌词，凸显了一股高度自信，怡然自得地享受对这些"盗来"的歌词的"所有权"。"我包容万物"，这位歌手如是说。

这种自信不仅仅表现在演唱风格上，它充斥于迪伦的整个当代明星身份。迪伦知道游戏正在进行，他也知道自己擅长于此。或许这是35年来，迪伦第一次以掌控自己神话的身份发声。试问，还有其他人能给出更好的回答吗？

> 你正在跟一个拥有六十年代记忆的人对话……我拥有六十年代——会有人质疑这一点吗？如果你想要的话，我愿意给你。可你没办法真正拥有它们。（乔纳森·莱瑟姆采访，2006）

对此，谁又能否认呢？

注　释

前　言

1. Bourdieu 布尔迪厄,1993:162.

2. Schickel 席克尔,2000:108

3. Evans and Hesmondhalgh 埃文斯与赫斯蒙德霍,2005:4.

4. Turner 特纳,2004:14 - 15.

5. Scobie 斯科比,2003:85.

6. Schickel 席克尔,2000.

7. Rojek 罗杰克,2001:9.

8. Frith 弗里斯,2001:35.

9. Evans 埃文斯,2005:2.

10. Rojek 罗杰克,2004:173 - 4.

11. P. D. Marshall P. D. 马歇尔,1997:37.

12. Turner 特纳,2004:103.

第一章　明星身份与歌曲含义

1. In Heylin 黑林,2000:4.

2. Heylin 黑林,2000:xv.

3. Smith 史密斯,2005:x.

4. Frith 弗里斯,1998:185.

5. Dyer 戴尔,1998:61.

6. Dyer 戴尔,1998:153.

7. Sounes 桑恩斯,2001:100.

8. P. Williams P. 威廉姆斯,1990:xvii.

9. Abrams 艾布拉姆斯,1953.

10. Day 戴,1989;瑞克斯,2003;斯科比,2003.

11. Scobie 斯科比,2003:88.

12. Scobie 斯科比,2003:48.

13. Scobie 斯科比,2003:162.

14. Abrams 艾布拉姆斯,1953:272.

15. Laing 莱恩,1990:327.

16. Ricks 瑞克斯,2003:19.

17. Gray 格雷,2000.

18. Moore 摩尔,2001:181.

19. Frith 弗里斯,1998:164.

20. In Moore 摩尔,2001:185 - 6.

21. Frith 弗里斯,1998:164.

22. P. Williams P. 威廉姆斯,2005:207.

23. Frith 弗里斯,1998:166.

24. Frith 弗里斯,1998:169.

25. P. Williams P. 威廉姆斯,1996:16 - 19.

26. Moore 摩尔,2001:186.

27. Frith 弗里斯,1988:120.

28. Hitchcock 希区柯克,2006:89.

29. Bauldie 鲍尔迪,1985:39.

30. Frith 弗里斯,1998:172.

31. Hitchcock 希区柯克,2006:89.

32. Barthes 巴特,1990:297.

33. Barthes 巴特,1990:295.

34. In Corcoran 科科伦,2002:11.

35. Frith 弗里斯,1998:196 - 7.

36. Frith 弗里斯,1998:186.

37. P. Marshall P. 马歇尔,1997:90.

38. Brown 布朗,2002:193.

39. Schickel 西克尔,2000.

40. Heylin 黑林,2000:ix.

41. Roe 罗,2002:86.

42. Dyer 戴尔,1991:133 - 6.

43. Scobie 斯科比,2003:40.

44. Moran 莫兰,2000:23.

45. Gilman 吉尔曼,1989:5 - 6.

46. Stone 斯通,1990:169 - 72.

47. Barbas 巴巴斯,2001:35 - 57.

48. Dyer 戴尔,1998:21.

49. P. Williams P. 威廉姆斯,1990:xvii.

50. Frith 弗里斯,1998:210.

51. P. Williams P. 威廉姆斯,1996:15.

52. Berger 伯格,1972:27 - 8.

53. Ricks 瑞克斯,2003:360.

54. Dyer 戴尔,1998:62.

第二章 民谣明星身份:普通明星,特殊明星

1. Street 斯特里特,1986:5.

2. P. D. Marshall P. D. 马歇尔,1997:195.

3. Rojek 罗杰克,2004:2.

4. Cohn 科恩,1996:16.

5. P. D. Marshall P. D. 马歇尔,1997:196.

6. Hampton 汉普顿,1986:164.

7. Hampton 汉普顿,1986:150.

8. Hampton 汉普顿,1986:158.

9. Cantwell 坎特维尔,1996:324.

10. Cantwell 坎特维尔,1996:337.

11. Goldmann 戈德曼,1973:131.

12. In R. Williams R. 威廉姆斯,1971:12,

13. Goldmann 戈德曼,1966:250.

14. Hampton 汉普顿,1986:214 - 15.

15. Cantwell 坎特维尔,1996:26 - 7

16. Harker 哈克,1980:147 - 9

17. Lhamon 拉蒙,1990:112.

18. Boyes 博伊斯,1993:98.

19. Marcus 马库斯,1997:28.

20. Marcus 马库斯,1997:21.

21. Cantwell 坎特维尔,1996:21.

22. Street 斯特里特,1986:154.

23. Street 斯特里特,1986:154.

24. Street 斯特里特,1986:155.

25. Cantwell 坎特维尔,1996:21.

26. In Cantwell 坎特维尔,1996:280.

27. In Cantwell 坎特维尔,1996:22.

28. In Heylin 黑林,1991:74.

29. Cantwell 坎特维尔,1996:281.

30. Ricks 瑞克斯,2003:233.

31. P. Williams P. 威廉姆斯,1990:93 - 4.

32. Hampton 汉普顿,1986:55.

33. Ricks 瑞克斯,2003:324.

34. Ricks 瑞克斯,2003:263 - 4.

35. Hampton 汉普顿,1986:55.

36. Hampton 汉普顿,1986:198.

37. Carl Oglesby, one-time president of SDS (Students for a Democratic Society), in Scaduto 卡尔．奥格尔斯比,曾任 SDS 主席(学生争取民主社会组织),斯卡杜托,1996:137 - 8.

38. Marqusee 马奎斯,2003:3.

39. MacDonald 麦克唐纳,1957:60.

40. Denisoff 德尼索夫,1971:185.

41. Cantwell 坎特维尔,1996:282.

42. Denselow 戴斯劳,1989:39.

43. Hampton 汉普顿,1986:5.

44. Gibbens 吉本斯,2001:4.

45. Rojek 罗杰克,2001:28.

46. Dyer 戴尔,1998:42.

47. Cantwell 坎特维尔,1996:337.

48. Dyer 戴尔,1998:78.

49. Cantwell 坎特维尔,1996:346.

50. Street 斯特里特,1986:162.

51. Rojek 罗杰克,2001:9.

第三章　摇滚明星身份:调和文化与商业

1. Marcus 马库斯,1997:13.

2. Wicke 威克,1990:102.

3. Marqusee 马奎斯,2003:132.

4. Frith et al. 弗里斯等人,2001:79 - 80.

5. Grossberg 格罗斯伯格,1992:131.

6. Keightley 凯特利,2001:126 - 7.

7. Keightley 凯特利,2001:126 - 7.

8. Frith 弗里斯,1983:49 - 57.

9. Gendron 金德伦,2002:162 - 3.

10. Gendron 金德伦,2002:162.

11. Marcus 马库斯,1997:ix.

12. Schickel 西克尔,2000:83 - 4.

13. Svedburg 斯维德伯格,1963.

14. Svedburg 斯维德伯格,1963.

15. Scobie 斯科比,2003:55.

16. Scobie 斯科比,2003:56.

17. Scobie 斯科比,2003:55.

18. Ricks 瑞克斯,2003:183 - 4.

19. Grossberg 格罗斯伯格,1992:150 - 1.

20. Grossberg 格罗斯伯格,1992:155 - 6.

21. Grossberg 格罗斯伯格,1992:156.

22. Grossberg 格罗斯伯格,1992:208 - 9.

23. Heylin 黑林,2000:154.

24. In Heylin 黑林,2000:151.

25. Pattison 帕蒂森,1987:111 - 25.

26. In Frith 弗里斯,1983:52 - 3.

27. In McGregor 麦格雷戈,1972:74.

28. Keightley 凯特利,2001:136.

29. Frith 弗里斯,1983:53.

30. Scobie 斯科比,2003:93.

31. Keightley 凯特利,2004:378.

32. Keightley 凯特利,2004:380.

33. Keightley 凯特利,2004:384.

34. Keightley 凯特利,2004:388.

35. In McGregor 麦格雷戈,1972:55.

36. Street 斯特里特,1986:143.

37. Keightley 凯特利,2001:122.

38. Grossberg 格罗斯伯格,1992:204.

39. Street 斯特里特,1986:159.

40. Marqusee 马奎斯,2003:124.

41. Marqusee 马奎斯,2003:106.

42. Street 斯特里特,1986:157.

43. Wicke 威克,1990:103.

44. Shelton 谢尔顿,1986: 303.

45. Frith et al. 弗里斯等人,2001:81.

46. Keightley 凯特利,2001:127.

47. Keightley 凯特利,2001:129.

48. Frith 弗里斯,1983:50.

49. Wicke 威克,1990:106.

50. Wicke 威克,1990:15.

51. L. Marshall L 马歇尔,2005.

52. Wicke 威克,1990:107

53. Frith 弗里斯,1983:55.

54. P. D. Marshall P. D. 马歇尔,1997:247.

55. Dyer 戴尔,1998:34.

56. Steen 斯蒂恩,1966.

第四章　明星身份之外:摇滚历史与塑造圣人

1. Rojek 罗杰克,2001:19 - 20

2. Turner 特纳,2004:91.

3. P. Williams P. 威廉姆斯,2005:241 - 2.

4. Dyer 戴尔,1998:5.

5. Gendron 金德伦,2002:190.

6. Gray 格雷,2000:111.

7. See Negus, 1996:136 - 63, and Keightley (2004) for exam-ples of critical accounts 相关批判性叙述的例子见尼格斯,1996:136 - 63,凯特利(2004)

8. Marqusee 马奎斯,2003:201 - 2.

9. Marqusee 马奎斯,2003:122 - 3.

10. Marqusee 马奎斯,2003:241 - 2.

11. Unknown 不详,1981 年采访,in Heylin 黑林,2000:313.

12. Scobie 斯科比,2003:124.

13. Eisenberg 艾森伯格,1987:61.

第五章　衰落的明星身份:怀旧与"摇滚已死"

1. M? kela 梅克拉,2004:242.

2. Schickel 西克尔,2000:85.

3. Heylin 黑林,2000:506; 526.

4. Heylin 黑林,2000:563.

5. Marcus 马库斯,1994:57 - 8.

6. Curtis 柯蒂斯,2002.

7. M? kela 梅克拉,2004:185 - 6.

8. M? kela 梅克拉,2004:184 - 96.

9. P. Williams P. 威廉姆斯,1996:63 - 133.

10. Frith 弗里斯,1988:1.

11. Negus 尼格斯,1996:151.

12. Jameson 詹姆士,1991:xv.

13. Lyotard 利奥塔,1984: xxiv.

14. Keightley 凯特利,2001:140.

15. Bauldie 鲍尔迪,1987:199.

16. Bauldie 鲍尔迪,1987:202.

17. Heylin 黑林,2000:524.

18. Burnett 本内特,1996:23 - 4.

19. Frith 弗里斯,1988:208.

20. Friedlander 弗里德兰德,1996:264.

21. Frith 弗里斯,1988:210.

22. In Burnett 本内特,1996:96 - 7.

23. Frith 弗里斯,1988:215 - 16.

24. http://www.riaa.com/gp/bestsellers/topartists.asp(上次访问:2006 - 12 - 10)

25. Kelly 凯利,1987:244.

26. Heylin 黑林,2000:564.

27. Heylin 黑林,2000:577.

28. Benjamin 本杰明,1992.

29. Heylin 黑林,1987.

30. Paul Williams, in Scobie 保罗·威廉姆斯,斯科比,2003:114.

31. Day 戴,1989:73 - 4.

32. Gray 格雷,2000:582.

33. Lindley 林德利,1987:205.

第六章　重新定义明星身份:永不停止的巡演

1. P. Williams P. 威廉姆斯,2005:54.

2. Smith 史密斯,2005:374.

3. Thornton 桑顿,1995:47.

4. Bennett 本内特,1980,in Middleton 米德尔顿,1990:88.

5. Middleton 米德尔顿,1990:88.

6. Eisenberg 艾森伯格,1987:110.

7. Heylin 黑林,1996:xi.

8. In Eisenberg 艾森伯格,1987:15.

9. Eagleton 伊格尔顿,2000:1.

10. Eisenberg 艾森伯格,1987:14 - 15.

11. Eisenberg 艾森伯格,1987:24.

12. Thornton 桑顿,1995:41.

13. Thornton 桑顿,1995:49.

14. Frith 弗里斯,1988:124 - 5.

15. See for example, Gray 参见格雷,2000:851 - 2.

16. P. Williams P. 威廉姆斯,2005:124.

17. Scobie 斯科比,2003:25.

18. P. Williams P. 威廉姆斯,2006:92.

19. P. Williams (Performing Artist) P. 威廉姆斯(《表演艺术家》)(1990,1992,2005)及 Watching the River Flow《看着河水流动》(1996).

20. P. Williams P. 威廉姆斯,1990:180 - 1.

21. P. Williams P. 威廉姆斯,2005:xi.

22. Gray 格雷,2000:257.

23. Gray 格雷,2000:835.

24. Heylin 黑林,2000:xvii.

25. Scobie 斯科比,2003:118.

26. Scobie 斯科比,2003:118.

27. Gray 格雷,2000:389.

28. Gray 格雷,2000:855.

29. Eisenberg 艾森伯格,1987:51.

30. Levine 莱文,1990:11 - 82.

31. Levine 莱文,1990:72.

32. Storey 斯托里,1993:21 - 33.

33. Gray 格雷,2000:850.

34. Gray 格雷,2000:854.

35. P. Williams P. 威廉姆斯,2005:35.

36. Eagleton 伊格尔顿,2000:39.

37. Gray 格雷,2000:846.

38. Gray 格雷,2000:848.

39. Gray 格雷,2000:845.

40. Marqusee 马奎斯,2003:239,270 - 1.

第七章　永不落幕的明星:《被遗忘的时光》之后的迪伦

1. Gray 格雷,2000:822.

2. Sheffield 谢菲尔德,2001.

3. P. Williams P. 威廉姆斯,2005:311.

4. Frith 弗里斯,1998:185 - 6.

5. Day 戴,2002:290.

6. Scobie 斯科比,2003: 296.

7. Johnny Borgan in P. Williams 约翰尼·博根,出自 P. 威廉姆斯,2005:309.

8. Eisenberg 艾森伯格,1987:27.

9. Tagg 塔格,1984.

10. Frith 弗里斯,1998:150 - 1.

11. Cited in Frith 引自弗里斯,1998:145 - 6.

12. Frith 弗里斯,1998:148.

13. Kramer, cited in Frith 克拉默,引自弗里斯,1998:149.

14. Cited in Frith 引自弗里斯,1998: 154 - 5.

15. Heylin 黑林,2000:686.

16. Scobie 斯科比,2003:108.

17. Scobie 斯科比,2003:97.

18. Jameson 詹姆士,1991:25.

19. Skinner 斯金纳,2006.

20. Skinner 斯金纳,2006:61.

21. Skinner 斯金纳,2006:59.

22. In Skinner 斯金纳,2006:57.

23. Skinner 斯金纳,2006:71.

24. Skinner 斯金纳,2006:71.

25. Boyle 波义耳,2003.

26. Murray 默里,1997:6

27. Scobie 斯科比,2003:100.

28. Wilentz 威伦茨,2002:305.

29. Cantwell 坎特维尔,1996:75.

30. Scobie 斯科比,2003:296.

31. In P. Williams P. 威廉姆斯,2005:164.

32. Eliot 艾略特,1922.

33. Dyer 戴尔,1998:63.

34. Bennett 本内特,1999:16.

35. Scobie 斯科比,2003:298.

36. P. Williams P. 威廉姆斯,2005:310.

37. Hepworth 赫普沃思,2006:93.

参考文献

Abrams, M. H. (1953) *The Mirror and the Lamp: Romantic Theory and the Critical Tradition*. New York: Oxford University Press.

Barbas, S. (2001) *Movie Crazy: Fans, Stars and the Cult of Celebrity*. New York: Palgrave.

Barthes, R. (1990), 'The Grain of the Voice', in S. Frith and A. Goodwin, *On Record*. London: Routledge, pp.293 - 300.

Bauldie, J. (1985) 'Tonal breath control', *The Telegraph* 19:38 - 40.

Bauldie, J. (1987) 'The Oppression of Knowledge: No One Can Sing the Blues Like Blind Willie McTell', in M. Gray and J. Bauldie, *All Across The Telegraph*. London: Futura, pp. 198 - 202.

Benjamin, W. (1992) 'The Work of Art in the Age of Mechanical Reproduction', in *Illuminations*. London: Fontana, pp. 211 - 44.

Bennett, A. (1999) *Romantic Poets and the Culture of Posterity*. Cambridge: Cambridge University Press.

Berger, J. (1972) *Ways of Seeing*. Harmondsworth: Penguin.

Bourdieu, P. (1993) *The Field of Cultural Production*. Cambridge: Polity.

Boyes, G. (1993) *The Imagined Village: Culture, Ideology and the English Folk Revival*. Manchester: Manchester University Press.

Boyle, D. (2003) *Authenticity, Brands, Fakes, Spin and the Lust for Real Life*. London: Flamingo.

Brown, R. (2002) 'Highway 61 and Other American States of Mind', in N.

Corcoran, *Do You, Mr Jones? Bob Dylan with the Poets and the Professors*. London: Chatto & Windus, pp.193 - 220.

Burnett, R. (1996) *The Global Jukebox: The International Music Industry*. London: Routledge.

Cantwell, R. (1996) *When We Were Good: The Folk Revival*.

Cambridge, Mass.: Harvard University Press.

Cohn, N. (1996) *Awopbopaloobopalopbamboom*. London: Minerva.

Corcoran, N. (2002) 'Introduction: Writing Aloud', in N.

Corcoran, *Do You, Mr Jones? Bob Dylan with the Poets and the Professors*. London: Chatto & Windus, pp. 7 - 24.

Curtis, A. (2002) *The Century of the Self*, BBC TV. Rebroadcast on BBC4 in 2004 (29 April, 30 April, 1 May, 2 May).

Day, A. (1989) *Jokerman: Reading the Lyrics of Bob Dylan*. Oxford: Blackwell.

Day, A. (2002) 'Looking for Nothing: Dylan Now', in N. Corcoran, *Do You, Mr Jones? Bob Dylan with the Poets and the Professors*. London: Chatto & Windus, pp. 275 - 93.

Denisoff, S. (1971) *Great Day Coming: Folk Music and the American Left*. Urbana: University of Illinois Press.

Denselow, R. (1989) *When the Music's Over: The Story of Political Pop*. London: Faber and Faber.

Dyer, R. (1991) 'A Star is Born and the Construction of Authenticity', in C. Gledhill, *Stardom: Industry of Desire*. London: Routledge, pp. 32 - 40.

Dyer, R. (1998) *Stars*. London: British Film Institute.

Eagleton, T. (2000) *The Idea of Culture*. Oxford: Blackwell.

Eisenberg, E. (1987) *The Recording Angel: The Experience of Music from Aristotle to Zappa*. New York: Penguin.

Eliot, T. S. (1922) *The Sacred Wood*. London: Methune. Available at http://

www.bartleby.com/200/ (last visited 22 September 2006).

Evans, J. and D. Hesmondhalgh (2005) *Understanding Media: Inside Celebrity*. Milton Keynes: Open University Press.

Friedlander, P. (1996) *Rock and Roll: A Social History*. Boulder, CO: Westview Press.

Frith, S. (1983) *Sound Effects*. Bury St Edmunds: St Edmundsbury Press.

Frith, S. (1988) *Music for Pleasure: Essays in the Sociology of Pop*. Cambridge: Polity.

Frith, S. (1998) *Performing Rites*. Oxford: Oxford University Press.

Frith, S. (2001) 'The Popular Music Industry', in S. Frith, W. Straw and J. Street, *The Cambridge Companion to Pop and Rock*. Cambridge: Cambridge University Press, pp.26–52.

Frith, S., W. Straw and J. Street (2001) *The Cambridge Companion to Pop and Rock*. Cambridge: Cambridge University Press.

Gendron, B. (2002) *Between Montmartre and the Mudd Club: Popular Music and the Avant-Garde*. Chicago: University of Chicago Press.

Gibbens, J. (2001) *The Nightingale's Code: A Poetic Study of Bob Dylan*. London: Touched Press.

Gillman, S. (1989) *Dark Twins: Imposture and Identity in Mark Twain's America*. Chicago: University of Chicago Press.

Goldmann, L. (1966) 'The Subject of Cultural Creation', *Boston Studies in the Philosophy of Science* 4: 241–60.

Goldmann, L. (1973) 'Introduction to the Problems of a Sociology of the Novel', *Telos* 18: 122–35.

Goldmann, L. (1975) 'Dialectical Materialism and Literary History', *New Left Review* 92: 39–51.

Gray, M. (2000) *Song and Dance Man III: The Art of Bob Dylan*. London: Cassell.

Grossberg, L. (1992)*We Gotta Get Outta This Place: Popular Conservatism and Postmodern Culture*. New York: Routledge.

Hampton, W. (1986)*Guerrilla Minstrels*. Knoxville: University of Tennessee Press.

Harker, D. (1980)*One for the Money: Politics and Popular Song*. London: Hutchinson.

Hepworth, D. (2006) '"He's a '60s guy"', *Word*, January, pp.92 - 3.

Heylin, C. (1987) 'Lyrics 1962 - 1985: A Collection Short of the Definitive', in M. Gray and J. Bauldie, *All Across The Telegraph*. London: Futura, pp. 229 - 42.

Heylin, C. (1991)*Behind the Shades*. London: Penguin. Heylin, C. (1996) *Dylan Behind Closed Doors: The Recording Sessions* 1960 - 1994. London: Penguin.

Heylin, C. (2000)*Behind the Shades: Take Two*. London: Penguin.

Hilburn, R. (1992) 'What becomes a legend most? A neverending tour, a new audience and keeping the mystery alive', *Los Angeles Times Magazine*, 9 February.

Hitchcock, R. (2006) '"He can't sing"', *Word*, January, p. 89.

Jackson, A. (1997)' 'Bob Dylan revisited', *The Times Magazine*, 15 November.

Jameson, F. (1991) *Postmodernism or, the Cultural Logic of Late Capitalism*. Durham, NC: Duke University Press.

Keightley, K. (2001) 'Reconsidering Rock', in S. Frith, W. Straw and J. Street, *The Cambridge Companion to Pop and Rock*. Cambridge: Cambridge University Press, 109 - 42

Keightley, K. (2004) 'Long Play: Adult-Oriented Popular Music and the Temporal Logics of the Post-War Sound Recording Industry in the USA', *Media Culture and Society* 26(3): 375 - 91.

Kelly, R. (1987) 'Fans, Collectors and Biograph', in M. Gray and J. Bauldie, *All Across The Telegraph*. London: Futura, pp. 243 - 9.

Laing, D. (1990) 'Listen to Me', in S. Frith and A. Goodwin, *On Record*. London: Routledge, pp. 326 - 40.

Levine, L. (1990) *Highbrow/Lowbrow: The Emergence of Cultural Hierarchy in America*. London: Harvard University Press.

Lhamon, W. (1990) 'Dylan's living lore', *The Telegraph* 37:102 - 31.

Lindley, J. (1987) 'Highway 84 Revisited', in M. Gray and J. Bauldie, *All Across The Telegraph*. London: Futura, pp.204 - 8.

Lyotard, J.-F. (1984) *The Postmodern Condition: A Report On Knowledge*. Manchester: Manchester University Press.

MacDonald, D. (1957) 'A Theory of Mass Culture', in B. Rosenberg and D. Manning White, *Mass Culture: The Popular Arts in America*. New York: MacMillan, pp. 59 - 73.

McGregor, C. (1972) *Bob Dylan: A Retrospective*. London: Picador.

McGuigan, J. (1992) *Cultural Populism*. London: Routledge. Mäkela, J. (2004) *John Lennon Imagined: Cultural History of a Rock Star*. New York: Peter Lang.

Marcus, G. (1994) *Ranters and Crowd Pleasers: Punk in Pop Music*, 1977 - 1992. New York: Anchor.

Marcus, G. (1997) *Invisible Republic: Bob Dylan's Basement Tapes*. London: Picador.

Marqusee, M. (2003) *Chimes of Freedom: The Politics of Bob Dylan's Art*. New York: The New Press.

Marshall, L. (2005) *Bootlegging: Romanticism and Copyright in the Music Industry*. London: Sage.

Marshall, P. D. (1997) *Celebrity and Power: Fame in Contemporary Culture*. Minneapolis: University of Minnesota.

Meisel, P. (1999) *The Cowboy and the Dandy: Crossing over from Romanticism to Rock and Roll*. New York: Oxford University Press.

Middleton, R. (1990) *Studying Popular Music*. Milton Keynes: Open University Press.

Moore, A. (2001) *Rock: The Primary Text*. Aldershot: Ashgate.

Moran, J. (2000) *Star Authors: Literary Celebrity in America*. London: Pluto.

Murray, C. (1997) 'Monty Dylan and the Holy Greil', *The Independent*, 24 May, books section, p. 6.

Negus, K. (1996) *Popular Music in Theory: An Introduction*. Middletown: Wesleyan University Press.

Pattison, R. (1987) *The Triumph of Vulgarity: Rock Music in the Mirror of Romanticism*. Oxford: Oxford University Press.

Ricks, C. (2003) *Dylan's Visions of Sin*. London: Penguin.

Roe, N. (2002) 'Playing Time', in N. Corcoran, *Do You, Mr Jones? Bob Dylan with the Poets and the Professors*. London: Chatto & Windus, 81–104.

Rojek, C. (2001) *Celebrity*. London: Reaktion Books.

Rojek, C. (2004) *Frank Sinatra*. Cambridge: Polity.

Scaduto, A. (1996) *Bob Dylan*. London: Helter Skelter.

Schickel, R. (2000) *Intimate Strangers: The Culture of Celebrity in America*. Chicago: Ivan R. Dee.

Scobie, S. (2003) *Alias Bob Dylan Revisited*. Calgary: Red Deer Press.

Shank, B. (2002) '"That Wild Mercury Sound": Bob Dylan and the Illusion of American Culture', *Boundary* 2 29(1): 97–123.

Sheffield, R. (2001) '"Love and Theft" review', *Rolling Stone*, 27 September, p. 878. Available at http://www.rollingstone.com/reviews/album/235544/love_and_theft (last visited 22 September 2006).

Shelton, R. (1986) *No Direction Home: The Life and Music of Bob Dylan*. London: Penguin.

Skinner, K. (2006) '"Must be born again": Resurrecting the Anthology of American Folk Music', *Popular Music* 25(1):57 - 75.

Smith, L. D. (2005) *Writing Dylan: Confessions of a Lonesome Traveller*. Westport: Praeger.

Sounes, H. (2001) *Down the Highway: The Life of Bob Dylan*. London: Black Swan.

Steen, M. (1966) interview by Margaret Steen, *The Toronto Star Weekly*, 29 January. Available at http://www.punkhart.com/dylan/interviews/nov_1965.html (last visited 22 September 2006).

Stone, L. (1990) *The Family, Sex and Marriage in England* 1500 - 1800. London: Penguin.

Storey, J. (1993) *An Introductory Guide to Cultural Theory and Popular Culture*. London: Harvester Wheatsheaf.

Street, J. (1986) *Rebel Rock: The Politics of Popular Music*. Oxford: Blackwell.

Svedburg, A. (1963) 'I am my words', *Newsweek*, 4 November. Tagg, P. (1984) 'Understanding Musical Time Sense', at http://www.tagg.org/articles/xpdfs/timesens.pdf.

Thornton, S. (1995) *Club Cultures: Music, Media and Subcultural Capital*. Cambridge: Polity.

Turner, G. (2004) *Understanding Celebrity*. London: Sage. Wicke, P. (1990) *Rock Music: Culture, Aesthetics and Sociology*. Cambridge: Cambridge University Press.

Wilentz, S. (2002) 'American Recordings: On "Love and Theft" and Minstrel Boy', in N. Corcoran, *Do You, Mr Jones? Bob Dylan with the Poets and the Professors*. London. Chatto & Windus, pp. 295 - 305.

Williams, P. (1990) *Bob Dylan Performing Artist* 1960 – 1973. London: Xanadu.

Williams, P. (1992) *Bob Dylan Performing Artist: The Middle Years* 1974 – 1986. London: Omnibus.

Williams, P. (1996) *Watching the River Flow: Observations on His Art in Progress* 1965 – 1995. London: Omnibus.

Williams, P. (2005) *Bob Dylan: Performing Artist* 1986 – 1990 *and Beyond*. London: Omnibus.

Williams, P. (2006) '"Today Dylan radically reinterprets his own material when he plays it live"', *Word*, January, p. 92.

Williams, R. (1971) 'Literature and Sociology: In Memory of Lucien Goldmann', *New Left Review* 67: 3 – 18.

Wynands, S. (2000) 'Celebrity Stardom and the End of Mimetic Identity: Sam Shepard's "True Dylan"', *Essays in Theatre/Études Théâtrales* 19 (1): 59 – 70.

Zollo, P. (ed.) (1997) *Songwriters on Songwriting*. New York: Da Cupo Press, pp. 69 – 86.

采访列表

本书所涉及的采访来源广泛：原创杂志，编辑著作，歌迷杂志印刷本，网站和采访磁带录音。基本上，为了减少新闻筛选和加工的痕迹，我采用的是完整的记录和磁带录音，而非已发表的采访。以下列出的是书中涉及到的采访者及采访时间，为了尽可能地准确记录，还附上了每篇采访的原始出版信息。如果想要查看相关的文本记录，不妨先去浏览下面这一网站：http://www.interferenza.com/bcs/interv.htm; http://www.taxhelp. com/interviews.html.

埃德温·米勒，1962－06 或 1962－07

《鲍勃·迪伦在华盛顿广场演唱》，《十七岁》杂志，1962－09－17

纳特·亨托夫，1962－06－09

《爆裂声、振荡声、破裂声》，《纽约客》杂志，1964－10－24

杰克·戈达德，1965－03－03（脚本）

《迪伦答记者问》，《村声》杂志，1965－03－25

保罗·罗宾斯，1965－03－27

标题不详，《洛杉矶自由新闻报》，1965－09－10，09－17，09－24

劳里·亨肖，1965－05－12

标题不详，《唱片和音乐回声》，1965－05－22

雷·科尔曼，1965－05－12

《深度迪伦》，《旋律制造者》杂志，1965－05－22

弗朗西丝·泰勒，1965－08

标题不详，《长岛新闻报》，1965－10－17

诺拉·依弗朗，苏珊·埃德米斯顿，1965－08

发表于《鲍勃·迪伦:回顾展》,C. 麦格雷戈,1975,伦敦:斗牛士出版社
悉尼新闻发布会,1966-04-13
克雷格·麦格雷戈报道,《悉尼先驱晨报》,1966-04-13
朱尔斯·西格尔,1966
《我们这里有什么?》,《星期六晚邮报》,1966-07-30
詹恩·温纳,1969-06
《"滚石"采访》,《滚石》杂志,1969-11-29
尼尔·希基,1976年中
标题不详,《TV指南》,1976-09-11
克雷格·麦格雷戈,1978-04
《心乱如麻》,《新音乐快递》杂志,1978-04-22
菲利普·阿德勒,1978-06-16
标题不详,《快讯杂志》,1978-07-03
雷·科尔曼,1978-06-20
《为什么迪伦永远年轻?》,《旋律制造者》杂志,1978-07-01
林恩·艾伦,1978-12-12
《采访偶像》,《裤报》,1979-06
戴夫·赫尔曼,1981-07-02
WNEW-FM广播(纽约),1981-07-27,由CBS发行的宣传专辑
尼尔·斯宾塞,1981-07-20
《钻石般的声音》,《新音乐快递》杂志,1981-08-15
米克·布朗,1984-06
《"天哪,谁竟然能跟上时代的步伐?"》,《星期日泰晤士报》,1984-07-01
布鲁斯·克莱门,1984-11-24
《迪伦与迪伦》,西木1美国广播系列的录音采访
比尔·弗拉纳根,1985-03
发表于《写在灵魂上》,B. 弗拉纳根,1990,伦敦:音乐销售有限公司
卡梅伦·克罗,1985-08

《传记》套装及说明手册

罗伯特·希尔伯恩，1985-10

《44 岁鲍勃·迪伦的回望》，《芝加哥太阳时报》，1985-11-17

大卫·弗里克，1985 年末

标题不详，《滚石》杂志，1985-12-05

托比·克雷斯韦尔，1986 年初

《重返伊甸园之门》，《滚石》杂志(澳大利亚版)，1986-01-16

克里斯托弗·赛克斯，1986-10-18

为 BBC 纪录片《走进迪伦》录制，《精选集》系列的一部分，播放于 1987-09

罗伯特·希尔伯恩，1992-02

《传奇之最？永不停止的巡演，新听众，续写神秘》，《洛杉矶时报》，1992-02-09

格雷·希尔，1993-10-03

标题不详，《美国波士顿先驱报》，1993-10-18

艾伦·福特曼，1994 年初

《时代正在改变……迪伦说看》，《圣路易快邮报》娱乐版，1994-04-07

乔·多连，1995-09-25 或 09-26

《与鲍勃·迪伦的半夜谈》，《劳德代尔堡今日太阳哨兵报》，1995-09-29

乔恩·帕尔勒斯，截至 1997-09-21

《一个睿智之声在秋风中飘》，《纽约时报》，1997-09-27

埃德娜·冈德森，截至 1997-09-21

《迪伦的内心》，《今日美国报》，1997-09-29

大卫·盖茨，截至 1997-09-21

《重访迪伦》，《新闻周刊》，1997-10-06

罗伯特·希尔伯恩，1997-12

《再度重生》，《洛杉矶时报》，1997-12-14

默里·恩格尔哈特，1999

《最大化的鲍勃》，《吉他世界》杂志，1999-03

米卡尔·吉尔莫,2001

《鲍勃·迪伦:一次采访》,《滚石》杂志,2001-11-22

罗伯特·希尔伯恩,2004

《摇滚的神秘诗歌悄悄打开一扇门》,《洛杉矶时报》,2004-04-04

艾德·布莱德利,2004年末

《60分钟》广播,CBS TV,2004-12-05

埃德娜·冈德森,2004

《迪伦记录他的旅程》,《今日美国报》,2004-10-05

乔纳森·莱瑟姆,2006

《天才鲍勃·迪伦》,《滚石》杂志,2006-09-07

版权与致谢

我在书中使用的歌词都来自录制版本。这也就是说，在某些情况下，文中的歌词与《歌词 1962—2001》合集会稍有差异。

《沿着瞭望塔》'All Along The Watchtower', copyright © 1968 by Dwarf Music; renewed 1996 by Dwarf Music. Reprinted with permission.

《我真正想做的事》'All I Really Want To Do', copyright © 1964 by Warner Bros. Inc.; renewed 1992 by Special Rider Music. Reprinted with permission.

《瘦人民谣》'Ballad Of A Thin Man', copyright © 1965 by Warner Bros. Inc.; renewed 1993 by Special Rider Music. Reprinted with permission.

《超越地平线》'Beyond The Horizon', copyright © 2006 by Special Rider Music. Reprinted with permission.

《盲威利·麦克泰尔》'Blind Willie McTell', copyright © 1983 by Special Rider Music. Reprinted with permission.

《我眼里的血》'Blood In My Eyes', copyright © 1993 by Special Rider Music. Reprinted with permission.

《布朗斯维尔姑娘》'Brownsville Girl' (with Sam Shepard), copyright © 1986 by Special Rider Music. Reprinted with permission.

《再见，再见》'Bye And Bye', copyright © 2001 by Special Rider Music. Reprinted with permission.

《自由的钟声》'Chimes Of Freedom', copyright © 1964 by Warner Bros. Inc.; renewed 1992 by Special Rider Music. Reprinted with permission.

《生铁区》'Cold Irons Bound', copyright © 1997 by Special Rider Music. Reprinted with permission.

《乡村派》'Country Pie', copyright © 1969 by Big Sky Music; renewed 1997 by Big Sky Music. Reprinted with permission.

《提尔之死》'The Death Of Emmett Till', copyright © 1963, 1968 by Warner Bros. Inc.; renewed 1991, 1996 by Special Rider Music. Reprinted with permission.

《泥土路上的布鲁斯》'Dirt Road Blues', copyright © 1997 by Special Rider Music. Reprinted with permission.

《今晚不要离开我》'Don't Fall Apart On Me Tonight', copyright © 1983 by Special Rider Music. Reprinted with permission.

《暴雨将至》'A Hard Rain's A - Gonna Fall', copyright © 1963 by Warner Bros. Inc.; renewed 1991 by Special Rider Music. Reprinted with permission.

《英雄布鲁斯》'Hero Blues', copyright © 1963 by Warner Bros. Inc.; renewed 1991 by Special Rider Music. Reprinted with permission. 'High Water', copyright © 2001 by Special Rider Music. Reprinted with permission.

《滚滚洪流》'High Water', copyright © 2001 by Special Rider Music. Reprinted with permission.

《高地情歌》'Highlands', copyright © 1997 by Special Rider Music. Reprinted with permission.

《对我诚实》'Honest With Me', copyright © 2001 by Special Rider Music. Reprinted with permission.

《愚蠢的风》'Idiot Wind', copyright © 1974 by Ram's Horn Music; renewed 2002 by Ram's Horn Music. Reprinted with permission.

《在花园中》'In The Garden', copyright © 1980 by Special Rider Music. Reprinted with permission.

《妈妈，没事（我只是在流血）》'It's Alright Ma (I'm Only Bleeding)', copyright © 1965 by Warner Bros. Inc.; renewed 1993 by Special Rider Music. Reprinted with permission.

《约翰·韦斯利·哈丁》'John Wesley Harding', copyright © 1968 by Dwarf Music; renewed 1996 by Dwarf Music. Reprinted with permission.

《让我在不停息的脚步中死去》'Let Me Die In My Footsteps', copyright © 1963, 1965 by Warner Bros. Inc.; renewed 1991, 1993 by Special Rider Music. Reprinted with permission.

《像一块滚石》'Like A Rolling Stone', copyright © 1965 by Warner Bros. Inc.; renewed 1993 by Special Rider Music. Reprinted with permission.

《莉莉，罗斯玛丽和杰克之心》'Lily, Rosemary and the Jack of Hearts', copyright © 1974 by Ram's Horn Music; renewed 2002 by Ram's Horn Music. Reprinted with permission.

《海蒂·卡罗尔的寂寞之死》'The Lonesome Death Of Hattie Carroll', copyright © 1964, 1966 by Warner Bros. Inc.; renewed 1992, 1994 by Special Rider Music. Reprinted with permission.

《思念成疾》'Love Sick', copyright © 1997 by Special Rider Music. Reprinted with permission.

《一百万里》'Million Miles', copyright © 1997 by Special Rider Music. Reprinted with permission.

《铃鼓先生》'Mr Tambourine Man', copyright © 1964, 1965 by Warner Bros. Inc.; renewed 1992, 1993 by Special Rider Music. Reprinted with permission.

《黑夜未至》'Not Dark Yet', copyright © 1997 by Special Rider Music. Reprinted with permission.

《佩吉·戴》'Peggy Day', copyright © 1969 by Big Sky Music; renewed 1997 by Big Sky Music. Reprinted with permission.

《可爱的佩吉欧》'Pretty Peggy - O', copyright © 1962 by Duchess Music Cor

- poration; renewed 1990 by MCA.

《雨天女人 12&35》'Rainy Day Women Nos 12 & 35', copyright © 1966 by Dwarf Music; renewed 1994 by Dwarf Music. Reprinted with permission.

《终于看见真的你》'Seeing The Real You At Last', copyright © 1985 by Special Rider Music. Reprinted with permission.

《西尔维奥》'Silvio', copyright © 1988 by Special Rider Music and Ice Nine Music. Reprinted with permission.

《坚硬的石头》'Solid Rock', copyright © 1980 by Special Rider Music. Reprinted with permission.

《水上圣灵》'Spirit On The Water', copyright © 2006 by Special Rider Music. Reprinted with permission.

《站在门口》'Standing In The Doorway', copyright © 1997 by Special Rider Music. Reprinted with permission.

《再次与孟菲斯布鲁斯一起困在汽车里》'Stuck Inside Of Mobile With The Memphis Blues Again', copyright © 1966 by Dwarf Music; renewed 1994 by Dwarf Music. Reprinted with permission.

《甜心宝贝》'Sugar Baby', copyright © 2001 by Special Rider Music. Reprinted with permission.

《夏日》'Summer Days', copyright © 2001 by Special Rider Music. Reprinted with permission.

《聊聊拉丁弗奈瑞欧蓝调》'Talkin' Hava Nageilah Blues', copyright © 1963 by Warner Bros. Inc.; renewed 1991 by Special Rider Music. Reprinted with permission.

《聊聊纽约》'Talkin' New York', copyright © 1962, 1965 by Duchess Music Corporation; renewed 1990, 1993 by MCA.

《心乱如麻》'Tangled Up In Blue', copyright © 1974 by Ram's Horn Music; renewed 2002 by Ram's Horn Music. Reprinted with permission.

《一切已改变》'Things Have Changed', copyright © 1999 by Special Rider

Music. Reprinted with permission.

《直到我爱上你》'Til I Fell In Love With You', copyright © 1997 by Special Rider Music. Reprinted with permission.

《时代正在改变》'The Times They Are A - Changin'', copyright © 1963, 1964 by Warner Bros. Inc.; renewed 1991, 1992 by Special Rider Music. Reprinted with permission.

《太多微不足道的事》'Too Much Of Nothing', copyright © 1967, 1970 by Dwarf Music; renewed 1995, 1998 by Dwarf Music. Reprinted with permission.

《设法上天堂》'Tryin To Get To Heaven', copyright © 1997 by Special Rider Music. Reprinted with permission.

《胖子双胞胎兄弟》'Tweedle Dum and Tweedle Dee', copyright © 2001 by Special Rider Music. Reprinted with permission.

《由我决定》'Up To Me', copyright © 1974 by Ram's Horn Music; renewed 2002 by Ram's Horn Music. Reprinted with permission.

《乔安娜的幻象》'Visions Of Johanna', copyright © 1966 by Dwarf Music, renewed 1994 by Dwarf Music. Reprinted with permission.

《我能为你做什么?》'What Can I Do For You?', copyright © 1980 by Special Rider Music. Reprinted with permission.

《你今晚在哪里?(穿越黑暗的旅程)》'Where Are You Tonight? (Journey Through Dark Heat)', copyright © 1978 by Special Rider Music. Reprinted with permission.

《上帝在我们这方》'With God On Our Side', copyright © 1963 by Warner Bros. Inc.; renewed 1991 by Special Rider Music. Reprinted with permission.

索　引